HEALING
치유선무용
ZENDANCE

치유선무용

Healing Zendance

2007년 9월 20일 초판인쇄
2007년 9월 25일 초판발행

지은이 | 이선옥
펴낸이 | 이찬규
펴낸곳 | 북코리아

등록 | 제03-01240호
주소 | 121-802 서울시 마포구 공덕2동 173-51
전화 | 02-704-7840
팩스 | 02-704-7848
이메일 | sunhaksa@korea.com
홈페이지 | www.ibookorea.com

ISBN 978-89-92521-26-0 93680
값 18,000원

치유선무용

HEALING ZENDANCE

이선옥 지음
SUN OCK LEE

북코리아

차례 CONTENTS

치유선무용 : Healing Zendance

사진모델 : 조수희, 권영균, 전양숙(전 선무용단 단원, 포천중문의과대학 선무-치유무용 석사학위 졸업생)

:: Introduction

Since 1999, the very year it was founded, APPAN (The Asia-Pacific Performing Arts Network) has worked in the area of exploring the role of healing in the arts. It has conducted scientific research into the methodology and techniques with which music, dance, theatre, puppetry and other multi-disciplinary art forms reduce stress and deliver a positive level of well-being and health, both to the audience and to the arts practitioner.

Most noteworthy in this context is the pioneering work done by Dr. Sun Ock Lee, herself a leading practitioner of dance and founder of the style known as Zendance. Her work has revealed how Asia's holistic culture has always built on the premise that culture and the arts have a direct bearing on mental and physical health. Not only are the arts outstanding means of communication, not only are they catalysts for development and emancipation processes but they spark the imagination, create a dynamic outlook on the future and by engaging in the creative process offer a prospect for change as well as empowerment.

APPAN's experience in the second Residency Symposium/Festival in the Himalayas in 2001, on the theme of the "Body and Mind Traditions of the Asia-Pacific Region", the third on the banks of the Ganges and the subsequent three events(four, six, seven, eight) in Korea underlined the way the arts of Asia impact health. It is in this context that, responding to the initiative by the Regional Office of UNESCO, Bangkok, UNESCO, Paris approved of a pilot project to test the above premise in the context of the December 26th, 2004 tsunami disaster in which over 2 million people died. APPAN was entrusted with the task of delivering post-tsunami stress therapy, in four Asian countries – India, Indonesia, Thailand and Sri Lanka. It concluded this unique project with acknowledged success.

Dr. Lee's present work will go a long way in helping rebuild battered psyches, providing a blueprint for addressing deep-seated problems of health anywhere in the world. Whether the aim is to help victims of natural disasters anywhere, such as a tsunami, whether it is menopausal women or handicapped persons, the paradigm for therapeutic work through the arts that Dr. Lee's book holds out will indeed be a path breaking step in the history of the performance arts.

Mme. Shanta Serbjeet Singh
Chairperson, APPAN International(UNESCO NGO)

:: 소개말

아태공연예술네트워크(APPAN)가 1999년에 서울에서 창안된 이후 "치유공연예술의 역할"에 대해 심열을 기울여 왔다. 공연예술의 과학적 연구, 방법론, 기법 등 음악, 연극, 인형극 그리고 다른 통합예술형태를 통해 현대인의 건강과 well being을 위한 긍정적 차원에서 관중과 예술종사자에게 스트레스 해소의 역할을 해왔다.

이 분야에 가장 주목할 만한 사람은 이선옥 박사이다. 그녀는 자신이 대표적 무용가로서 그리고 Zendance Therapy(선무용 치유요법)의 창시자로서, 치유예술분야의 개척자적인 역할을 해왔다.

이박사의 공적은 아세아의 전일적(holistic) 문화가 인간의 정신적 · 육체적 건강에 직접적인 구성 요소로서의 예술문화가 이루어졌음을 재확인시키는 데 큰 역할을 해왔다.

예술은 의사소통을 위한 매개체로서 탁월할 뿐 아니라, 자아표현 발달과정을 위한 주체적 요소로서, 상상력과 미래진취적 창의력 발달과정을 풍요롭게 변화시켜서 창작에 활력소가 되는 것이다.

APPAN 심포지엄과 페스티벌은 2001년 두 번째 히말라야에서 "몸과 마음의 전통—아태공연예술", 세 번째는 간지스강에서, 네 번째부터 여덟번째까지는 "명상과 치유공연예술"에 대해 한국에서 이루어졌다. 이렇게 치유에 관한 행사들은 2004년 12월 26일에는 UNESCO 방콕과 파리의 지원으로 츠나미로 인한 200만 명 참사를 추모하는 "tsunami 스트레스 테라피"에 대한 심포지엄/페스티벌이 인도, 인도네시아, 타일랜드, 스리랑카 등을 상대로 성공적으로 이루어졌다.

현재 이선옥 박사가 하고 있는 일들은 세계 어느 곳에서나 역사적으로 깊이 뿌리박고 있는 건강문제들, 즉 정신을 강화시키는 데 오랫동안 도움을 줄 수 있는 blueprint(지침서)를 제공함으로써 미래지향적 업적이 될 것이다. 그 목적이 우주의 자연적 재난 츠나미를 위한 것이든, 예술을 통한 테라피적 패러다임이든, 이선옥 박사의 이 책은 공연예술 역사에 일획을 긋는 발자취의 도(길)로서 그 자리매김을 하게 될 것이다.

Mme. Shanta Serbjeet Singh
Chairperson, APPAN International(UNESCO NGO)

:: 머리말

이번 치유 선무용(禪舞踊)의 집필은 저자가 포천중문의과대학 보건복지대학원 선무-치유무용 전공자들을 지도하면서 임상을 통해 연구한 6가지의 치유 선무용을 묶은 것이다. 미국에서의 오랜 Zendance Therapy 활동을 통해 저자가 본 현재 한국 또는 외국의 무용치료 현황이 정신과 의사, 심리학자들에 의하여 '예술 고유의 치유성과 독창성'이 결핍되어 왔음을 지켜본 결과 21C를 살아가는 현대인에게 요구되는 무용예술의 독창적 치유역할과 기법, 한국의 선사상을 바탕으로 한 한국 고유의 '치유 선무용'을 집필하는 계기가 되었다.

선무는 단순한 아름다움의 표현을 넘어 존재의 깨달음(enlightenment)을 성취하기 위한, 즉 춤을 통하여 자신의 본래 면목을 동작으로 표현해 냄으로써 그 자체가 치유무용이며 선무수행 방법이다. 선무용 치유예술은 언어와 개념을 초월한 몸과 마음의 균형과 조화를 표출해 내는 춤명상 자가치유방법이다.

선무기법은 단전호흡을 통한 자신의 기의 흐름을 따라 움직이는 동작 하나하나에 정신을 집중함으로서 울체된 기를 해소시켜 주도록 한다. 또한 선무의 걷는 명상, 무드라 명상은 동작 하나 하나가 완벽한 정신통일로 이루어짐으로써 그 과정 자체가 치유무용이 되며, 좌선 또한 마음의 정서불안을 완화시켜 주는 치유효과가 있다.

선무의 즉흥무는 인간 내면의 잠재된 감정, 고통, 즐거움, 스트레스 등을 자유롭게 동작으로 표현하도록 한다. 선무의 음양의 조화는 상대성원리에 입각하여 낮과 밤, 짧고 김, 부드러움과 강함 등을 혼자 출 수도 있고, 상대와 함께 출 수도 있으며, 서로의 기를 전달하거나 느끼면서 이심전심의 동작이 자유롭게 이루어지는 것이다.

치유 선무용은 개개인의 마음속에 응집된 스트레스, 화기를 풀어내는 현대의 심신건강을 위한 맞춤동작명상, 춤명상법이다. 현재 선무용은 두 가지의 형태로 활동하고 있다. 하나는 새로운 초현대무용의 한 장르로서 1974년 이후 유럽, 미국, 아시아 등지에서 그 예술성을 높이 평가받아 왔고, 다른 하나는 치유무용(Zendance Therapy)으로서 대체의학센터 또는 전일의학의 일부로서 건강증진을 위한 심신정화-춤명상으로 뉴욕오픈센터, 오메가 인스티튜트, 멕시코, 인도, 불란서, 영국, 홍콩 등에서 강의와 워크숍 등을 해왔다.

끝으로 이 책을 출판하도록 후원해 주신 고려대학교 이준상 교수님과 포천중문의과대학교 대체의학대학원 전세일 박사님의 따뜻한 보살핌에 감사드리며, 제자 김은진의 정성어린 편집 협조와 포천중문의과대학 보건복지대학원 선무치유무용전공 졸업생들에게 고마움을 전합니다. 세우재단 휴먼타운의 이규수 회장님의 정성어린 후원에 감사드립니다. 그리고 이 책을 출판해 주신 북코리아 이찬규 사장님께 진심으로 감사드립니다. CD에 있는 동영상의 동작들이 이 책의 사진들과 다른 동작들이 있음을 이해하시고 따라해 보시기 바랍니다. 또한 육체적 문제가 있는 분들은 꼭 의사와 상의한 후, 이 동작들을 따라해 보시기 바랍니다.

2007년 5월 31일 이 선 옥

:: 추천사

2005년 암 환자들의 심리적 치료 및 수술 후의 신체의 기능적 치료를 위해 대한임상암예방학회 회장으로서 Hilton Hotel에서 암환자를 위해 이선옥 교수에게 Zendance 실연을 부탁했었다. 당시 500여 명의 암환자 보호자들에게 우선 심리적으로 너무 좋았다는 평을 받았고, 또한 원자력병원 유방암환자 모임(새빛회)에서도 좋은 호응을 얻었다.

얼마 전 역시 이선옥 교수가 주관한 〈아태공연예술네트워크(APPAN): 명상과 치유공연예술〉 국제행사가 서울에서 열렸을 때 본인이 일부러 참관했었다. 각국 대표들의 Zendance를 포함한 여러 가지의 명상, 치유공연예술이 펼쳐졌다. 많은 관객들이 고요함과 아울러 저절로 명상 속으로 빠져 들어 갔다. 세상의 시끄러움과 복잡함이 사라지고 '무(無)'의 상태로 빠지는 것을 느꼈다. 선무용 공연이 끝나자 내 마음과 눈이 활짝 열리면서 역시 Zendance가 암환자의 심리를 긍정적으로 바꿀 수 있고 조그만 몸동작을 배움으로써 신체의 건강을 빨리 회복할 수 있을 것으로 생각되었다.

향후 Zendance의 보다 많은 사회적 · 의학적 역할을 기대해 본다.

백 남 선 전 원자력 병원장, 대한임상암예방학회 회장, 의학박사 외과 전문의

내가 지켜본 선무의 창시자 이선옥 박사는 선천적으로 타고난 예술성을 십분 발휘하여 자신이 국제적으로 체험하고 섭렵한 춤의 세계를 한국의 참선법과 접목하여, 현대인의 진정한 well-being을 위한 심신정화, 삶의 조화를 위한 심신일체의 자연치유-춤명상, 치유 선무용을 만인의 건강증진을 위해 창안해 내놓았다.

한의학적 측면에서 선무를 본다면, 정신을 바르게 하고, 오장육부의 신진대사를 활성화시켜 주며, 인체의 혈을 조양 촉진시킴으로써 개개인 자신의 건강을 유지 및 증진시키는 효과에 일조를 한다고 믿는다.

앞으로 치유 선무용이 현대인의 웰빙을 위해 보다 폭넓게 사회적 · 의학적으로 보급되기를 기원한다.

신 현 대 의학박사, 경희대학교 한의과대학 교수

선무의 한의학적 고찰

이승후 박사

뉴질랜드한의원 원장, 전, 명지한방병원장, 전 명지대학교 교수, 동국대학의대 졸업

1. 선무명상치유법의 한의학적 원리와 응용

① 한의학의 가장 기본적인 특징은 심신일체 의학이다. 선무기법은 환자들에게 심신의 일체를 증진시키고 예방의학적 견지에서 탁월한 효과가 있다.

② 한의학 치료의 기본에 해당되는 경락이론을 활용하기에 선무기법은 환자들이 스스로 자신의 경락유주를 촉진할 수 있도록 도와주어 치유효과가 있다.

③ 한의학의 도인법과 같이 환자의 몸 속에 흐르는 기(氣)를 순환시키고 단전(丹田) 수련을 통해 기운을 기르게 하여 양생법을 실천하게 된다.

④ 한의학의 정기신혈 이론에서 화두와 명상을 통한 심신의 정화와 평온, 조화를 유지하여 칠정(七情)을 조절하여 신(神)을 바르게 하고 오장육부의 정(精)을 기르게 된다.

⑤ 선무기법에 따른 동작과 걷기를 통하여 인체의 혈(血)을 조양하고 촉진시킨다.

⑥ 무드라를 통하여 12경락의 주요혈을 자극하고 기에너지를 인기(引氣)시킨다.

⑦ 의료인 중심의 치료에서 환자 중심의 치유를 통해 자연치유능력을 고양시킨다.

⑧ 일반적인 치료법에서 잘 활용되지 못하는 임독맥의 자극과 대맥의 효과적인 치유효과가 나타난다.

⑨ 침구치료가 주는 공포심을 없애고 즐겁고 평온한 춤명상요법이다.

⑩ 연령이나 신체적인 조건에 구애받지 않고 누구나 자유롭게 시도할 수 있는 요법이다.

2. 선무명상치유법의 실제

자궁암, 유방암, 요실금, 폐경기 증상, 컴퓨터증후군, 근골격계질환, 비만질환, 성인병, 고혈압, 당뇨병, 산후병, 정신신경계 질환.

3. 한방병원에서의 선무명상치유법 활용방안

① 정신신경계 병동 입원 환자의 재활 클리닉
② 중풍 환자의 재활 클리닉
③ 산후병을 위한 클리닉
④ 운동기 질환자의 스포츠클리닉
⑤ 성의학 클리닉
⑥ 몸매 가꾸기를 위한 클리닉
⑦ 임산부 클리닉

은종원 한의사의 선무체험

우선 선생님의 젊고 활기찬 몸짓과 목소리에 마음이 가벼워지더군요. 저로서는 아주 소중한 인연을 만난 것에 행복하고 감사한 시간이였지요. 특히 평소 존경하던 송담스님의 활구참선법을 접목시켜 '이뭐꼬'란 의단으로 흐트러진 마음과 몸의 기운을 단전에 귀합시키는 방법에 감탄하였구요. 몸치였던 제가 나이에 걸맞지 않게 신나게 골반을 흔들어댔던 것도 대견합니다.

인간은 불완전한 존재로 12가지 흠의 집합체인데, 그 모순이 변화발전의 원동력이라는 지산선생님의 말씀은 선생님의 인생역정에도 해당이 되시더군요. 다리에 가지고 있는 흠이 선무라는 새로운 영역을 열어가게 만들었으니 말이죠. 하여튼 많은 사람들이 이처럼 단시간에 몸이 이완되고 생각이 끊어진 깊은 명상상태를 경험할 수 있기를 기원합니다. 몸과 마음을 둘이 아닌 차원으로 보는 데서 출발하는 것이 한의학이지요. 낮에는 정신이 주관하고 밤에는 혼백이 주관하는데, 이러한 정신과 혼백을 담고 있는그릇이 간신비폐신의 오장이지요. 이 오장과 신형을 연결하는 그물망이 경락이란 시스템인데, 이 경락의 작용이 원활하면 내외의 기가 조화를 이루어 수승화강의 생리상태가 유지되지요. 하지만 스트레스를 받아 칠정이 동요하거나 음식이나 기후나 호흡에 무리가 있으면 수승화강이 화승수강이 되어 병리상태가 되면서 암, 당뇨, 혈압 등등이 나타나는 것이지요.

그럴 때 이 선무의 여러 기법을 수행하면 임독맥의 기경팔맥의 운행을 도와서 수승화강의 본래 자리로 돌아가더군요. 의학적으로도 현대인들에게는 분명히 좋은 자가치유방법이 되리라 확신합니다.

다시 한번 이러한 기회를 접하게 되서 좋았구요. 선생님께 감사의 인사를 드립니다.

은종원 한의사

I

Philosophy and Priciples of Zendance

선무의 철학과 원리

내 자신(육체)과 내 생각은 떨어질 수 없는 관계라 이는 내 몸과 마음이 하나인 것과 같은 원리이다. 이러한 이유로 내가 어떠한 동작을 몸으로 표현하고자 할 때 어떤 목적의식이나 장애물에 걸려서는 진정한 의미의 순수한 나를 동작으로 표현하기는 어려운 것이다.

선무기법의 목적은 선무자로 하여금(일반인 혹은 무용수) 그 자신의 영감의 세계, 무의식 혹은 잠재의식(기억력)이 어떠한 망상(끝없는 생각)에 걸림없이 자유스럽게 동작으로 표현될 수 있도록, 자기 마음먹은 대로 동작을 자유롭게 창조해낼 수 있도록 이끌어 주는 방법이 선무기법이다.

선무자에 의해 창출된 동작들은 바로 그 자신의 무의식-잠재의식-기억력 또는 업의 심층적 표현인 것이다. 이것은 마치 선무자들의 반복 혹은 훈련에 의해 기억력 속에 입력된 동작들이 의도적인 생각없이 자연스럽게 풀려 나오는 것과 같은 것이며, 동시에 몸과 마음, 생각과 동작의 일치를 말한다. 즉 표현된 춤이나 동작의 요소를 몸으로 표현한 것을 말한다. 예컨대 어떤 사람이 이런저런 생각을 끝없이 끌어들여서 그 모든 생각을 한 솥에 넣어 끓인다면, 그 모든 생각은 한줄기의 수증기로 변하고 그 수증기는 잡다한 생각들과 망상의 요소이며 가장 순수한 엑기스로 남는 것과 같은 것이다. 이는 자신의 끝없는 망상 · 생각들이 춤 혹은 표현된 동작의 근본요소이며, 자기무의식이며, 자신의 근본마음자리라고 볼 수 있는 것이다.

이 몸을 끌고 다니는 것을 주인공이라 한다. 이 주인공을 선무에서는 '이뭐꼬'(활구참선에서 쓰는 화두 또는 공안이라고 부르는 '시심마-이뭐꼬', 이것이 무엇인고)라고 부른다.

표현된 모든 형태의 동작들은 개개인의 생각에 그 근원을 둔다. 누구든 마음의 움직임 없이 또는 생각 없이 몸을 움직이지는 않는다. 원인 없는 결과는 없는 것과 같다. 예를 들어 귀걸이를 보았을 때, 이 한 쌍의 귀걸이는 어디서 왔을까? 아마도 보석상의 상인으로부터 샀을 것이다. 그렇다면 이 한 쌍의 귀걸이가 만들어지기 전에는 어디서 왔을까? 아마도 보석 디자이너의 생각에서 아름다운 귀걸이를 만들겠다는 생각에서 시작되었을 것이다. 한 생각의 뿌리를 찾아보면 모든 현상계에 나타난 결과가 모두 한 생각에서 비롯된 것을 인정하게 될 것이다. 선무는 한 생각의 근원을 탐구하는 것이다. 선무자가 각각의 생각에 근원을 두고 그것을 기본으로 하여 자신을 동작 · 춤으로 표현하는 것을 도구로, 즉 기법으로 삼는 것이다. 이 몸을 끌고 다니며, 춤을 추며 생각하는 그것이 무엇인고?-'이뭐꼬'-앞뒤 사방이 꽉 막힌 자리 사량분별이 끊어진 상태 오로지 이뭐꼬란 의단이 성성적적한 상태에서, 단전에 기와 이뭐꼬가 하나가 되어 일체처 일체시에 내 몸을 움직이는 나를 관장하는 것이다. 즉 기와 이뭐꼬, 마음자리 혹은 생각의 근원과 기는 하나인 것이다. 또 우리가 먹은 음식은 기의 원천으로서 피를 만들고 들이마신 공기는 우리 피를 몸속에서 끌고 다닌다. 고로 "1. 피/에너지+공기=기, 2. 생각/마음=이뭐꼬, 3. 기+이뭐꼬+동작=선무기법"의 구성요소이며 이 세 가지는 살아 숨쉬는 한, 우리 몸과 생각 · 마음이 하나로 운영한다는 것이 선무기법의 원리이다.

선무기법에서 가장 중요한 것은 어떻게 잡다한 생각들을 이뭐꼬?(생각이 끊어진, 즉 생각 이전의 상태에서 오로지 의단이 독로한 성성적적의) 상태로 몰입시켜 줄 수 있는가에 초점을 둔 것이다.

치유 선무용(禪舞踊, Zendance Therapy)이라고도 하는 〈선무〉는 단전호흡, 기공, 참선(參禪), 치유무용의 요소를 다 포함하고 있어서 '마음 다스리기'까지 저절로 이루어지게 하는 현대인의 심신안정을 위한 새로운 동작을 통한 치유명상 또는 춤명상이다.

치유 선무용의 목적은 심신의 수련을 통해 건강하고 풍요로운 자기 자신의 삶을 가꾸기 위함이다. 이 선무 기법은 11가지로 구성된다.

❶ 단전호흡

- 단전호흡-수축과 이완작용(복근-단전부위)
- 단전하복부의 근육을 수축(내쉼)
- 단전하복부근육 이완(들이쉼)-기를 항문에서 머리끝 정수로 끌어올려 다시 단전하복부로 가져간다.
- 단전수축과 '이뭐꼬' 소리를 동시에 내면서 하는 동작 : 누워서, 앉아서, 서서, 걸으면서 하는 동작

❷ 감정처리법

슬픔, 고통,성냄, 불만 등을 동작으로 표현하도록 한 다음 그 동작의 원인이 한 생각에서 일어났음을 인정하도록 한 후 TBY(단전호흡 + 이뭐꼬 = Tanjun Breathing + Yimoko)로 해소시켜 줌으로써 마음의 평정을 찾도록 한다.

- 슬픔, 고통, 성냄, 불안을 표현한 그 감정의 근원/출처를 찾아보면, 만질 수도 보이지도 알 수도 없는데, 슬프다는 한 생각으로 인해 몸으로 동작을 표현했던 것이다. 이는 생각의 근원을 찾으면-터무니없는 망상이란 것을 인정함으로써 그 허무한 상태를 알 수도 없고, 볼 수도 없으며, 만질 수도 없는 그 고통의 근본자리/감정의 근본을 '이뭐꼬'란 꽉 막힌 상태 즉, 생각 이전의 자리를 "기+이뭐꼬=동작"으로 표현함으로써 그 고통스러운 감정의 원인이 한 생각에 일어났음을, 또한 기억력 속에 잠재된 것을 생각으로 꺼내 표현하고 허망함을 이뭐꼬로 다스림으로서 마음과 몸의 평정을 얻도록 한다.
- 기쁨, 즐거움, 맛 등을 위의 방법으로 인식시켜 단전호흡과 이뭐꼬로 마음의 평정을 얻도록 한다.

❸ 즉흥무

단전호흡 + 이뭐꼬(Tanjun Breathing + Yimoko), 즉 TBY를 적용하여 마음 속의 고통이나 즐거움 모든 것을 꺼리낌없이 자유롭게 동작으로 표현하는 것이다. 이것을 선무기법에서 즉흥무라 한다. 이는 혼자 출 수도 있고 상대와 같이 출 수도 있다. 상대와 같이 연습할 때는 기의 전달이, 즉 이심전심의 동작이 자유롭게 이루어지는 것이다. 때로는 여러 사람이 같이 조화를 이루기도 하고 흩어지기도 하며, 각자 추기도 하며 음양의 조화를 이루게 되는 것이다.

❹ 음양의 원리

선무에 있어서 음양의 원리란 동작의 조화를 말한다. 그리고 어떻게 다이내믹한 동작들을 통해 우주의 상대적 원리를 반영(반사)하는가를 말한다.

예를 들면 음양의 원리, 상대적인 모든 것을 포함한다면 하늘과 땅, 낮과 밤, 옳고 그름, 좋고 나쁨, 높고 낮음, 작고 큼, 넓고 좁음, 빠르고 느림, 뜀과 정적, 동과 정 등등이다. 선무기법에서의 거울(반사)과 대응의 반사는 이러한 삼라만상 상대적 원칙을 적용함을 기본으로 한다.

선무 동작 명상에서는 항상 단전에 시선이 집중되어 있어야 한다. 모든 동작에 몰입(집중)/관법 또한 단전에 모아져야 하며, 바깥-외부에 시선을 (두리번거리는) 돌리지 않도록 해야 한다. 이 말은 당신의 눈이 항상 아래를 보거나 눈시울을 아래로 깔고 있으라는 것은 아니다. 좌선의 상태나 반가부좌의 상태 혹은 무릎 을 꿇고 앉아 있을 때나 어떠한 상태로 앉아 있어도 당신의 정신 집중은 단전 부위에 있어야 한다.

❺ 선무의 '이뭐꼬'란 무엇인가?

'이뭐꼬'란 참선의 근본적인 화두(이것이 무엇인고?) '지금 이 몸을 움직이고, 말을 하고, 듣고, 알고 하는 이 주인공이 무엇인고?'라는 뜻으로서 그 '이뭐꼬'는 분명히 몸을 움직이고, 듣고, 알아 말을 하는 그 주인공이 어디에서 왔는가를 찾아보면 보이지도, 만질 수도, 알 수도 없는 그 의심이 꽉 막힌 상태 그것을 의단이라 하는데, 그 의단의 상태를 답을 찾으려 말고, 생각이 일어날 때 그 생각이 두번째 생각, 세번째 생각으로 쫓아가지 말고 바로 그 자리에서 이뭐꼬로 대치킴으로써 잡다한 생각의 망상들을 생각의 근원자리인 '이뭐꼬'로 바꿔 놓는 것이다. 생각을 끊고 오로지 '의단' 꽉막힌 상태, 생각이 끊어진 자리 바로 그 생각 이전의 상태, 그것은 모든 생각의 근원인 만질 수도, 알 수도 없는 꽉 막힌 그 상태를 단전하복에 정신을 집중하라는 것이다. 그러한 이뭐꼬를 표현한 동작들은 바로 자신의 근본자리, 즉 생각의 근원 자리에서 온다는 것을 알아야 한다. 그러므로 자신이 그 창조된 움직임의 주인공이며 또한 그 표현된 움직임 자체가 바로 나인 것이다.

이뭐꼬란 밖에서 나는 소리를 듣고 있는 나, 이 몸을 통해 따뜻하고 차다고 느낄 줄 아는 자신(주인공)이 몸을 끌고 다니는 자신이란 뜻이다. 이렇게 알 수 없는 의단을 간직한 채, 동작 하나하나가 자신의 완벽한 의식 속에서 움직임으로써 그 자체가 춤선이 되는 것이다. 또한 이뭐꼬란 완전히 차단된 상태, 온 산과 사방이 꽉 막혀 은과 철로 된 장벽과 같이 사면이 완전히 막힌 상태, 나아갈 길이 없는 상태 거기에는 다만 알 수 없고 대답할 수 없는 의단의 의식만이 존재할 뿐이다.

그러한 의단의 상태를 1700의단, 화두 혹은 공안이라고 참선의 수행에서 말한다. 이렇게 단전부위에 의단(이뭐꼬)을 관한 상태에서 기와 이뭐꼬가 하나가 되어, 동작 하나하나에 표현될 때, 그 무용수는 순간과 함께 움직이게 되며, 모든 생각이 끊어지고 모든 근심과 고통 그리고 즐거움 조차도 끊어지는 상태에 이르는 것이다. 더구나 이러한 선무 수행법을 따른다면 당신이 누구든 무엇을 하던 당신 자신은 선무 수행자요, 산 명상 즉, 활구 참선의 생활인이 될 것이다. 그러므로 선무란 참선의 일부가 활용되어진 것이며, 더 나아가 선무공연 자체 또한 선 수행이며 진리추구의 한 길이 될 것이다.

선무를 눕거나 앉은 자세로 연습을 한 후, 다음 단계는 앉는 동작에서 일어서는 동작의 연결이다. 일어날 때 무릎은 반쯤 구부리고 서서히 일어난다. 이렇게 3단계의 동작을 거쳐서 일어난다. 일단 일어서면, 양손을 움직이고(털고) 팔동작을 하고 다음엔 다리를 움직이고 마지막엔 온 전신을 움직인다. 이러한 동작을 할 때 다른 사람의 동작을 의식해선 안된다. 자기 스스로 움직이도록 해야 한다. 그리고 선무자는 수인법(30~35가지 정도)을 익혀야 한다.

❻ Mudra 명상(수인법 명상)

수인법은 직감적인 표현으로서 이러한 수인법을 -단순한 동작, 이중적 동작, 3중적 동작 등을 복합적으로 균형과 조화를 음양의 원리에 맞추어 표현한다. 음양의 조화란 모든 선무용의 형태와 동작의 원리는 이와 같다. 앉음/일어남, 누움/일어섬과 뛰/정지, 빠름/천천히, 높고/낮음 등등이다. 이러한 각양각색의 다른 층의 표현된 동작들은 선무용 창작의 근본 원리가 되는 것이다.

모든 동작들은 음양의 원리에 입각해 존재하며 그것이 바로 상대적 원리의 동작을 표현하는데 있어서 그 과정이 어떻게 이 음양의 상대적 원리성에 입각하여 자신의 내적 잠재된 의식속의 모든 것을 집약하여 그 정수를 자유롭게 움직이며, 표현할 수 있는가에 있다. 과연 자신이 표현하고자 하는 것을 어떻게 자유스럽게 표현할 수 있는가는 선무창작에 가장 중요한 요점이라 하겠다.

예를 들면, 그 한 동작동작이 얼마나 잘 섬세하게 나타났으며, 정해진 시간과 공간 속에서 정확하고 완벽하게 표현되었느냐에 달린 것이다. 선무의 탐구란 마치 예술적 최상의 격을 표현하는 것과 같아서 그러한 정수의 표현 즉, 액기스적인 동작이 언제나 어떠한 환경에서도 똑같이 창출되어져야만 하는 것이다. 그것은 걸림이 없이 자유롭게 움직일 수 있음을 말한다. 그러므로, 선무란 불안전한상태로부터 나오는 실수-틀린 동작은 용납되지 않는다는 뜻이다. 그 말은 '더도 아니고''덜도 아니고''바로 그것'으로 정수의 동작이 자신의 내면을 표현하도록 요구되어지는 것이다.

❼ 선무의 거울반사의 원리

선무에 있어서 거울이란, 거울 속에 비친 자신의 반사와 같은 것이다. 거울 속의 당신의 그림자는 연못 속 잔잔한 물위에 비친 당신 자신의 반사와 같은 것이다.거울에 비친 반사적 표현들이란 너와 나라는 분별심이 없어지고 하나로 통일된 자신과 같은 것이다. 어떤 것을 내가 좋아하고 싫어하는 것은 분별심에서 오는 것이다. 자신의 탐구란 싫고, 좋고, 너 자신과 나 자신 이런 것들이 없이 원래의 나를 찾는 공부/수행 그것이 진정한 나에 대한 탐구라 할 수 있다.

나 자신-참아란 나의 의식과 나의 생각이 하나란 뜻으로서, 바다와 파도는 떨어질 수 없듯이 이 파도는 바다에서 왔고 즉, 그 바다는 파도라는 진리에 근거를 둔 것이다. 당신의 생각, 당신의 마음은 나, 나에게, 좋고/나쁘고라는 개념/관념에서 생긴 것이며, 당신의 마음은 끝없는 생각을 일으키고 있는 바다의 파도들과 같은 것이다. 그 끝없는 생각들(파도)의 뿌리는 그 바다인 것이다.

선무의'거울'손가락끝에서 발끝까지 기를 이전/순환시키도록 요구된다. 내몸의 구석구석이 다 연결되어 있어서 아무 것도 떼어버리거나 무시해 버릴 수 없는 것이다. 손가락끝과 발가락끝, 머리끝 모두가 말초신경으로 연결되어 있음은 자신의 동작을 창작하여 표현하도록 하는 기본이요, 근원이며 요소인 것이다.

대부분의 무용 연구소들은 거울이 달려있다. 그러나 선무자는 그 거울을 의식해서는 안된다. 벽에 걸린 그 거울을 무시하고 자신 속의 거울에 의존해야 한다. 자신 속의 거울을 보고 단전하복부에 지속적인 집중을 해야 한다. 그 단전부위가 당신 전신 혹은 여러 육체부위에 혹은 당신 옆에 있는 사람에게 그 주위와 장소에 기를 유통하는 구심점이며 핵심이 되는 것이다.

❽ 선무의 거울반사와 대응

서로 상대적인 것(partnering), 자신과 파트너의 동작을 거울/반사라 한다. 그러므로 자신과 파트너는 하나가 되어 똑같은 동작으로 움직인다.

이러한 경우에 당신의 파트너가 같은 방향으로 돌면 다른 한사람은 받아 돈다. 이때 두 사람은 서로 기를 느껴며 춘다. 자신이 상대의 기를 거울/반사 작용을 할 때에 서로의 기를 느낄 수 있어야 한다.

자신이 정해진-반사된 상태의 기를 받아 그것을 활용하여, 동작 하나하나를 만들어내는데 아주 섬세하고 정확하게 해야 한다. 그렇게 정확한 동작이 서로 이루어졌을 때 비로소 다음 동작을 진행할 수 있다.

다음 동작으로 넘어갈 때도 아주 천천히 그리고 가볍게 해야 한다. 그러한 동작은 간결하고 깨끗하며, 정확하고 간단 명료해야 하며, 이 모든 거울-반사 동작들은 파트너를 필요로 한다.

선무기법에 있어서 음양의 원리란 동작을 만들어내는데 그 과정으로 '거울-반사', '조화' 등으로 이어진다. 이러한 원리의 동작들은 빠르고/느림, 가볍고/무거움, 넓고/좁음, 높고/낮음 등의 동작의 품격을 유지하며 창조해 내야 한다. 이러한 동작들을 표현하는데 있어서의 가능성들은 음양의 조화가 선무 동작 속에 항상 내재되어 있어야 한다.

❾ 선무의 즉흥무 : 음양의 조화-이심전심

가볍고 빠른 동작들은 무겁고 천천히 움직이는 동작의 반대의 형태를 말한다. 이러한 반대적 특징이 합일점을(둘이서) 이루어 움직임이 조화를 이룰 때 복합적인 동작을 만들어낼 수 있는 것이다. 음양의 조화는 선무의 개념에 아주 중요한 부분이다. 이는 마치 하늘과 구름, 나무와 잎들, 바람과 비가 자연스럽게 어우러지는 것과 같다. 각자가 같은 다른 기에 원력으로 그들은 서로를 조화시키며, 동작을 자유롭게 생각에 얽매임 없이 만들어내는 것이다.

이심전심이란 상대의 동작과 그 기분을 아는 것이다. 자신의 상대의 기가 흐름을 느끼는 것이며, 자신은 그 기를 받아서 다음 동작으로 연결하는 것이다. 이러한 때에 주의할 점도 똑같은 동작을 반복해서는 안된다. 상대편의 기를 받을 때 자신의 기의 흐름을 다른 사람에게로 그리고 이 기가 자신 속에서 풀려나오도록 하여, 이것을 동작창작의 과정에 활용하는 것이다. 이러한 과정은 상대의 기를 자신의 동작-기로 받아들여 즉흥적이며 순발적으로 받고 전달하고 발전시키는 훈련이 필요하다. 이와 같이 음양의 개념과 이심전심의 원리는 많은 또 여러 면으로 동작의 변화를 가져올 수 있도록 창작력을 개발시켜 준다.

자신이 기대하지 않았던 동작을 파트너가 창안하였을 때, 즉흥적으로 반응을 보이는 것이다. 그리고 설사 자신이 파트너의 다음 동작을 모르는 상태에서도 영감적인 순발력을 발휘해야 한다. 이러한 경우에 당신은 지속적인 반응으로서 동작을 하고, 동시에 영감적으로 동작을 만들어내며, 상대편과 연관성있게 조화를 이루도록 해야 한다. 무의식적 혹은 잠재적으로 동작들은 생각없이 만들어지는 것이다. 자신은 반사적으로 반동을 나타낼 뿐이다. 이러한 자신의 무의식적 혹은 잠재적인 마음의 상태에서 반사적으로 반응을 보이는 동작들이 자신의 동작창작의 원인 혹은 근원적 요소가 되는 것이다.

선무는 예지력을 향상시켜며, 지속적인 즉흥성과 영감적 동작을 통해 창의력이 개발된다. 그것은 마치 바다 속에 있는 물 혹은 연못 속에 물이, 먼지나 불필요한 물질들을 제거해야 깨끗해지고 맑게 비출 수 있는 것과 같은 원리이다.

⑩ 수인법(Mudra) : 음양의 조화

수인법(무드라)은 불 보살들의 뜻을 상징적으로 표현된 손동작이다. 이러한 손동작들은 비밀스런 진리의 상징으로서 손가락과 손으로 여러 가지 형태로 표현된 무드라의 손동작을 통해 정신집중을 도와준다. 무드라는 말초신경의 경락과 척추와 단전이 동시에 연결되는 여러 가지 모양의 손동작을 통해 오장육부의 활성화 ; 혈액순환과 마음의 평정을 가져오도록 한다.

수인법은 자신의 몸을 움직이는 주인공 이뭐꼬와 함께 빠르고 느림, 높고 낮음, 넓고 좁음 혹은 돌고 정지하는 동작들을 훈련한다.

- 이러한 모든 조화를 이룬 동작들은 음양의 원리에 따라 손과 팔로서 훈련된다.
- 다음 단계로 다리와 함께 연습하고 온 몸으로 움직인다.
- 이러한 즉흥적 창작으로 계속 수인법을 사용하여 전신의 균형과 조화를 이루며 단순한 동작에서

- 이중적 삼중적 복합적 조화의 변형을 훈련한다.

수인법을 할 때 손의 위치와 형태가 올바른 수인법이 되도록 정확하게 움직여야 한다. 손의 각도와 손가락의 각도를 옳게 하는 것은 아주 중요한 것이다. 수인법 하나하나가 완벽히 이루어졌을 때 다른 형태로 천천히 그리고 빠르게 움직인다. 이러한 변형의 조화는 매일 연습을 필요로 한다. 자신이 많은 단어를 알고 있을 때 표현방법이 자유롭고 쉽게 될 것이다. 예를 들어 '달다'를 표현하고자 할 때 이 한마디는 달음, 덜 달다 등등으로 표현될 수 있다. 이 한마디의 뜻을 이렇게 여러 가지로 표현할 수 있듯이 무드라-음양의 조화로서 동작을 창안해 내는데 여러 가지로 그 뜻을 아주 풍요롭게 표현 전달되어질 수 있는 것이다. 조화를 이룬 무드라 동작의 창출은 감정표현의 다양성 처럼 개개인의 특성과 취향에 맞도록 표현함과 같다고 하겠다.

⑪ 선무의 걷는 명상과 좌선

- 걷는 명상은 단전 + 회음부 + 항문(단회항) 수축과 이완을 통해 척추와 골반의 자세교정에 도움이 되며 발과 다리, 복근 근육을 강화시키고 발의 경혈을 자극함으로써 혈액순환을 활성화 시켜주는 훈련을 한다.
- 걷는 명상은 단전 → 발뒤꿈치 → 발가락으로 단전에서 기가 연결되어 흐르는 과정에 정신을 100% 집중하는 훈련을 통하여 화기를 단전으로 끌어내림으로써 마음의 안정을 유지시켜 준다.
- 좌선(참선 명상) : 정신을 단전 하복부에 집중함으로써 울체된 기-피가 머리로 상승한 상태 또는 불안, 초조, 근심, 걱정 등을 '이뭐꼬'호흡-기의 회전(단전 → 척추 → 정수리 → 단전)으로 해소시켜줌으로써 부교감신경작용상태 즉, 심신이 잠자는 것과 같은 상태로 편안해지도록 해주어 마음의 평정을 느끼도록 한다.

이 책은 치유 선무용 기법으로 산후 산모의 늘어진 몸매에 균형을 잡아주며, 자연스러운 몸의 유연성을 길러주고 복근과 질구의 괄약근을 강화시켜주는 동작, 요실금 치료보조와 성기능 강화를 위한 동작을 통해 치유를 도모하며, 무엇보다도 더 큰 효과는 잠재된 내면의 생각을 동작으로 자유롭게 표현함으로써 스트레스 완화, 균형잡힌 몸매와 다이어트에 도움이 되는 동작 그리고 자궁암, 유방암, 요실금, 폐경기 증상, 컴퓨터 증후군, 청소년 스트레스, 근골격계질환 등의 재활 및 치유 보조를 위한 효율적 심신건강법, 춤명상을 통해 마음의 평정, 심신의 균형과 조화를 위한 동작들이다. 또한 선무용은 누구나 부담없이 선무기법에 따라 마음 속 즉, 내면의식의 흐름을 즐겁고 순수한 동작으로 표현되어지도록 개발한 "현대인의 well-being"을 위한 치유 예술로서 유럽 · 아시아 · 미국 대체의학센터, 뉴욕오픈센터, 뉴욕대학 NYU 등지에서 많은 공연, 강의, 워크샵의 임상을 통해 개발한 저자의 고유 창작 치유 선무용이다.

현재 선무 치유무용 석사논문(포천중문의과대학 보건복지대학원/선무치유무용 전공 석사과정)을 소개하면 다음과 같다.

이지혜 "선무-동작명상 요실금 정서지지 프로그램을 적용사례 연구", 석사논문, 포천중문의과대학교 보건복지대학원, 선무치유무용 전공, 2005년 7월

전영신 "선무동작명상 요실금 근육강화 보완(지지)프로그램 적용사례 연구", 석사논문, 포천중문의과대학교 보건복지대학원, 선무치유무용 전공, 2005년 7월

이영주 "만성요통환자를 대상으로 선무-동작명상 치유프로그램 적용사례 분석", 포천중문의과대학교 보건복지대학원 석사학위논문, 2005년 7월

강유정 "선무동작명상을 통한 산전태교 : 산모의 심신안정과 태아와의 교감 단일사례 연구", 포천중문의과대학교 보건복지대학원 석사학위논문, 2005년 12월

전양숙 "선무-동작명상 산후 프로그램 실시 전후 산욕기 회복의 변화 비교", 석사논문, 포천중문의과대학교 보건복지대학원, 선무치유무용 전공, 2003년 12월

권영균 "유방암 환자를 대상으로 선무-동작명상 치유프로그램 적용사례분석", 포천중문의과대학 보건복지대학원 석사학위논문, 2003년 12월

김은진 "Zendance 치유무용이 장애청소년의 부적응행동 감소에 미치는 영향: 정신지체와 발달장애 청소년에 대한 사례연구", 포천중문의과대학교 보건복지대학원, 선무치유무용 전공, 2006년 12월

노진아 "노년기 여성의 치유선무용(Healing Zendance)을 통한 심신안정(마음, 신체, 호흡), 통증, 우울사례연구", 석사논문, 포천중문의과대학교 보건복지대학원, 선무치유무용전공, 2006년 12월

II

Programs of Healing Zendance
치유 선무용 프로그램

치유 선무용 프로그램 1

산전산후 관리를 위한 선무

모델/ 조수희 권영균 전양숙

1. 산모의 태교와 산후 심신건강 관리

임산부의 산전 태교와 건강

아기를 갖는 임부는 아기가 뱃속에 있을 때도 중요하지만 아기를 잉태하기 전 마음가짐 또한 중요하며 부부가 모두 부모가 되기 위한 경건한 준비가 되어 있어야 한다.

임산부가 정신수양을 하여 태아에게 좋은 영향을 주는 일을 태교라고 하며, 서양에서는 태내 감응이라고도 말한다. 모체와 태아는 탯줄로 이어져 있으나 이에 혈관은 있어도 신경은 발전되지 않으므로 모체의 뇌세포 동작이 태아의 뇌세포에 직접적인 영향을 준다고 생각할 수 없다. 그러나 임신 중에는 정신상태가 불안정하게 되기 쉽고 감정 변화가 심하므로 강한 정신 감동이 혈액 성분에 변동을 일으켜 탯줄혈관을 통해 태아에 영향을 줄 수 있으므로 정신의 평정을 유지하고 매사에 주의하는 것이 필요하다.

정자와 난자가 수정하여 수정란이 세포분열을 반복하여, 자궁내막에 착상하고 (수정 후 6일), 태반형성이 완료될 때 까지(5주~13주) 임부는 많은 주의를 기울여야 한다. 즉, 육체적인 건강뿐만 아니라 정신적인 안정도 누릴 수 있도록 최대한 노력 하여야 한다.

임신 4개월이 되면 태아는 바깥 세상의 소리를 들을 수 있고 산모의 감정에 따라 반응한다고 한다. 그리고 6개월 이후부터는 엄마 아빠의 목소리를 구분하고 음악 소리도 다 들을 수 있다는 것이 과학적으로 증명이 되었다. 그렇기 때문에 태교는 아기가 세상에 태어나기 전 심성을 형성하는 데 중요한 요소라고 할 수 있다.

과학적으로 뱃속의 아기가 반응을 보이는 것은 '외부의 소리'라고만 입증되어 있지만 산모의 감정과 마음자세, 행동도 모두 태아에게 영향을 끼치고 있다는 것은 오래 전부터 임신·태교·육아에 대한 기록들에 엿보인다. 예로부터 불교의 ≪부모은중경≫[1] 3장에서는 자식을 잉태하여 10개월이 될 때까지를 1개월 단위로 나누어 생태학적으로 고찰하여 서술하고 있을 뿐만 아니라 문헌상 동양에서 가장 오래된 기록인 중국 전한 시대(前漢時代) 유향(劉向)의 ≪열녀전(列女傳)≫ 에 보면 중국 주(周)나라 문왕(文王)의 어머니 태임(太任)이 행한 태교의 기록을 다음과 같이 적고 있다.

"태임의 성품이 단정하고 한결 같아서 정성스럽고 장중(莊重)하여 오직 덕행을 하다가 임신을 했는데, 눈으로는 나쁜 빛깔을 보지 않고 귀로는 음탕한 소리를 듣지 않으며 입으로는 오만한 말을 하지 않으며 태교를 잘 실천했다."

우리나라에서도 임산부는 깨진 그릇에 음식을 담아 먹지 않고, 과일 등은 네모반듯하거나 완전한 원형으로 깎아 먹고, 바른 자리에 단정하게 앉으며, 늘 선(善)한 생각을 하고 남을 미워

---

1) 부모의 은혜가 한량없이 크고 깊음을 설하여 그 은혜에 보답할 것을 가르친 불교 경전. ≪불설대보부모은중경(佛說大報父母恩重經)≫

하지 않는다는 금기사항이 전해진다.

이렇듯 임부가 나쁜 생각이나 거친 행동을 삼가며 편안한 마음으로 말이나 행동을 할 때 태아에게 정서적 · 심리적 · 신체적으로 좋은 영향을 준다고 생각하는 태중 교육의 중요성은 동양 뿐만 아니라 서양에서도 많은 관심을 보이고 있다.

생물의 유전물질인 DNA는 자신과 닮은 개체를 만들어 자식에게 전해주는데, 이때 세포조직뿐 아니라 산모의 의식과 습성까지도 태아에게 전해진다는 것이다. 그렇기 때문에 태교를 중요시 하고 있다.

선무를 통한 산전 산후 프로그램을 충분히 습득한다면 산모는 물론 태아에게도 좋은 영향을 미칠 수 있다. 태교로서 선무는 명상과 함께 동작을 하며 우주의 기와 하나가 될 수 있기 때문에 임산부의 의식과 태도와 마음이 그대로 태아에게 전해져 인성 형성에 지대한 영향을 미쳐서 정서적으로 좋다. 그리고 출산 전 산모의 회음부와 항문의 괄약근 수축과 이완 운동으로 자궁의 탄력성을 높여주고 복근 근육 강화와 다리 근육의 유연성을 길러 주어 순산에 도움을 준다. 여기에 자궁 후굴을 방지하기 위한 동작과 마음을 안정시키는 걷는 명상을 보충하여 산전 산모를 위한 효과적인 선무 프로그램이 만들어졌다.

요즘 라마즈와 소플로즈라는 외국에서 들여온 출산 프로그램이 성행하고 있는데, 이것은 분만을 도와주는 호흡법과 다리를 움직여주는 이완 수축법이 주를 이루고 있다. 그것에 부족한 점을 보강하여 만든 것이 바로 선무 산전 산후 출산 프로그램이다. 선무는 산모에게 무리를 주지 않으며 산전에 자궁의 후굴예방에 도움을 준다. 뿐만 아니라 참선으로 마음을 안정시켜 주기 때문에 자궁에서 태아가 편안하게 착상하도록 도와준다. 그리고 단회항 수축을 적당히 해 주고 대퇴부 근육과 골절을 유연하게 해 주어 태아를 출산할 때 많이 소비되는 체력 소모를 이런 운동을 통해 최소화할 수 있다.

이러한 선무 프로그램을 산후의 산모들에게 적용하면 요실금 보완과 골반 · 척추의 바른 자세 회복이 상당히 빠르게 진행된다. 아이를 분만하면 산모에게서 3주 동안 오로(惡露 , lochia)와 구정물이 간헐적으로 나오는데, 산모들의 자궁이 제 기능을 잘 하게끔 선무의 단회항(단전, 회음, 항문을 수축하는 것)을 가르쳤더니 열흘 만에 오로와 구정물이 모두 몸 밖으로 빠져나왔다(전양숙, '선무-동작명상 산후프로그램 실시 전후 산욕기 회복의 변화비교', 포천중문의대 석사논문). 그만큼 산후 회복속도와 몸의 자세 교정이 빠르게 되는 것이다,

또한 자궁 후굴을 방지에 도움을 주며, 척추와 골반이 제대로 놓이게 해 주고 출산할 때 대퇴부와 대퇴부 골절을 유연하게 해 주는 운동을 해 주고 골반과 회음부의 수축을 잘 하도록 단회항을 수축 이완운동으로 도와주고 여러 가지 명상법을 통해서 몸과 마음을 편안하게 해준다. 또한 수인법 명상은 산모의 마음을 가라앉히는 효과를 주고, 참선을 통해 긍정적인 마음을 갖게 해 주어 출산 전후 얻을 수 있는 우울증도 해소가 될 수 있다.

산모의 산전태교와 산후 심신건강관리

선무를 통한 산모의 산전태교와 산후체형교정을 위한 산모의 심신건강관리 프로그램은 선무치유요법을 통해 산모의 '마음의 평정 : 우울증 해소', '아름다운 몸매와 균형 유지 : 척추와 골반균형', '요실금을 위한 보조동작', '성기능 회복을 위한 보완동작', '자궁 후굴(retrouterine uterus) 및 자궁 탈출 예방(prolapse of uterus)과 보조동작' 등으로 구성된다.

2. 선무치유요법(Zendance Therapy)이란 무엇인가?

선무치유요법- Zendance Therapy는 단전호흡, 기공, 요가, 명상, 무용, 수인법(Mudra), 선의 요소를 모두 포함하고 있어 '몸의 건강'은 물론 '마음 다스리기'까지 할 수 있어 산모는 물론 태아에게까지 심신의 건강을 도모할 수 있는 '동작을 통한 춤명상법'이다.

선무기법의 요소

1. 호흡조절 : 단전호흡을 통한 기 전달
2. 동작 : 단전 부위에서 기를 온 몸으로 보낸다.
3. 마음의 안정 : 이뭐꼬(화두)로 잡다한 망상과 희로애락의 감정을 평정시킨다.
4. 음양의 조화로 무드라(수인법) : 심신정화
5. 즉흥무 : 스트레스해소, 몸과 마음의 평정

이러한 선무기법은 산후에도 산모의 몸매와 균형을 잡아준다. 또한 자연스럽게 몸의 유연성을 길러주어 복근과 질구의 괄약근을 강화시켜줌으로써 요실금 · 성기능 강화를 위한 특수동작을 통해 치유를 도모할 수 있도록 해 준다. 그러나 무엇보다도 더 큰 효과는 잠재된 내면의 생각을 동작으로 자유롭게 표현함으로써 스트레스가 해소되어 마음이 안정되게 해 준다. 즉, 몸과 마음을 건강하게 할 수 있는 것이다.

선무는 어려운 동작이 아니라 내면의 의식 흐름에 따라 다양한 형태의 동작으로 순수하고 즐거운 마음이 표현되어지도록 이선옥 박사(선무 창시자)가 1972년부터 개발한 치유무용이다.

3. 산모의 산전 선무태교 프로그램

효과

1. 선무동작을 통한 명상법을 통해 산모의 평화로운 마음가짐과 척추와 골반의 균형을 잡아줌으로

써 올바른 자세를 유지하도록 한다.

선무태교동작은 과격하거나 빠르고 격렬한 동작은 피하고 자연스럽고 부드러운 근력 강화, 스트레칭, 심신안정을 위한 동작을 위주로 한다.

2. 선무의 '단회항(단전+회음부+항문=수축 이완작용)' : 척추, 복근, 골반의 근육, 회음부 근육을 강화시켜주는 수축 이완의 동작을 통해 산모의 출산을 용이하게 도와준다.

   골반 운동: 단회항의 수축과 이완 동작을 통해 산모의 분만을 도와주는 '하단전+골반+척추'의 유연성과 근지구력을 증가 · 강화시키는 동작을 반복적으로 훈련한다.
3. 선무의 무드라(손동작)를 통해 기경팔맥의 혈액순환을 시켜 주고, 동시에 오장육부의 신진대사를 원활하게 한다.

   무드라의 특수동작은 산모와 태아의 일체감, 정신집중과 마음의 평정을 찾도록 한다.
4. 선무의 호흡법('이' 소리는 뼈와 신장에, '뭐' 소리는 간과 힘줄에, '꼬' 소리는 심장과 핏줄에 영향을 준다) : 체내의 부정적인 생각과 울체된 기를 소리를 통해 밖으로 내보냄으로써 산모의 오장육부와 호흡순환계의 기능을 강화시키도록 한다. 그리고 '이뭐꼬-내쉼'(호흡법)는 산모의 우울증과 불안감을 해소시켜준다.
5. 골반, 척추, 복근 근육의 유연성을 위한 특수동작을 통해 즐거운 마음으로 엔돌핀이 생성되는 감미롭고 평화로운 리듬에 맞추어 동작을 반복함으로써 산모의 울체된 기를 해소시키도록 한다.
6. 선무 걷는 명상은 단회항의 수축과 이완(이뭐꼬-내쉼)을 강조한 걸음걸이로서 척추와 골반의 자세교정, 방광과 오장육부의 운동을 원활하게 도와준다.

   또, 산모의 불안감, 심리적 스트레스, 지나친 체중 증가와 잡다한 망상으로 인한 지친 심신을 안정시켜 주고(부교감신경 작용상태-잠자는 것과 같은 상태) 평화로운 마음을 갖도록 한다.
7. 선무의 좌선(앉아서 하는 선): 산모가 마음의 평정을 찾아 태아에게 평화롭고 아름다운 심리적 상태를 전달함으로써 태아와 산모가 일체감과 행복감을 느끼도록 한다. 이는 산모가 정신을 단전 하복부에 집중함으로써 울체된 기, 상기(기-피가 머리로 상승한 상태), 또는 불안, 초조, 근심, 걱정 등을 이뭐꼬 호흡-기의 회전(단전-척추-정수-단전)으로 해소시켜준다.

주의사항 (warning)

1. 임신 초기와 말기에는 뛰거나 지나친 스트레칭 등의 격렬한 동작을 삼간다.
2. 임신 4개월 이후에는 누워서 하는 동작은 삼가하고 앉아서 하는 동작, 서서 하는 동작을 위주로 한다.
3. 임신 8개월 이후에는 옆으로 하는 동작, 앉아서 하는 동작, 서서 하는 동작을 위주로 한다.
4. 준비동작 : 목, 어깨, 손목, 발목, 팔 등의 부드러운 스트레칭 동작으로 시작한다.
5. 마지막 정리동작 : 산모와 태아의 심신의 안정을 갖는 Mudra선무와 좌선으로 끝맺는다.
6. 복부, 등과 음부의 통증이나 양수의 누출이 있을 시에는 의사와 상의한 후 실시한다.
7. 빠른 맥박과 열, 현기증 증상 시에도 의사와 상의 후 실시한다.
8. 자궁 내 태아의 위치와 관계에 대해 의사와 의논을 해서 선무를 한다. 의사의 추천서를 받아서 한다.

기본동작

서서 하는 무드라

선무는 앉아서 참선 수행만을 하는 것이 아니다. 좌선이나 행선을 조화 있게 취하며 손과 다리의 움직이는 동작에 정신을 집중하여 움직인다. 천천히 동작에 집중하며 수인법과 함께 서서히 자유롭게 움직인다. 이런 동작을 통해 저절로 운동이 되어 무릎, 대퇴부 발목 등이 모두 강화된다.

누워서 하는 동작

산모가 누우면 태아가 눌릴 수 있다고 의사들이 주의를 준다. 산모가 누우면 안 될 때는 옆으로 누워 뱃속의 아이에게 무리를 주지 않도록 의사의 지시에 따라 적절한 동작을 취해 준다. 대충 4개월이 지나 태아가 착상이 된 후 특별한 의사의 지시가 있을 시 무리한 동작은 피한다.

4. 선무를 통한 산후체형관리 프로그램

- 선무-동작을 통한 명상으로 평화로운 마음과 아름다운 몸의 균형을 잡아준다.
- 늘어진 복근 근육을 수축과 이완의 동작을 통해 산전의 탄력 있던 배로 회복시켜 주도록 한다.
- 자궁을 둘러싼 골반 근육과 질구 근육의 수축과 이완운동을 통해 성기능 강화를 돕는다.
- 요실금을 예방하는 동작을 수련한다.
- 선무-단전호흡을 통한 복근 운동으로 척추와 골반의 균형, 산후의 체형을 바로 잡아주고 허리의 유연성을 강화시키며 균형 잡힌 자세와 걸음을 수련한다.
- 선무의 무드라를 통한 부드러운 동작으로 손과 발의 유연성을 도모하고, 전신의 혈액순환을 활성화시켜 주며, 정신집중을 강화시킨다.
- 마음속에 쌓인 스트레스, 산후우울증과 허탈감을 동작 하나하나에 정신을 집중하여 자연스럽고 부드럽게 표현함으로써 몸의 균형을 잡아주고, 마음의 안정감과 자신감 그리고 만족감을 갖도록 한다.

5. 산모의 산전·산후 선무치유요법

Zendance Therapy의 의학적 효과

백남선 의학박사,전 원자력병원장 , 대한임상암예방학회 학장

임신하면 몸에 아기가 들어 있으므로 그 아기의 건강을 위수로 해야 하다 보니까 자기 자

신의 정신, 마음의 건강이 우선 중요하고 태교도 필요하고, 산전에는 호르몬 변화가 심할 때이므로 부기가 생기므로 부기가 빠지는 운동이 필요하다. 이런 운동은 심하게 움직이는 운동이 아니라 손발을 조용히 움직이고 꽉 조였다가 놓았다 하는 운동이 도움이 되는 것이다. 근육은 스펀지가 손으로 쥐면 조여져서 들어갔다가 풀면 나오는 것처럼 팔다리 근육을 조였다가 놓았다하는 수축, 이완하는 운동을 하면 바로 그것이 부기를 막고 혈액순환이 되는 데 도움이 되는 것이다. 또 정신집중 훈련을 하기 때문에 산모의 정신건강에 도움이 되고 태아에게도 도움이 된다. 정신집중과 조용한 이완과 수축의 운동이 혈액순환을 향상시켜서 부종(edema)을 예방하고 정신건강을 돕는 역할을 한다.

산후에는 아기가 나왔기 때문에 호르몬이 많이 작용해서 산도와 골반이 늘어나서 아기를 낳자마자 원래 상태로 오므라들지 않고 골반 주위의 근육, 인대, 힘줄이 늘어지게 된다. 그것이 서서히 오므라들면서 팽팽히 조여 주어야 하는데, 그러한 작용을 도와주는 것이 바로 선무 산후 프로그램이다. 산후에 무거운 것을 갑자기 들어올리거나 힘드는 동작을 강하게 하면 이완되어진 골반의 조직이 쉽게 늘어지거나 상한다. 바로 그 때문에 산후조리를 못하면 만성통증으로 이어지고 허리가 아프고 하는 것이다. 이것은 늘어진 근육이나 조직을 제대로 관리를 안 해 주기 때문에 선무-Zendance동작으로 자극해 줘서 혈액순환이 잘 되게 하고 좋은 영양분이 잘 가고 그곳에 고여 있는 노폐물을 빨리 뽑아주도록 한다. 왜냐하면 빨리 돌아가니까 빨리 공급하게 되고 빨리 빼주게 된다. 그냥 잠겨 있으면 좋은 영양분이 들어가지도 않고 고여 있는 노폐물이 빨리 나오지도 못하므로 선무-Zendance를 통해서 혈액순환을 도우면 빨리 회복이 된다. 과격한 스포츠는 오히려 해로울 수 있는데 선무로는 근육 또한 무리 없이 매끄럽고 부드럽게 촉진시켜 줄 수 있다.

또한 산후에는 정신적으로 불안하게 되는 경우가 많다. 호르몬의 급격한 변화로 일부 심한 사람은 정신병까지 생길 수 있는데, 이 때 선무의 동작명상, 정신집중, 호흡조절은 산후 정신불안을 안정시키는 데 도움이 된다. 또 출산 전에도 미리 근육과 관절을 이완시켜 주어 출산 때 수월하도록 골반을 이완시켜 주도록 한다.

또한 비뇨생식기 근육이 이러한 선무치유요법을 통해서 잘 발달되면 분만 상태 때 이루어지는 근육의 이완과 산후 수축이 활달해져 회복에 도움을 준다. 근육으로는 좌골해면체근(muscle ischiocaverno년), 구해면체근(bulbo cavernosus muscle) 등 이러한 근육이 잘 발달되면 혈액순환이 잘 이루어져서 산전 진통 때 뿐만 아니라 산후의 회복이 좋다. 특히 선무명상요법을 통해서 산모의 마음과 육체가 합해져서 의식을 하면 진통시나 분만시 근육의 이완이 용이해지고, 분만 때 일어나는 가장 어려운 진통을 크게 완화시켜 순조롭게 분만을 진행시킬 뿐 아니라, 순산을 하기가 쉽다. 선무의 명상이나 호흡법을 통해서 폐활량을 증가시키고, 배 안에 있는 장, 혈관들의 혈액순환을 활발히 시켜서 태아에게 가는 영양과 산소를 충분히 공급할 뿐만 아니라, 분만에 관계되는 모든 근육 및 몸 전체에 활력을 불어넣어 줌으로써 앞으로 닥쳐올 분만과 산후의 회복을 촉진시켜준다. 심리적으로는 진통에 대한 공포감을 완화시켜줄 뿐 아니라 자신을 잊게 하고 몸의 기를 한껏 불어넣어 주어 진통을 잘 견뎌나갈 수 있게 해 준다.

산후에는 분만시 이완되었던 모든 근육들이 원래대로 돌아가는 데(elasticity) 대개 6주~8주 걸린다. 그런데 선무를 하면 이 기간 동안에 더욱 신축성 있게(resilience) 정상적으로 돌아갈 뿐만 아니라, 늘어나기 쉬운 방광 근육(muscle sphincter vesicae urinariae)이나 회음부 근육(musculi perinei)에 탄력을 주어 산후의 성생활에 문제가 없도록 도움을 준다. 또한 요실금(urinary incontinence)도 예방에 도움을 줄 수 있다.

산전 선무 프로그램

▶ 앉아서 하는 동작 ①

1 양손을 단전에 놓고 앉는다.

2 '이' 소리와 동시에 원을 그리듯이 문질러 준다. 오른쪽으로 18회, 왼쪽으로 18회, '뭐'와 '꼬'소리를 내면서 천천히 반복함으로써 뱃속의 아이를 느끼고, 얘기를 해주어 산모와 아이의 일체감을 더해 준다.

▶ 앉아서 하는 동작 ②

1 편안하게 다리를 펴고 척추를 곧게 세우고 앉는다.

2 '이' 소리와 동시에 머리는 오른쪽으로 원을 그리며 돌린다. 이때 몸은 자연스럽게 머리가 움직이는 대로 따른다.

반대쪽으로 '뭐'와 '꼬' 소리 반복하면 산모의 척추를 펴줌으로써 목과 척추의 스트레칭과 교정의 효과가 있다.

▶ 앉아서 하는 동작 ③ 굳은 목과 어깨를 풀어주는 동작이다.

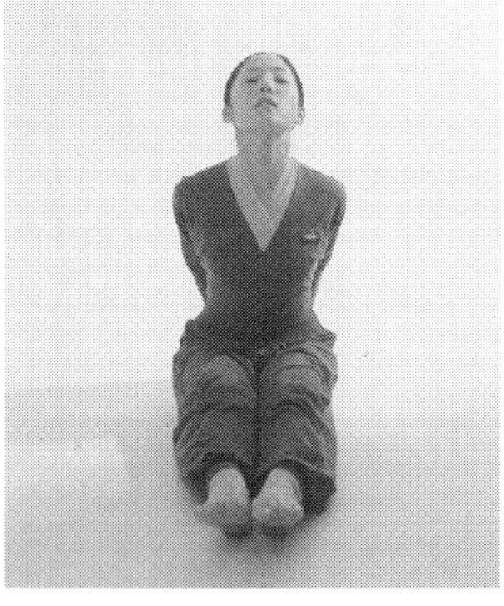

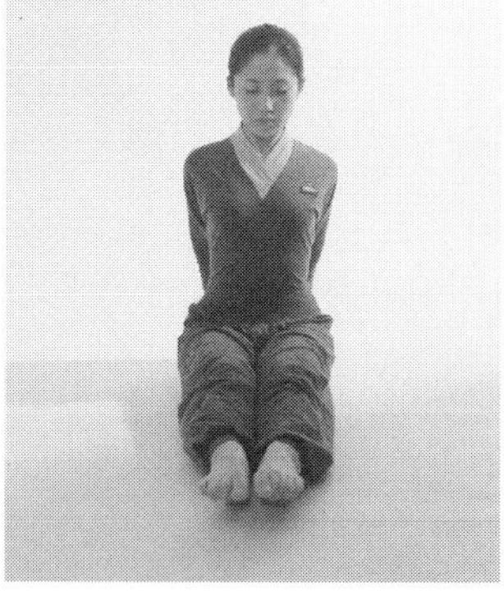

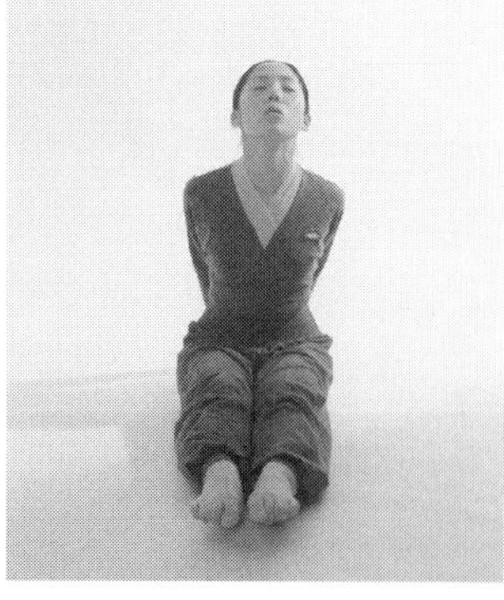

1 턱을 빼고 몸은 그대로 있고, '이'소리와 동시에 턱을 들어 앞으로 밀어주고,

2 턱을 내려 고개가 약간 숙이도록 내려주고,

3 고개를 뒤로하며 턱을 뒤로 잡아당기고 '뭐'와 '꼬'소리와 함께 반복하며 원을 그린다.

▶ 앉아서 하는 동작 ④

1,2 척추를 곧게 펴고 바르게 앉아서 '이' 소리와 동시에 턱을 빼고 좌우로 움직여 준다. 반대로 '뭐'와 '꼬'소리를 내며 반복한다.

굳은 목을 좌우로 부드럽게 풀어 유연성을 도모하는 동작이다.

▶ 앉아서 하는 동작 ⑤

1,2 양 손바닥을 이마에 대고 뒤로 밀어주면서 '이' 소리와 동시에 고개는 앞으로 밀어준다. '뭐'와 '꼬'소리를 내며 반복한다.

서로 반대로 밀어주면서 피로를 풀어 머리를 맑게 해주는 동작이다.

▶ 앉아서 하는 동작 ⑥

1,2 양손을 옆으로 벌려 천천히 머리 위로 올린다.

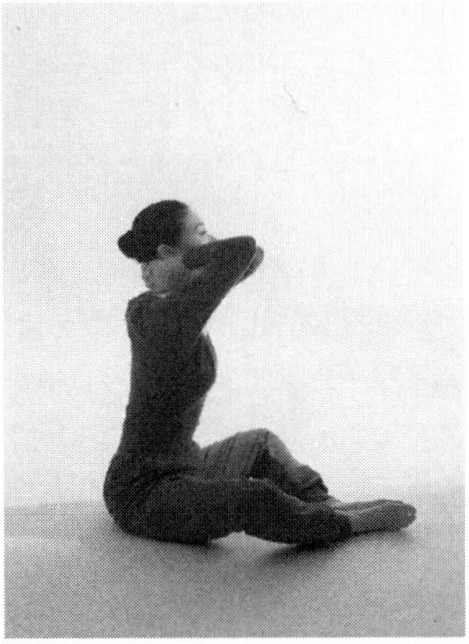

3 머리 뒤에서 양손을 깍지 끼고,

4 '이' 소리와 동시에 목 뒤에서 양손으로 목을 당기고, 고개는 뒤로 밀어준다. '뭐'와 '꼬' 소리를 내며 반복한다.

서로 반대로 밀어주면서 목의 피로를 풀어 머리를 맑게 해주는 동작이다.

▶ 앉아서 하는 동작 ⑦

1 '이'소리와 동시에 양손을 단전에 둔다.

2 양쪽 어깨 옆으로 천천히 벌려 '뭐' 소리를 내며 오른손바닥은 위로 가고, 왼손바닥은 아래로 가게 뒤집어서, 어깨 뒤로 밀어준다.

3 '꼬' 소리와 동시에 손바닥을 반대로 뒤집어 틀어준다.

4 양 손목을 아래로 꺾으며 앞으로 가져온다.

5 손목을 돌려서 손끝이 위로 향하게 한다.

6 손끝까지 펴준다.

7 서서히 단전으로 가져온다.

마치 빨래를 짤 때 서로 반대방향으로 비틀어줘야 잘 짜지듯이 근육을 반대로 비틀어서 근육의 스트레칭 효과를 극대화한다.

▶ 앉아서 하는 동작 ⑧

1 '이'소리와 동시에 양손을 단전에서 어깨 양옆으로 벌려 손목을 위로 꺾어준다.

2 '뭐'소리와 동시에 오른손은 위로 올려주고, 왼손은 아래로 향하게 한다.

3 어깨 뒤로 지긋이 눌러준다.

4 '꼬'소리와 동시에 왼손은 올려주고, 오른손은 아래로 향하게 한다.

5 어깨 뒤로 지긋이 눌러준다.

7번의 효과와 같으며 어깨 결림을 풀어 준다.

▶ 앉아서 하는 동작 ⑨

1 발바닥을 서로 붙이고 양손은 단전에 두고 편하게 앉는다.

2 '이'소리와 동시에 단회항을 수축한다.

3 단회항을 이완하면서 기가 항문에서 척추, 목, 정수까지 통하도록 곧게 세우고 단전으로 돌아온다.

'뭐'와 '꼬'를 반복하여 수축과 이완을 통해 산모들의 마음이 편안해지도록 한다.

▷임신부의 단회항 수축운동시 주의점

지나친 복부수축운동은 삼가하며 최대한 하단전을 이용하여 단전-회음부-항문근육의 수축과 이완운동을 한다. 배가 당기거나 뭉치면 즉시 중단하고, 의사와 상의하도록 한다.

▶ 앉아서 하는 동작 ⑩

1 다리를 쭉 펴고 편안하게 허리를 편 상태에서 손은 단전에 놓고 바르게 앉는다.

2 '이'소리와 동시에 단회항을 수축하며 발끝이 위로 향하게 발목을 꺾어, 양손은 단전에서 어깨 양옆으로 손목을 돌리면서 움직인다.

3 단회항을 이완하면서 양발목과 발등을 바깥으로 돌리면서 양손은 가슴앞에서 돌리면서 단전으로 가져온다.
'뭐'와 '꼬'소리를 내며 반복한다.

손목과 발목의 움직임을 통해 온몸에 혈액순환이 잘 되도록 도와준다.

▶ 앉아서 하는 동작 ⑪

1 양다리를 옆으로 벌리고 양손은 단전에 두고 앉는다. '이'소리와 동시에 단회항을 수축하여 무릎을 구부려 발목을 위로 꺾는다.

2 '뭐'소리와 동시에 단회항을 이완하면서 무릎과 발목을 펴준다.

3 '꼬'소리와 동시에 단회항을 수축하며 반복한다.

다리의 피로와 붓기를 없앤다.

▶ 앉아서 하는 동작 ⑫

1,2 양다리를 옆으로 벌리고 양팔은 어깨 양옆으로 벌려 앉는다. '이'소리와 동시에 단회항을 수축하여 무릎을 구부려 발목을 위로 꺾고, 동시에 양 손목을 돌려준다.

3 단회항을 이완하면서 무릎을 펴고 발목과 손목을 풀어준다.

4 '뭐', '꼬'소리와 동시에 단회항을 수축하며 반복한다.

5 단회항을 이완하여 무릎과 발목과 손목을 펴준다.

손목과 발목의 유연성을 도모한다.

▶ 앉아서 하는 동작 ⑬

1 양다리를 옆으로 벌려 양 발목을 위로 꺾어 양발을 잡고 앉는다.

2 '이'소리와 동시에 등을 편 상태로 상체를 앞으로 눌러준다.
'뭐'와 '꼬'소리를 반복하여준다.

척추의 유연성과 혈액순환을 증진시키며, 다리의 붓기를 풀어준다.

▶ 옆으로 누워서 하는 동작 ①

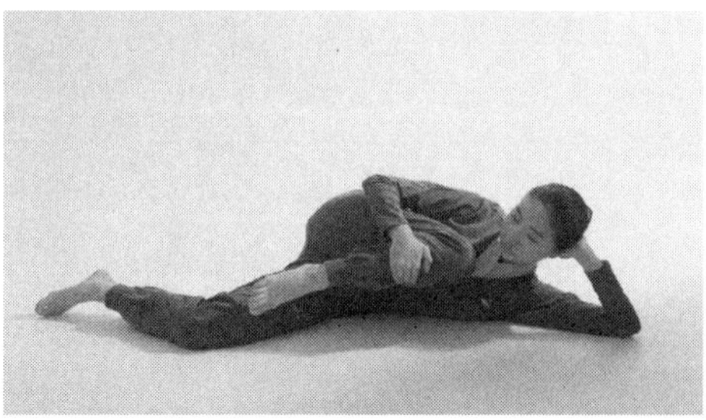

1 왼손으로 머리를 받치고 옆으로 누운 상태에서 왼다리는 약간 구부려 편안히 내려놓고 '이'소리와 동시에 오른다리는 구부려서 가슴 앞으로 당겨준다.

2 무릎을 바깥쪽으로 돌려준다.

3 '뭐'소리와 동시에 서서히 무릎을 펴서 다리를 위로 뻗는다.

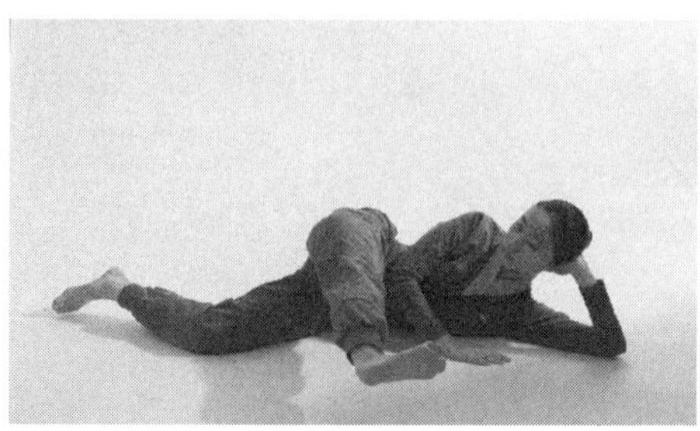

4 그대로 다리를 앞으로 내려 발이 바닥에 닿도록 한다.

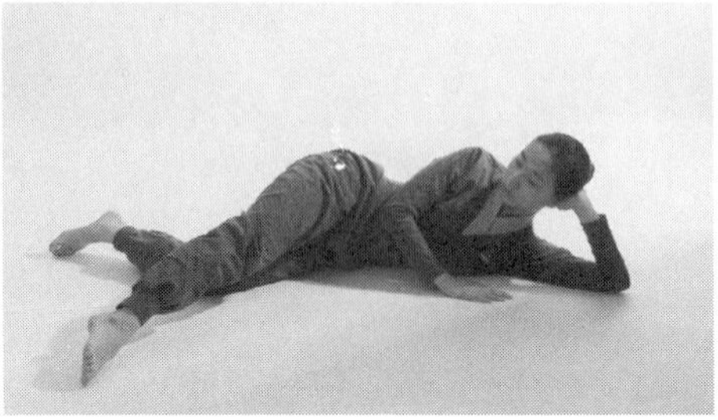

5 '꼬'소리와 동시에 발끝으로 반원을 그리듯이 발끝을 크게 돌리며 다리를 아래로 내려서 뒤로 가져간다.

6 무릎을 구부려 뒤꿈치를 엉덩이에 붙인다.

7 다시 무릎과 대퇴부골절을 뒤로 돌려 위로 세운다.

8,9 오른손으로 머리를 받치며 반대로 반복한다.

골반과 복부, 다리와 발끝까지 혈액순환을 시키며 피로를 없앤다.

▶ 엎드려서 하는 동작 ①

1 무릎을 꿇고 앉아서 두 손을 겹쳐서 바닥에 대고 그 위에 얼굴을 고개를 오른쪽으로 향하게 하여대고 가슴을 바닥에 닿도록 한다.

2 '이'소리와 동시에 단전을 수축하고 등을 둥글게 올리고 동시에 엉덩이를 위로 끌어올린다.

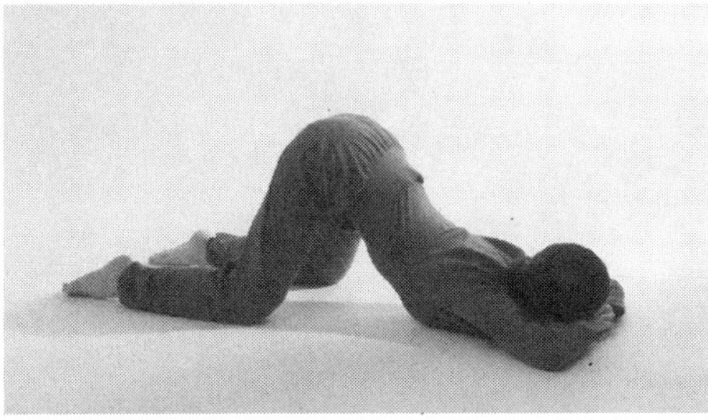

3 단전을 이완하면서 허리를 쭉 펴 가슴과 얼굴이 바닥에 닿게 한다.
'뭐'와 '꼬'소리를 반복하여준다.

자궁 후굴(retrouterine uterus)을 방지하는 데 도움을 준다.

▶ 엎드려서 하는 동작 ②

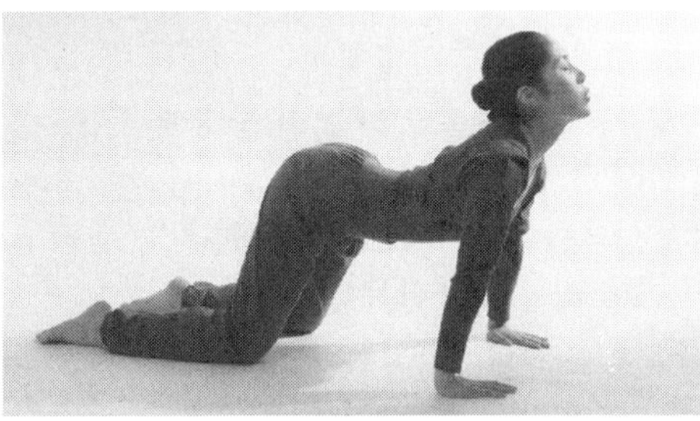

1 양손을 앞으로 내딛고, 무릎을 약간 벌려서 바닥을 딛고 '이'소리와 동시에 고개를 뒤로 젖힌다.

2 단전을 수축하여 팔꿈치를 쭉 펴고 등을 둥글게 올린다.

3 단전을 이완하며 엉덩이를 발뒤꿈치에 내려놓고 팔꿈치와 이마를 바닥에 닿게 한다.
'뭐'와 '꼬'소리를 반복하여준다.

척추와 골반근육의 유연성을 높여서 요통(lumbago)과 소화를 도와 준다.

▶ 누워서 하는 동작 ①

1,2 누워서 무릎을 구부리고 손에 깍지를 껴서 머리를 받쳐들고 '이'소리를 내면서 무릎과 대퇴부 골절근육을 돌려준다. '뭐'와 '꼬'소리를 내면서 반복하여준다.

척추와 골반를 마사지시켜 피로를 푼다.

▶ 누워서 하는 동작 ②

1 누워서 양 무릎을 굽혀 벌린 상태에서 양손을 깎지 끼어 목 뒤에 놓고, 고개를 들어서 '이'소리를 내면서 상체를 무릎 쪽으로 당겨준다.
'뭐'와 '꼬'소리를 내며 반복하여준다.

배의 지방을 감소시키고 복근을 강화시킨다.

▶ 누워서 하는 동작 ③

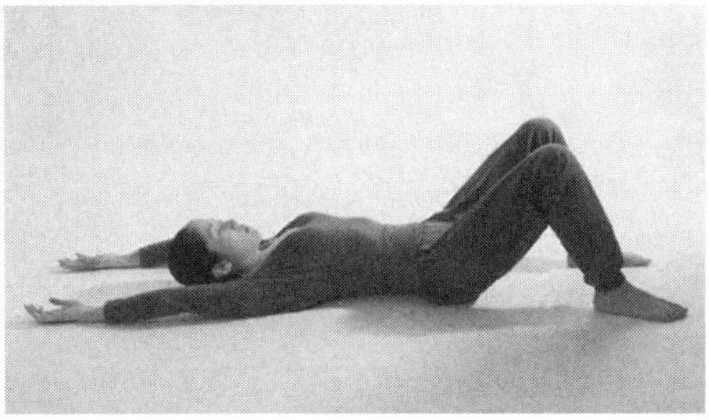

1 양쪽 무릎을 세우고 손을 위로 하고 눕는다.

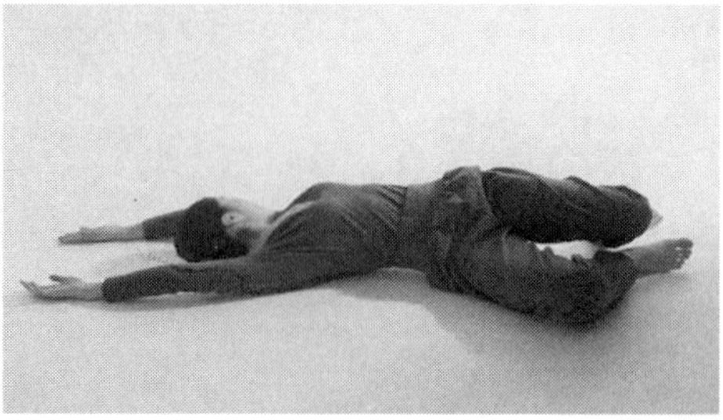

2 '이'소리와 동시에 천천히 양 무릎을 한쪽 방향으로 내리면서 고개를 그 반대 방향으로 돌린다. 겨드랑이, 옆구리, 다리, 복근근육, 엉덩이를 천천히 부드럽게 늘려준다.

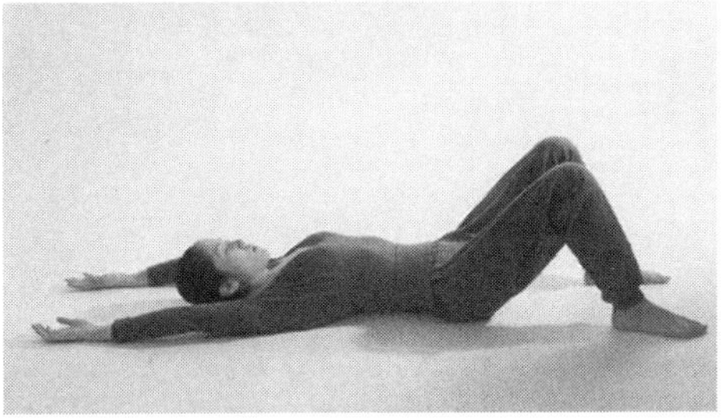

3 단전을 수축하면서 고개를 바로 하고 무릎을 바로 세운다.

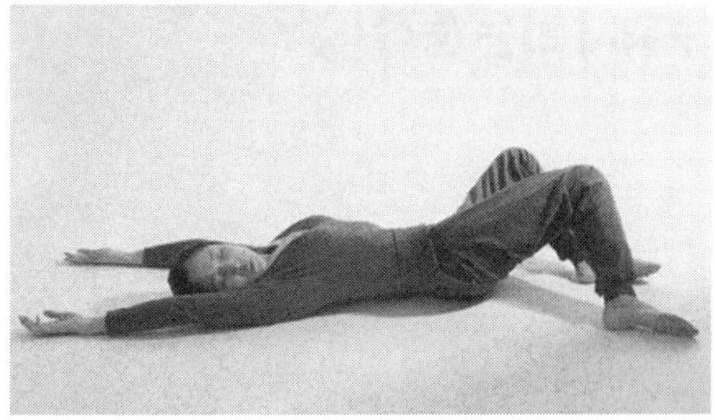

4 '뭐', '꼬'소리와 동시에 반대쪽 반복한다.

옆구리 갈비대와 복근 근육, 대퇴부 근육을 스트레칭 시켜준다.

▶ 누워서 하는 동작 ④

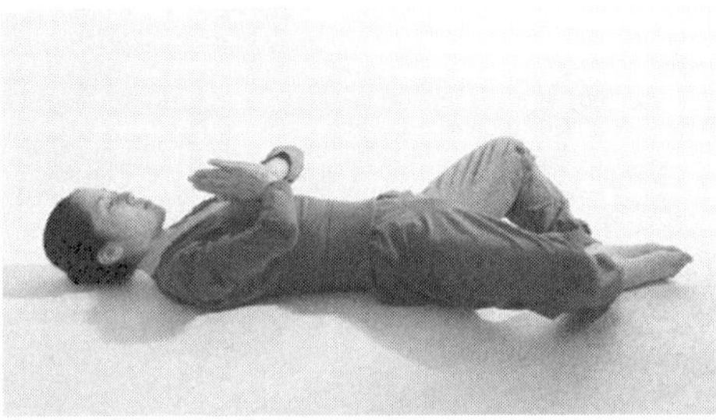

1 양 손바닥을 붙여 가슴 앞에 두고, 무릎을 양옆으로 벌려 발바닥을 붙이고 눕는다.

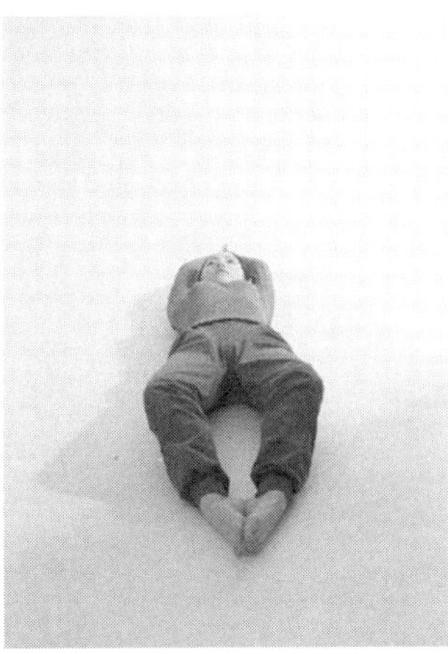

2 '이'소리와 동시에 양손을 위로 양발은 아래로 펴준다.

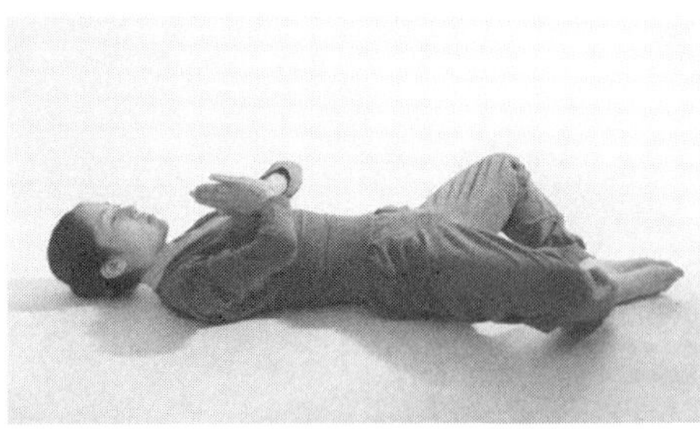

3 양손은 가슴 앞으로 가져오고, 동시에 양발은 무릎을 구부려 당겨온다.
'뭐'와 '꼬'소리를 내면서 반복한다.

온몸에 쌓인 피로와 긴장을 풀어준다.

▶ 누워서 하는 동작 ⑤

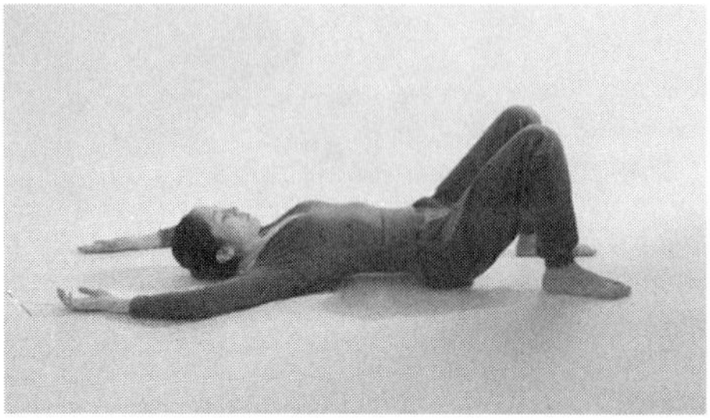

1 양쪽 무릎을 세우고, 손을 머리 위로 한 상태에서 눕는다.

2 '이'소리와 동시에 고개를 오른쪽으로 하고 골반을 밀며 엉덩이를 위로 든다.

3 고개를 바로 하고 서서히 목에서부터 척추뼈 하나하나 바닥에 내려놓는다.

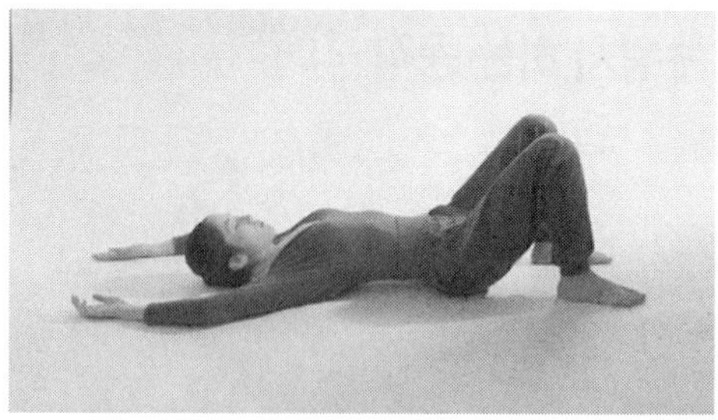

4 엉덩이를 나중에 내려놓는다.

5 '뭐'소리와 동시에 고개를 왼쪽으로 하여 반복한다.

복근과 허리근육강화, '자궁 후굴(retrouterine uterus) 및 자궁 탈출 예방(prolapse of uterus) 보완동작이다.

▶ 누워서 하는 동작 ⑥

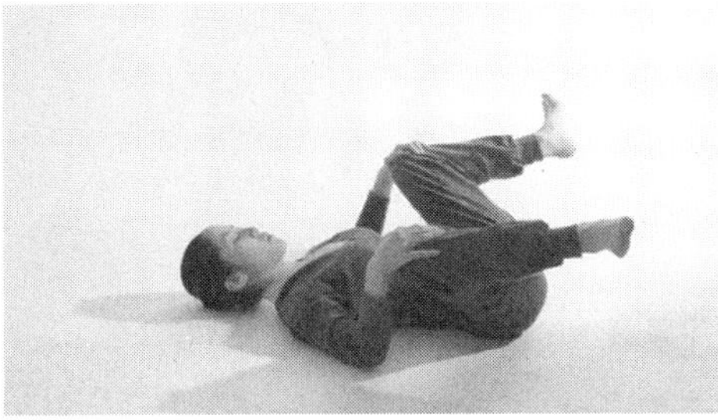

1 누워서 양쪽 무릎을 구부려 벌려준 후 '이'소리와 동시에 양손으로 지긋이 몸쪽으로 눌러준다.

2 양 무릎을 잡은 상태에서 '뭐'소리와 동시에 오른쪽 방향으로 돌려준다.

3 '꼬'소리와 동시에 왼쪽 방향으로 돌려준다.

골반의 피로와 긴장을 푼다.

▶ 일어나는 동작

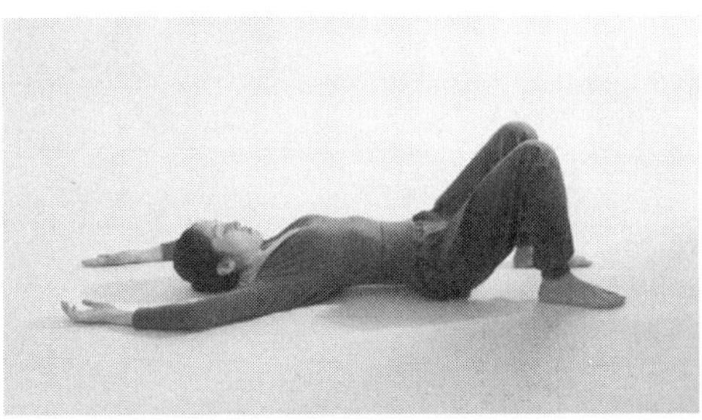

1 누운 상태에서 양 무릎을 세운다.

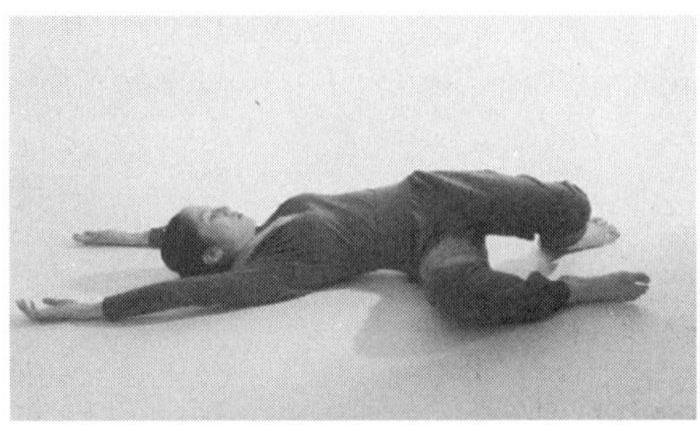

2 엉덩이를 오른쪽으로 옮기고 양 무릎을 왼쪽으로 눌러준다.

3 상체를 왼쪽으로 돌려서 양손으로 바닥을 짚는다.

4 무릎을 내려놓고 뒤꿈치를 딛는다.

5 서서히 무릎을 펴준다.

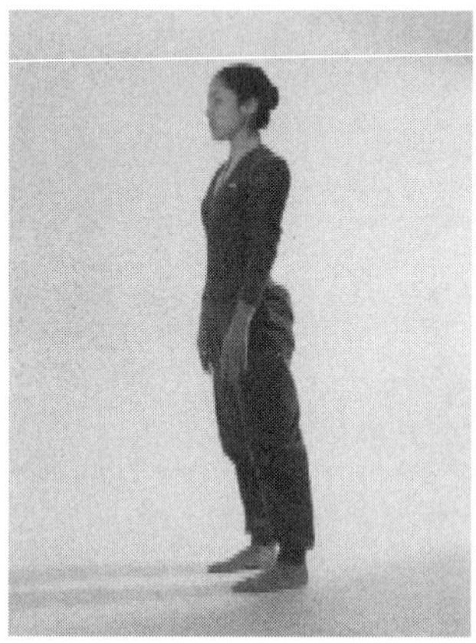

6 상체를 서서히 펴면서 고개는 가장 나중에 들어준다.

▶ 서서 하는 선무 기본동작 ①

1,2 양손과 발을 털어 준다.

▶ 서서 하는 선무 기본동작 ②

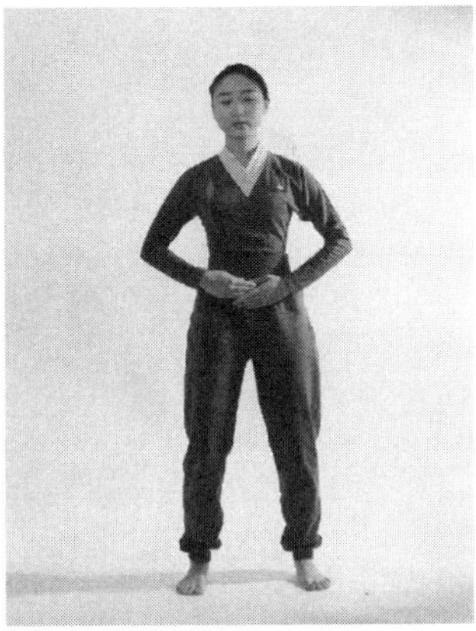

1 두 발을 어깨 넓이만큼 벌리고 서서 두 손을 단전에 두고 단전에 집중한다.

2 '이'소리와 동시에 무릎을 구부리며 단회항(단전, 회음부, 항문)을 수축한다.

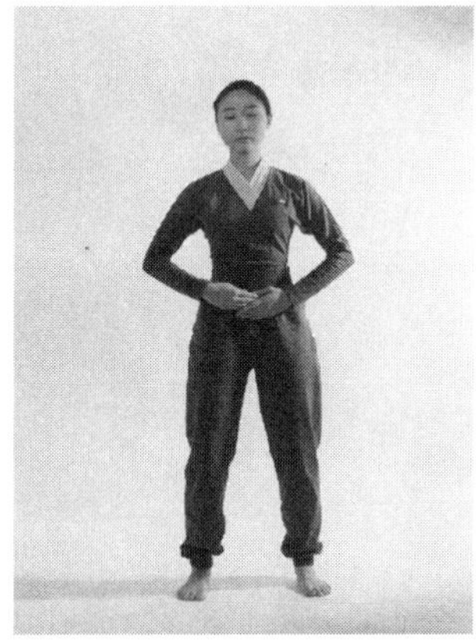

3 단회항을 이완하면서 무릎을 서서히 편다.

4 뒤꿈치를 들어서 척추에서 정수리까지 곧게 세운다.
'뭐'와 '꼬'소리를 내면서 반복한다.

▶ 서서 하는 선무 기본동작 ③

단전에서 손과 팔로 기를 보냄

1 두 발을 어깨 넓이만큼 벌리고 서서 두 손을 단전에 두고 단전에 집중한다.

2 무릎을 구부리며 단회항(단전, 회음부, 항문)을 수축하면서 '이'소리를 내며 오른손을 가슴 앞으로 폈다가 옆으로 가져간다. 손이 나가는 과정을 집중한다.

3 단회항을 이완하면서 손가락이 밑으로 가도록 손목을 90도 꺾어준다.

4 손목을 돌려서 손끝이 위로 가도록 하고 동시에 무릎을 펴면서 뒤꿈치를 든다.

5 손끝이 밑을 향하도록 손목을 꺾으면서 뒤꿈치를 내려놓는다.

6 팔꿈치를 편 상태에서 가슴 앞으로 가져온다.

7 손목을 돌려 손끝까지 펴서 기를 보낸다.

8 팔꿈치를 서서히 구부리며 가슴 앞으로 당긴다.

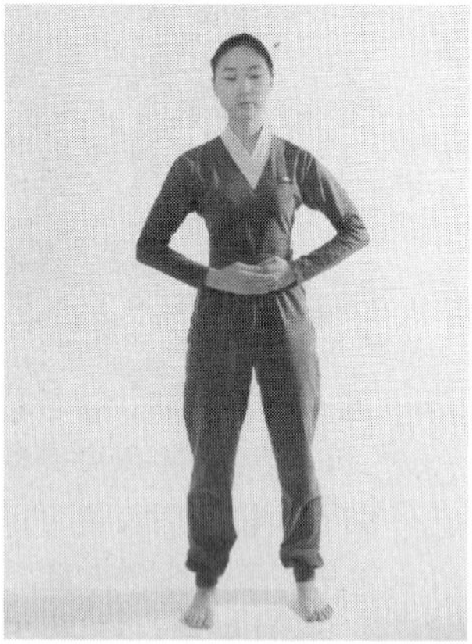

9 팔꿈치를 바깥으로 보내며 손을 단전으로 가져온다.

▶ 서서 하는 선무 기본동작 ④

1~9 '뭐'소리와 동시에 왼손 반복한다.

▶ 서서 하는 선무 기본동작 ⑤

1~9 '꼬'소리를 내면서 양손 반복한다.

▶ 서서 하는 선무 기본동작 ⑥ 단전에서 발로 기를 보냄

1 두 발을 어깨 넓이만큼 벌리고 서서 두 손을 단전에 두고 집중한다.

2 '이'소리와 동시에 무릎을 구부리며 단회항(단전, 회음부, 항문)을 수축하면서 오른다리의 무릎을 구부려 왼다리 무릎옆에 붙인다.

3 들어올려서 앞으로 쭉 편다.

4 서서히 다리를 내려서 뒤꿈치가 바닥에 닿게 한다.

5 단회항(단전, 회음부, 항문)을 이완하면서 앞으로 중심을 보내면서 뒤에 있는 왼다리는 펴준다.

6 왼쪽다리로 중심을 이동하면서 오른다리를 왼다리 옆으로 서서히 가지고 온다.

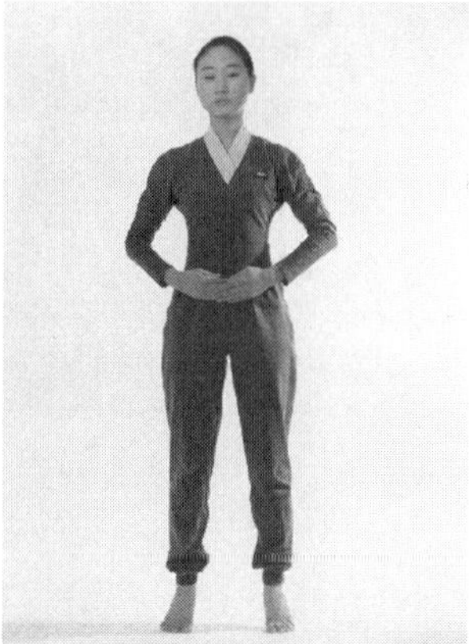

7 뒤꿈치를 들고 선다.

▶ 서서 하는 선무 기본동작 ⑦

1~8 '뭐'소리를 내면서 왼쪽 발 반복한다.

▶ 서서 하는 선무 기본동작 ⑧

단전에서 오른발, 다리와 오른손, 팔로 동시에 기를 보냄

1 두 발을 어깨 넓이만큼 벌리고 서서 두 손을 단전에 두고 집중한다.

2,3 '이'소리와 동시에 단회항을 수축하여 무릎을 구부리고 오른 무릎을 구부려 왼다리에 붙인다. 동시에 오른팔을 옆으로 벌리면서 오른다리를 들어올려서 앞으로 쭉 편다.

4 단회항을 이완하면서 뒤꿈치가 바닥에 닿고, 무게중심을 앞으로 이동하여 뒤다리를 펴준다. 동시에 오른손목을 아래로 꺾어준다.

5,6 왼쪽다리로 무게중심을 이동하면서 오른다리를 왼다리 옆으로 서서히 가지고 오면서 손목을 돌려 위로 꺾으면서 뒤꿈치를 들고 선다.

7 뒤꿈치를 내리면서 손목도 아래로 꺾어준다.

8 오른손을 가슴 앞으로 가져온다.

9 손목을 돌린다.

10 손끝까지 쭉 펴준다.

11 팔꿈치를 구부려 가슴 앞으로 당긴다.

12 팔꿈치를 바깥으로 벌리면서 서서히 단전으로 가져온다.

왼손과 왼발로 함께 기를 보냄을 반복한다.

▶ 양손, 팔 동작 ①

1 두 다리를 어깨 넓이로 벌리고 양팔을 어깨 양옆으로 벌리고 선다.

2 '이' 소리와 동시에 오른손바닥은 위로 가고, 왼손바닥은 아래로 가게 뒤집어서, 양쪽 팔이 어깨 뒤로 가게 밀어준다. '뭐'와 '꼬' 소리를 내며 반대로 손바닥을 뒤집어 준다.

3 양 손목을 아래로 꺾으며 양손을 가슴 앞으로 가져온다.

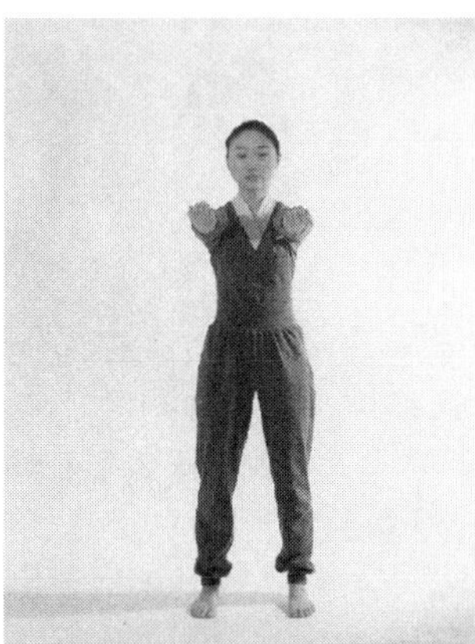

4 손목을 돌려서 기를 손끝까지 보내준다.

5 가슴을 향해 팔꿈치를 끌어당겨준다.

6 팔꿈치를 밖으로 돌려서 두 손을 서서히 단전으로 가져온다.

▶ 양손, 팔 동작 ②

1 두 다리를 어깨 넓이로 벌리고 양팔을 옆으로 벌리고 선다.

2 '이'소리와 동시에 오른손은 올려주고, 왼손은 아래로 내려 어깨 뒤로 지긋이 눌러준다.

3 '뤄'와 '꼬'소리를 내며 팔을 반대로 바꾸면서 한다.

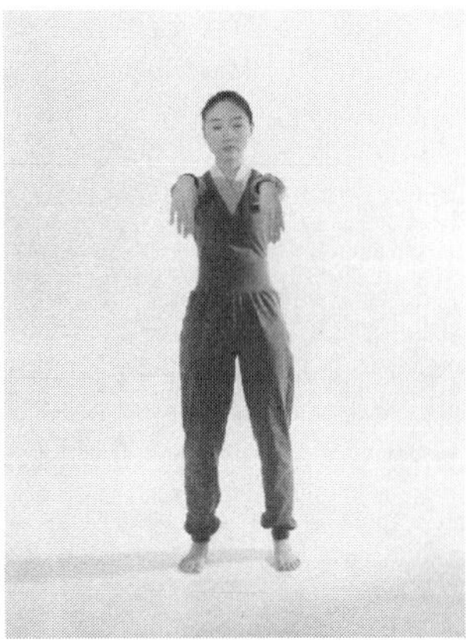

4 양 손목을 아래로 꺾으며 양 손을 가슴 앞으로 가져온다.

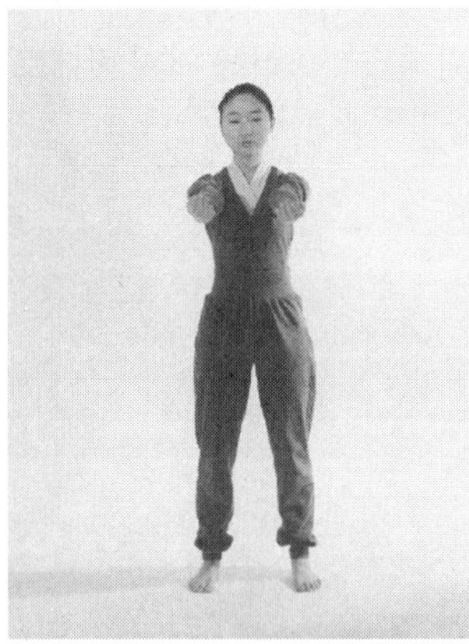

5 손목을 돌려서 손끝까지 기를 보내준다.

6 가슴을 향해 팔꿈치를 끌어 당겨준다.

7 팔꿈치를 밖으로 돌려서 두 손을 서서히 단전으로 가져온다.

팔동작은 마치 빨래를 짜듯이 근육을 비틀어서 어깨 결림을 방지하며 운동의 효과를 높인다.

▶ 골반, 척추강화동작(MERENGON 음악) ①

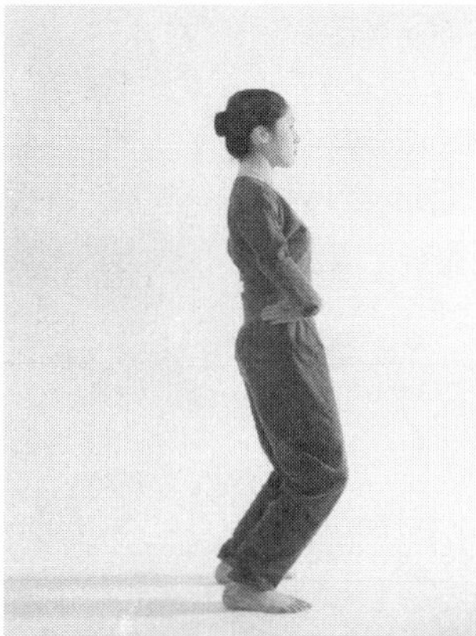

1 '이'소리와 동시에 단회항을 수축하여 무릎을 굽히고 손은 허리에 둔 상태로 골반을 앞으로 밀어준다.

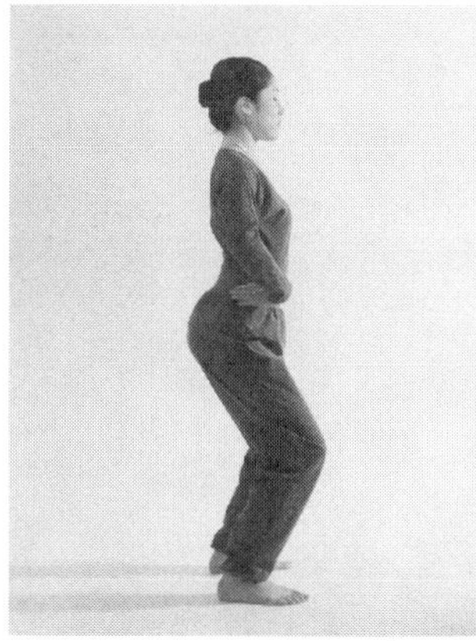

2 단회항을 이완하면서 골반을 뒤로 쭉 빼준다.
'뭐'와 '꼬'소리를 내면서 반복하여준다.

▶ 골반, 척추강화동작(MERENGON 음악) ②

1 두 다리를 어깨 넓이로 벌리고 무릎을 구부리고 손은 허리에 둔다.
'이'소리와 동시에 골반을 오른쪽으로 돌린다.

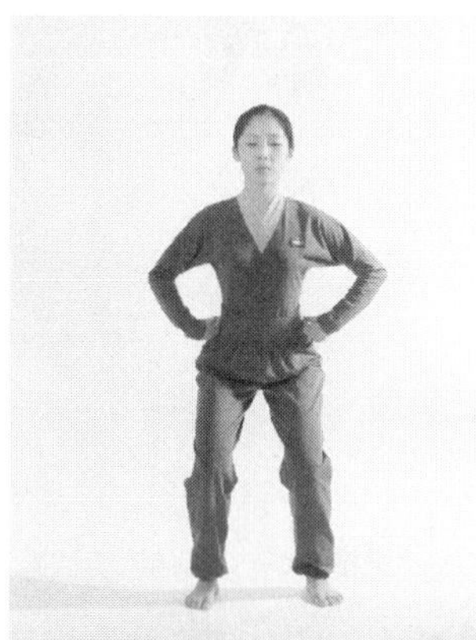

2 골반을 뒤로 내민다.

3 골반을 왼쪽으로 돌린다.

4 골반을 앞으로 돌려준다.
이를 반대로 '뭐'와 '꼬'소리를 내면서 반복하여준다.

골반과 척추근육의 강화와 허리의 유연성을 도모한다.

▶ 즉흥무

1 단전에서 기를 한 손과 팔로 보내면서 기를 관한다.

2 단전에서 기를 양손과 팔로 보내면서 기를 관한다.

3 단전에서 기를 몸과 팔로 보내면서 자유롭게 움직이며 기를 관한다.

4 단전에서 기를 보내면서 자연스러운 동작을 반복한다.

▶ 걷는 명상 ① 단회항 수축과 이완하며 걷기

1 단회항을 수축하여 '이'소리와 동시에 오른발 뒤꿈치를 내딛는다.

2 몸의 중심을 앞으로 옮기며 단회항을 이완하면서 오른 무릎을 구부리고 왼 무릎은 펴준다.

3 다시 왼발을 구부려 오른다리 옆에 붙인다.
'뭐'와 '꼬'소리를 내면서 반복하여준다.

▶ 걷는 명상 ② 천천히 걷는 것을 관하며 걷기

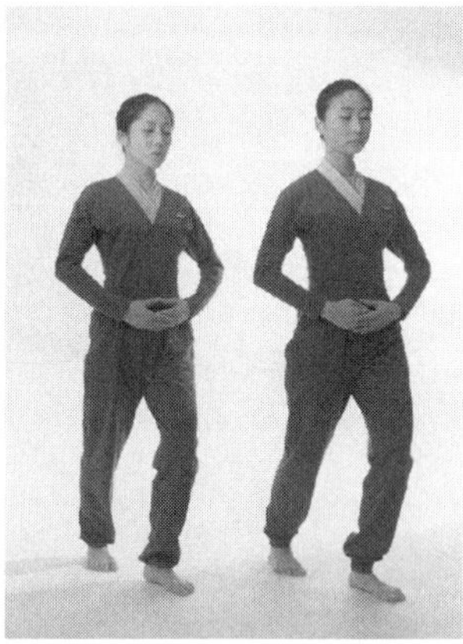

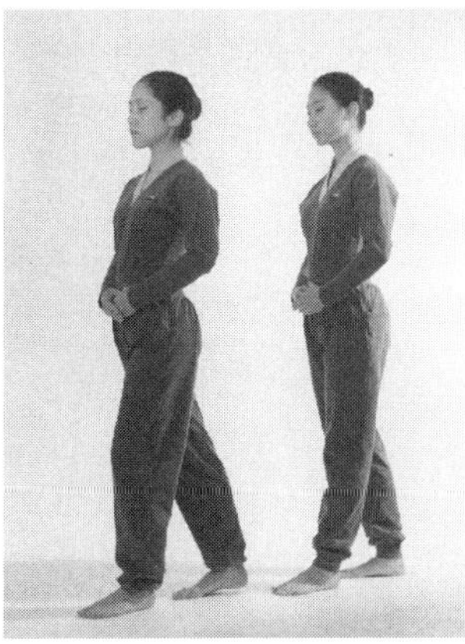

1~4 발을 똑바로 내딛는다. (팔자걸음은 피한다) 무릎과 무릎이 스치듯 똑바로 발뒷꿈치에서 발가락이 천천히 바닥에 닿도록 걷는다.

▶ 앉는 동작

1 한 다리를 뒤로 내딛는다.

2 무릎을 구부려 상체를 숙여 두 손으로 바닥을 짚는다.

3 천천히 다리를 가부좌한다.

▶ 앉아서 하는 무드라 명상 ①

무드라(Amita Buddha's Purelard Mudra) - 상품 상생 · 중생 · 하생

1 상품 상생의 수인법을 하고 양손을 단전에 두고 앉는다.

2 양손을 단전에서 서서히 어깨 양옆으로 벌려 양 손목을 위로 꺾어준다.

3 팔꿈치를 구부리며 서서히 가슴 앞으로 손바닥이 서로 마주보는 상품중생 의 수인법으로 한다.

4 오른손목을 돌려서 왼 손목과 서로 맞대고, 상품 하생의 수인법으로 한다.

5 상체는 그대로 두고 팔만 서서히 오른쪽으로 보낸다.

6 다시 가슴 앞으로 가져온다.
- 상체는 그대로 두고 팔만 서서히 왼쪽으로 보낸다.
- 다시 가슴 앞으로 가져온다.
- 오른손목을 돌려서 손바닥이 마주보도록 상품중생의 수인법으로 한다.

7 서서히 손목을 돌려 단전으로 가져온다.

8 참선자세 : 양손을 단전에 놓고 명상한다.

AMITABHA´S PURE LAND Mudra

Increasingly higher states of the Pure Land

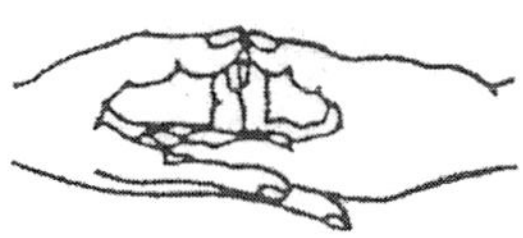

3. 하품상생(下品上生) Highest-Low

6. 중품상생(中品上生) Highest-Middle

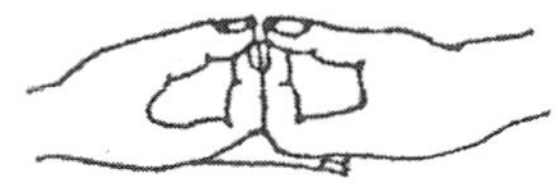

9. 상품상생(上品上生) Highest

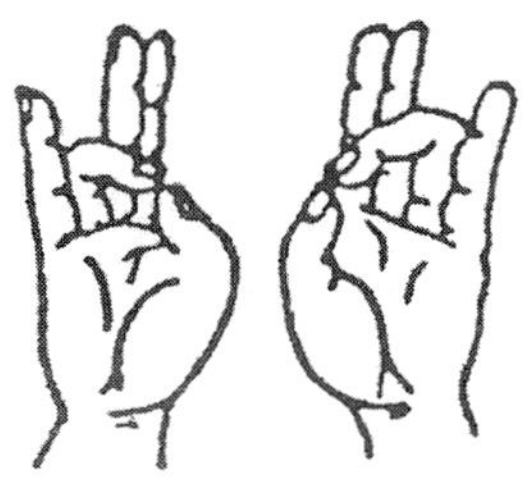

2. 하품중생(下品中生) Middle-Low

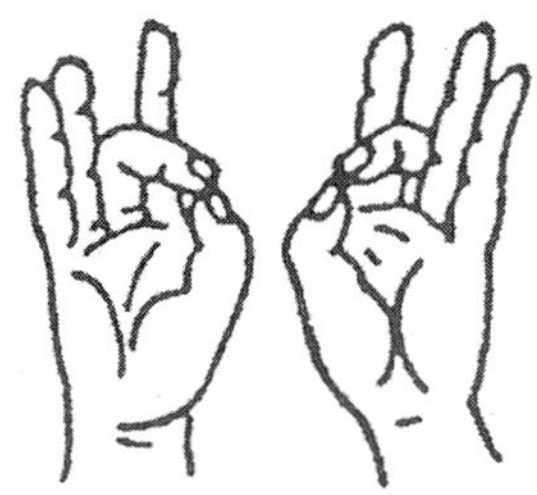

5. 중품중생(中品中生) Middle-Middle

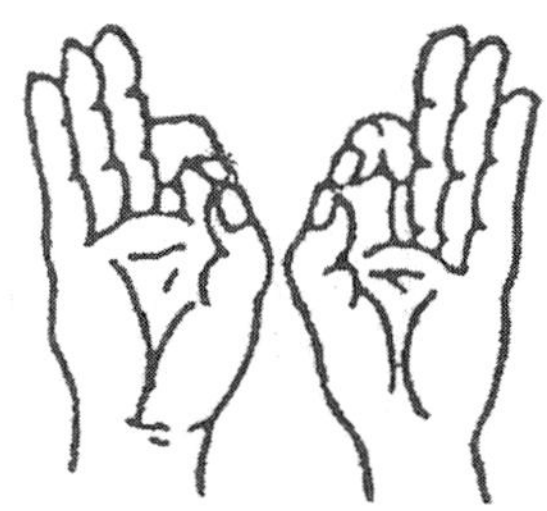

8. 상품중생(上品中生) Middle-Highest

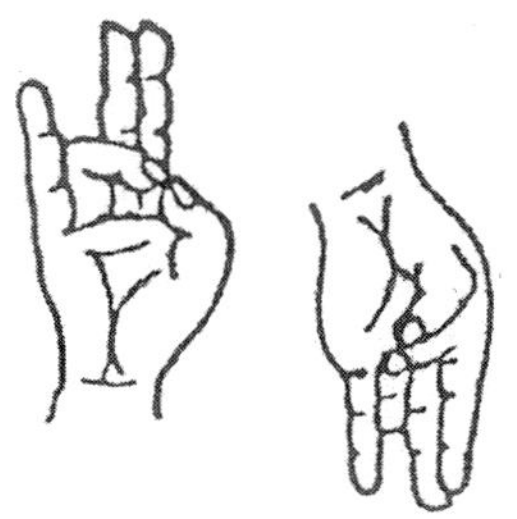

1. 하품하생(下品下生) Low-Low

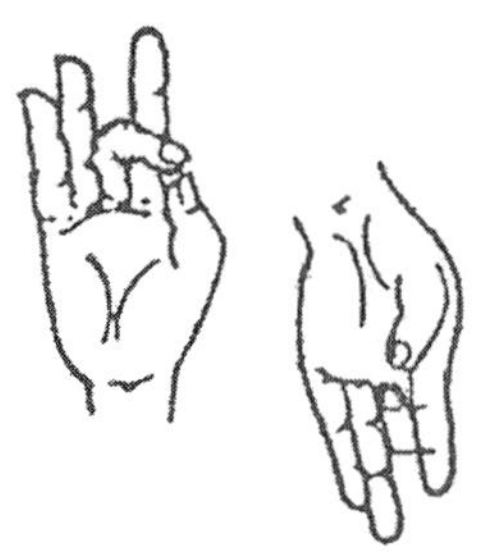

4. 중품하생(中品하生) Low-Middle

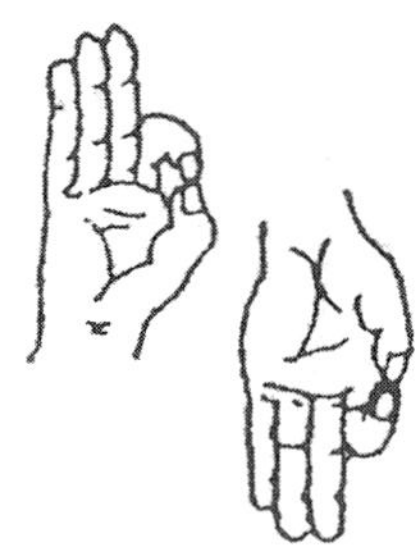

8. 상품하생(上品下生) Low-Highest

산후 체형교정, 건강관리 선무 프로그램

▶ 준비운동/ 앉아서 하는 동작 ①

발바닥의 신경과 경락을 자극시켜 준다.

1 한 발씩 발바닥을 문지른다—오른발 바닥을 문지른다.

2 왼발 바닥을 문지른다.

▶ 준비운동/ 앉아서 하는 동작 ②

발목 근육과 관절의 유연성을 도모한다.

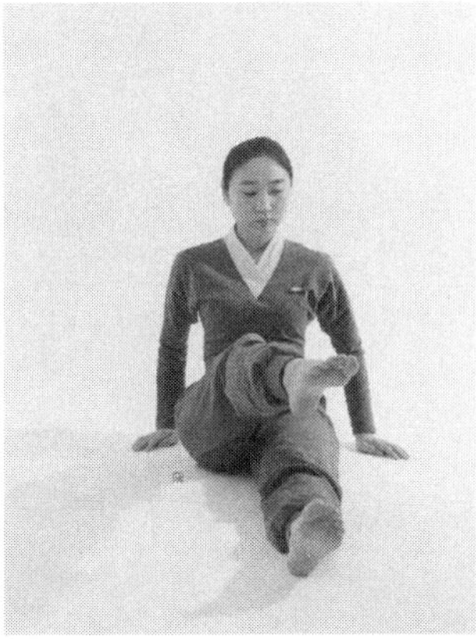

1 발목에 힘을 빼고 한 발씩 흔들어준다. 오른발을 흔들어 준다.

2 왼발을 흔들어 준다.

▶ 준비운동/ 앉아서 하는 동작 ③

발목과 발가락을 교대로 폈다 꺾었다 한다.

1 '이'소리와 동시에 오른발을 위로 꺾고 왼 발등을 눌러준다.

2 '모'소리와 동시에 왼발을 위로 꺾고 오른 발등을 눌러준다.('꼬'소리를 내면서 반복)

골반을 잡고 있는 대퇴부와 고관절(Hip joint)의 유연성을 도모한다.

▶ 준비운동/ 앉아서 하는 동작 ④

'이'소리와 동시에 엄지발가락과 뒤꿈치를 흔들어 양발을 부딪친다.('모'와 '꼬'소리를 내면서 반복)

고관절(Hip joint)과 뭉친 다리 근육을 풀어준다.

▶ 준비운동/ 앉아서 하는 동작 ⑤

양쪽 손목 흔들기. 위 → 옆 → 앞 (여러 번 반복)

▶ 앉아서 하는 동작 ① 단전호흡(선무의 복근 근육의 수축과 이완)

1 두 다리를 쭉 뻗고 편안하게 허리를 펴고 손은 단전에 놓고 바르게 앉는다. '이'소리와 동시에 단전 · 회음부 · 항문(단회항)을 동시에 수축하면서 발끝이 위로 향하게 발목을 꺾어준다.

2 단회항을 이완하면서 양발을 바깥으로 돌린다.

3 발가락을 앞으로 쭉 펴준다. 상체를 앞으로 숙여 양손을 발 부위를 눌러주고, 문지르고 주물러준다.
('뭐'와 '꼬'소리를 내면서 반복)

▶ 앉아서 하는 동작 ②

양쪽 발가락을 맞대고 발뒤꿈치를 벌려 새끼발가락을 눌러주고, 엄지발가락이 위로 가게 당긴다. ('이', '뭐', '꼬' 소리를 내면서 3회 반복)

▶ 앉아서 하는 동작 ③

두 다리를 펴고 상체를 앞으로 숙인 상태에서 발목을 위로 꺾고 양 손으로 발끝을 잡고 '이'소리와 동시에 좌우로 흔들어준다. ('뭐'와 '꼬'소리를 내면서 반복)

고관절과 다리근육 그리고 척추를 스트레칭해 준다.

▶ 앉아서 하는 동작 ④

발목 관절을 돌리면서 회전시켜준다. – 발목을 잡거나, 발가락을 잡고 한다. ('이', '뭐', '꼬' 3회 반복)

이 운동은 골반을 받쳐주는 넓적다리(대퇴부) 근육과 엉덩이 뒷부분의 근육과 신경을 가볍게 스트레칭해 준다. 또한 대퇴부와 복근을 잡고 있는 고관절을 부드럽게 해 주고, 유연성을 강화시켜준다.

▶ 앉아서 하는 동작 ⑤

1 양 무릎을 두 팔로 껴안고 발뒤꿈치를 바닥에 내려놓고 발가락을 위로 들면서 '이'소리와 동시에 단회항을 수축한다.

2 단회항을 이완하며 등을 펴고 고개를 든다.
('뭐'와 '꼬'소리를 내면서 반복)

이 자세는 등뒤와 뒷골반의 근육, 복근근육, 그리고 족삼리근육의 신경을 스트레칭, 자극해 줌으로서 전신 혈액순환을 도와준다.

▶ 앉아서 하는 동작 ⑥

1 발바닥을 서로 붙이고 앉아서 두 손을 단전 앞에 둔다

2 '이'소리와 동시에 단회항을 수축한다 동시에 두 팔은 양옆으로 벌려준다.

3 단회항을 이완하면서 손가락이 아래를 향하도록 손목을 90° 꺾는다.

4 서서히 손목을 돌려 손가락이 위를 향하도록 한다.

5 손목을 아래로 꺾는다.

6 양팔을 그대로 가슴 앞으로 가져온다.

7 손목을 돌린다.

8 기를 손목에서 손끝까지 보낸다.

9 팔꿈치를 구부려 당겨온다.

10 팔꿈치를 바깥으로 벌리며 단전으로 가져온다.
('뭐'와 '꼬'소리를 내면서 반복)

▶ 앉아서 하는 동작 ⑦

1 '이'소리와 동시에 단회항을 수축하면서 양옆으로 팔을 벌려 상체를 오른쪽으로 튼다.

2 단회항을 이완하면서 서서히 상체가 앞으로 되돌아온다.

3 '뭐'소리와 동시에 단회항을 수축하면서 양옆으로 팔을 벌려 상체를 왼쪽으로 튼다.

4 단회항을 이완하면서 서서히 상체가 앞으로 되돌아온다.

5 손목을 아래로 꺾어준다.

6 두 팔을 나란히 가슴 앞으로 가져온다.

7 손목을 돌려서 손끝까지 펴준다.

8 가슴을 향해 팔꿈치를 당겨온다.

9 가슴 앞에 왔을 때 팔꿈치를 밖으로 돌려서 두 손을 서서히 단전으로 가져온다.
('꼬'소리를 내면서 반대 반복)

이 운동은 등, 어깨, 팔, 옆구리 근육과 허리와 뒷 골반을 연결해 주는 근육을 스트레칭해 준다.

▶ 앉아서 하는 동작 ⑧

1 두 다리를 편안하게 펴고 양손을 머리 위에서 깍지(clasped)를 낀다.

2~3 '이'소리와 동시에 내면서 좌우로 흔들어준다.

4~7 손의 깍지를 빼고 손목을 돌리면서 원을 그리듯 팔을 서서히 내려 준다.

8 두 손을 단전으로 가져온다.
('뭐'와 '꼬'소리를 내면서 반복)

이 운동은 손목의 경락과 팔꿈치와 어깨를 연결하는 근육과 신경을 스트레칭하면서 동시에 유연하게 해 준다.

▶ 누워서 하는 동작 ①

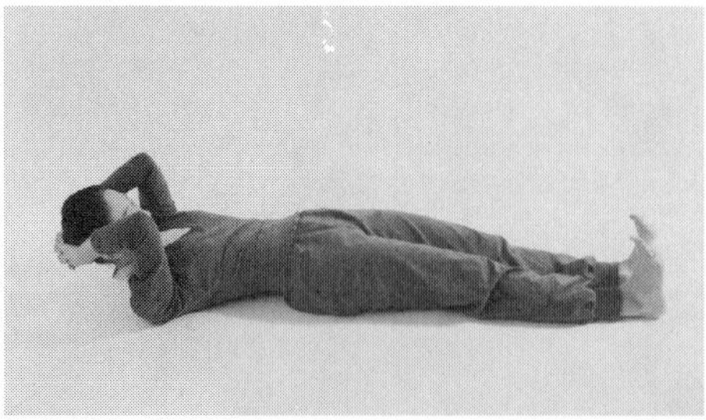

1 양손을 머리 뒤로 깍지 끼고, 누워서 두 발목을 위로 꺾는다.
2~3 머리를 들어서 발가락을 쳐다보며 뒤꿈치를 흔들어 준다.

척추와 골반을 교정해 주고, 복근 근육의 강화와 군살 빼는 데 도움이 된다.

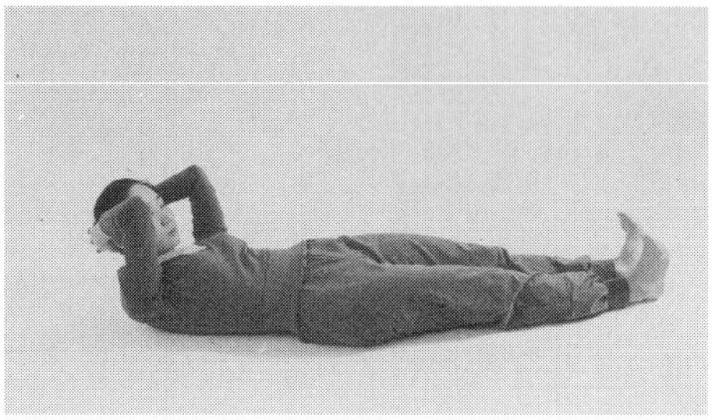

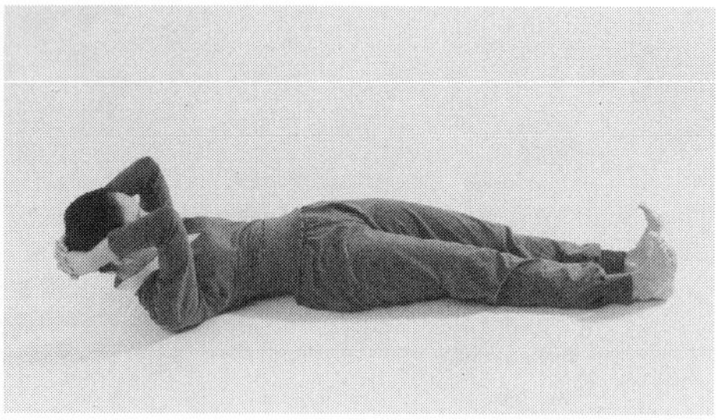

▶ 누워서 하는 동작 ②

손과 발을 흔들어준다.

손목과 발목의 경락 자극으로 오장육부의 혈액순환을 원활히 해 준다.

▶ 누워서 하는 동작 ③

'이'소리와 동시에 양쪽 무릎을 굽혀 두 팔로 무릎을 껴안고 가슴으로 당겨, 지긋이 아래위로 눌러준다.
('뭐'와 '꼬' 반복)

척추와 골반 근육의 신축운동이다.

▶ 누워서 하는 동작 ④

1 '이'소리와 동시에 두 다리를 위로 서서히 편다. 두 팔도 앞으로 나란히 편다.
2~3 두 다리를 서서히 내리고 팔을 어깨 옆으로 서서히 내린다. ('뭐', '꼬' 반복)

척추, 대퇴부, 복근 근육을 강화시켜 준다.

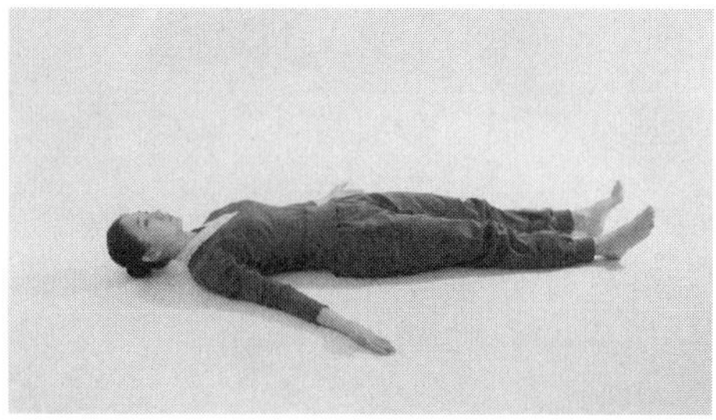

▶ 누워서 하는 동작 ⑤

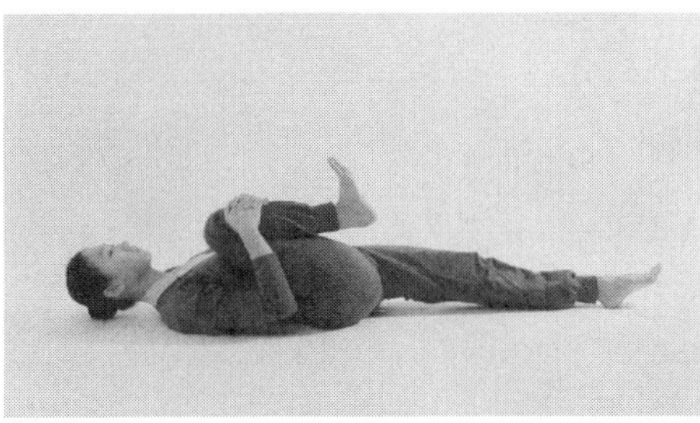

1 오른다리 무릎을 굽혀 두 팔로 껴안고 가슴으로 당겨 지긋이 눌러준다.

2 '이'소리와 동시에 오른다리를 위로 편다. 두 팔도 나란히 위로 편다.

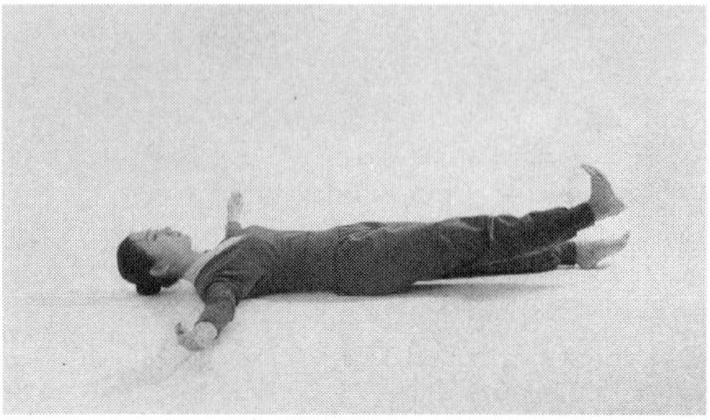

3 오른다리를 서서히 내리고 양팔을 어깨 양옆으로 서서히 내린다.

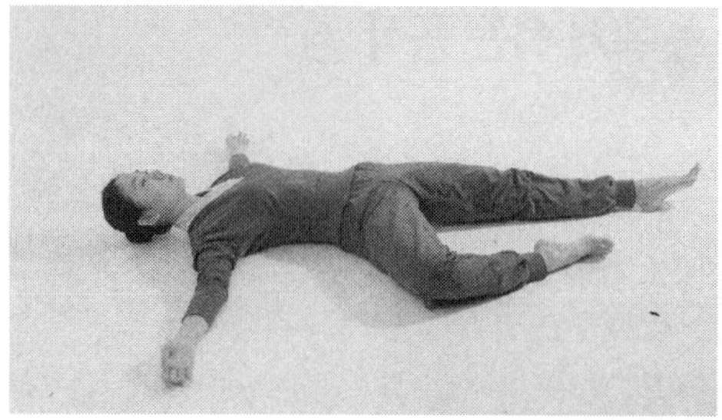

4 뒤꿈치가 바닥에 닿으면 서서히 무릎을 바깥으로 돌린다.

5 무릎을 세워놓는다.
('뭐'소리를 내면서 왼쪽을 반복(6))

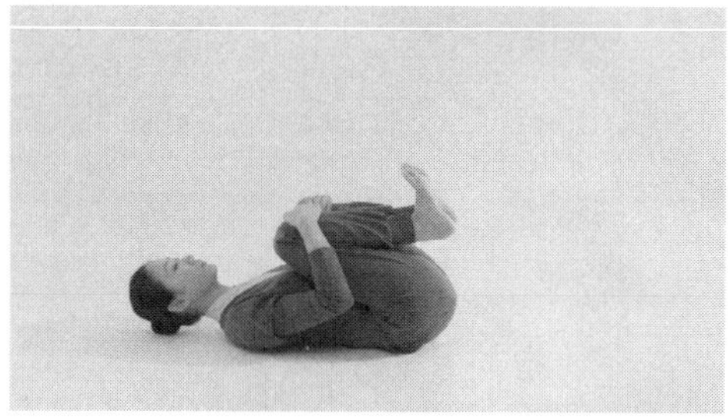

7 '꼬'소리를 내면서 양 무릎을 껴안는다.

8 팔과 함께 다리를 나란히 편다.

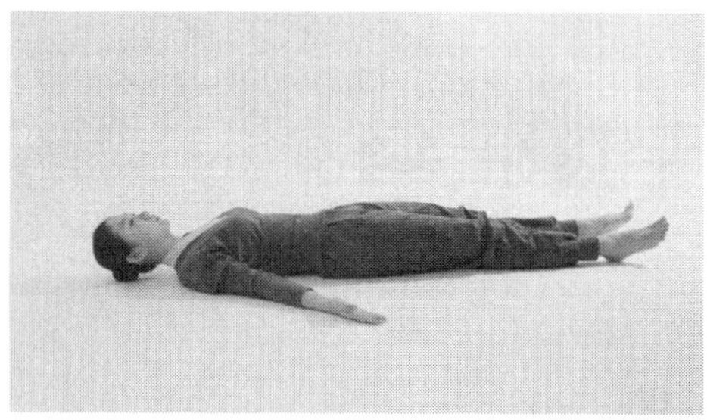

9 서서히 다리와 팔을 내린다.

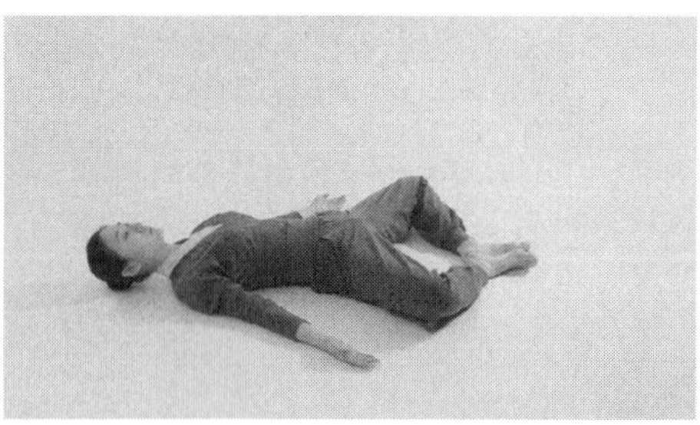

10 무릎을 바깥으로 돌린다.

11 무릎을 세워놓는다.

▶ 누워서 하는 동작 ⑥

1 두 팔은 머리 위에 두고 양쪽 무릎을 세우고 눕는다.

2 '이'소리와 동시에 천천히 양 무릎을 오른쪽으로 내리면서 고개를 그 반대로 왼쪽으로 돌린다. 겨드랑이, 두 옆구리, 허벅지, 엉덩이를 천천히, 부드럽게 늘려 준다.
('뭐'와 '꼬'소리를 내면서 반복한다.)

옆구리 갈비대와 복근, 대퇴부 근육을 스트레칭시켜 준다.

▶ 누워서 하는 동작 ⑦

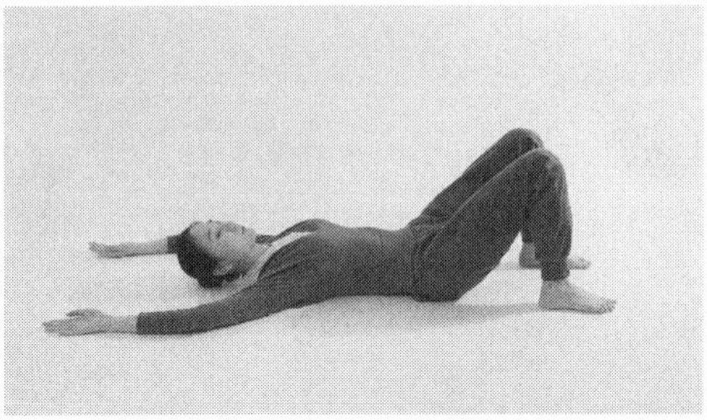

1 양쪽 무릎을 세우고, 손을 머리 위로 한 상태로 눕는다.

2 고개를 오른쪽으로 하고 '이'소리와 동시에 골반을 밀며 엉덩이를 위로 든다.

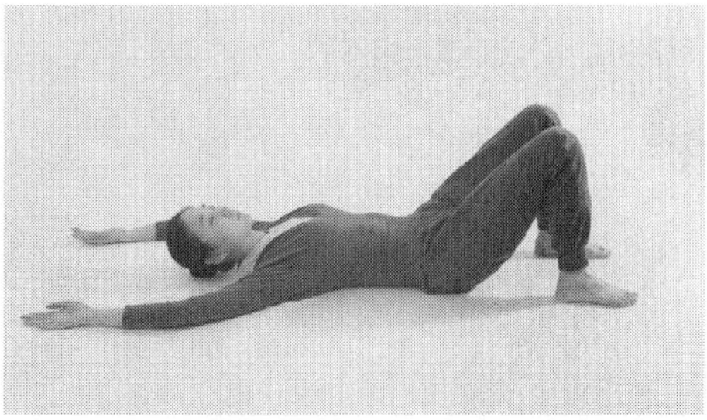

3~4 고개를 바로 하고 목에서부터 허리 순서로 내려놓고 엉덩이를 나중에 내려 놓는다.
(얼굴을 왼쪽으로 돌리면서 '뭐', 얼굴을 오른쪽으로 돌리면서 '꼬' 반복)

복근과 허리 근육 강화, 자궁 후굴 방지(retrouterine uterus) 및 자궁 탈출 방지(prolapse of uterus) 보완동작이다.

▶ 누워서 하는 동작 ⑧

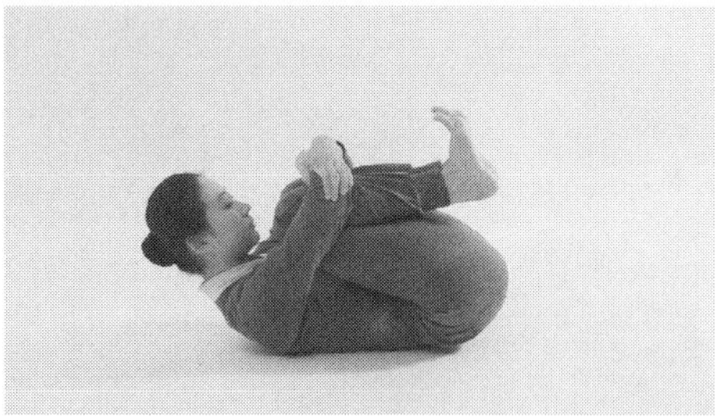

1 '이'소리와 동시에 내며 자궁 안에 있는 태아 같이 두 팔로 무릎을 껴안고 무릎은 가슴으로 가져오고 이마는 무릎에 닿도록 한다.

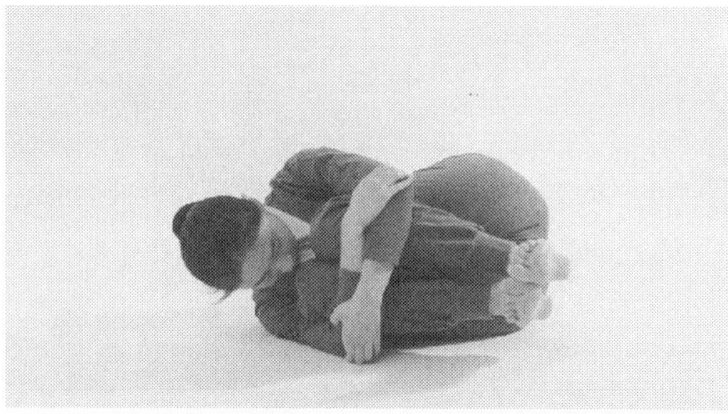

2 몸은 오른쪽으로 향하게 한다.

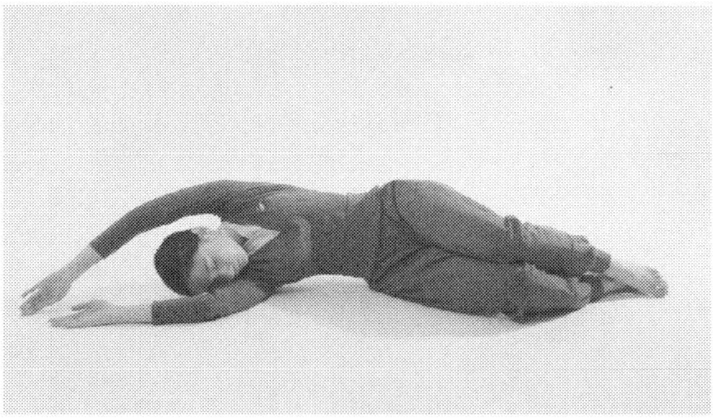

3 옆으로 누운 채 두 팔은 위로 피고 두 다리는 밑으로 쭉 편다.

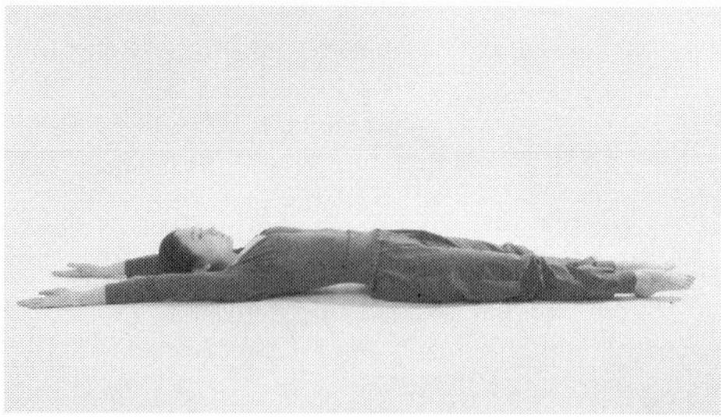

4 제자리로 돌아눕는다.
('뭐'와 '꼬'소리를 내면서 반대 반복)

복근 근육 강화, 척추와 골반의 근육을 펴주는 동작이다.

▶ 엎드려서 하는 동작 ①

1 양손을 앞으로 내딛고 무릎을 대고 엎드린다.

2~3 '이'소리와 동시에 상체를 뒤로 젖힌다.

4 단전을 수축하여 등을 동그랗게 올린다.

5 엉덩이를 뒤꿈치에 내려놓고 팔꿈치와 이마를 바닥에 내린다. ('뭐'와 '꼬' 반복)

허리 근육 강화, 목 근육 강화, 가슴 근육 강화, 복근 강화, 자궁 후굴 방지(retrouterine uterus) 및 자궁 탈출 방지(prolapse of uterus)의 보완동작이다.

▶ 엎드려서 하는 동작 ②

1 고개는 오른쪽으로 향하게 하고 두 손을 겹쳐서 바닥에 대고 그 위에 얼굴을 댄다.
'이'소리와 동시에 등을 올리면서 동시에 단전을 수축하고 등을 둥글게 한다.

2 엉덩이는 뒤로 든 상태에서 허리를 쭉 펴 가슴과 얼굴이 바닥에 닿게 한다.
('뭐'와 '꼬'소리내며 반복)

자궁 후굴 방지의 보완동작이다.

▶ 엎드려서 하는 동작 ③

1 '이'소리와 동시에 몸을 오른쪽으로 돌려 발을 보면서 뒤꿈치를 멀리 뻗고 무릎을 곧게 유지하면서 눌러준다.

2 단전을 수축하면서 무릎을 낭겨온다.
('뭐'소리를 내면서 반대 반복)

3 '꼬'소리를 내며 엉덩이를 들어올리고, 두 다리를 쭉 펴서 몸이 삼각형이 되도록 한다.

▶ 일어서는 준비동작 ①

1 두 손으로 바닥을 짚은 상태에서 두 다리는 손 쪽으로 걸어온다.

2~3 천천히 등을 둥글게 감아 올리면서 두 손은 두 다리의 종아리, 넓적다리, 엉덩이를 뒤에서 문질러준다.

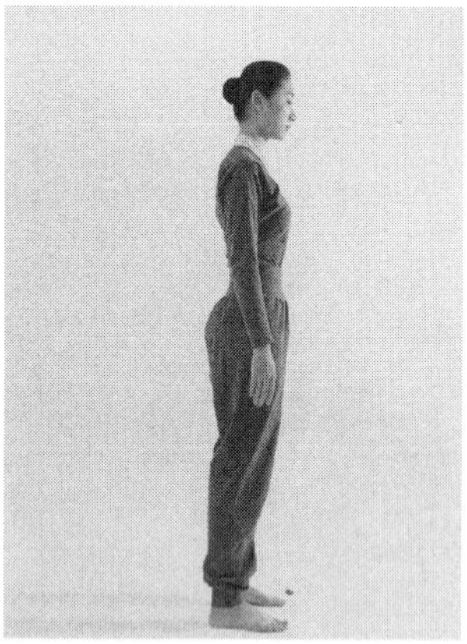

4 서서히 상체를 들며 고개를 마지막으로 든다.

▶ 일어서서 하는 동작 ①

1~2 다리를 어깨 넓이로 벌리고 서서 한 발씩 무게를 이동하여 본다. (마치 시계추가 움직이듯이) 정지하여 바로 섰을 때, 무게가 더 느껴지는 쪽이 평소에 덜 사용하는 쪽이다. 걸음을 걸을 때 주의하도록 하자.

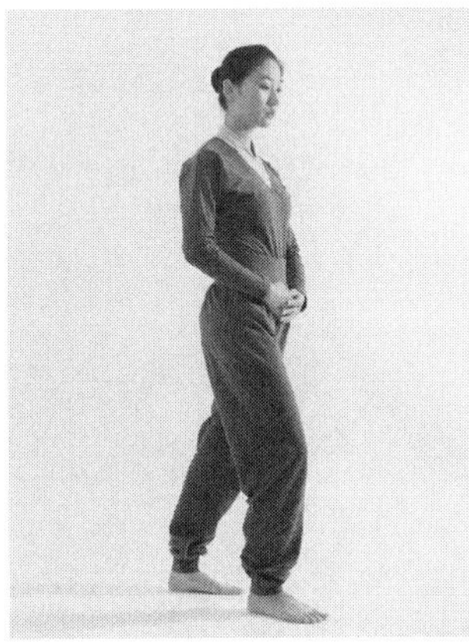

3~4 나의 균형을 알고 걸음걸이에 주의하면서 양손을 단전에 두고, 척추를 바로하고, 고개를 바로하고, 턱을 내리고, 어깨를 펴고, 항문은 끌어 잡아당기고, 눈은 뜨되 단전에 집중하고 서서히 걷는 것에 집중한다.

▶ 일어서서 하는 동작 ②: 단전에서 손과 팔로 기를 보냄 1

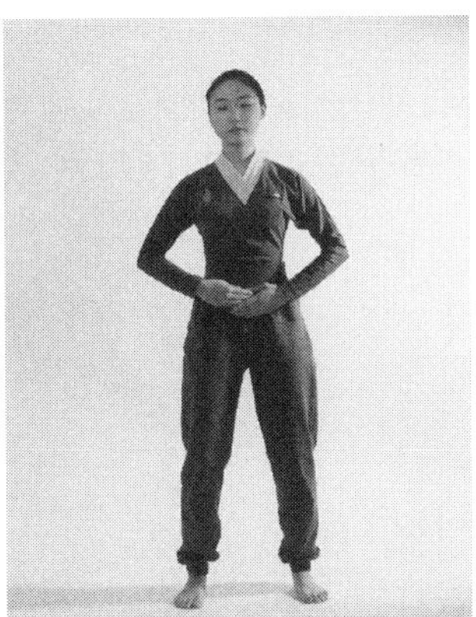

1 두 발을 어깨 넓이만큼 벌리고 서서 두 손을 단전에 두고 단전에 집중한다.

2 무릎을 구부리며 단회항(단전, 회음부, 항문)을 수축하면서 '이'소리를 내며 오른손을 가슴 앞으로 폈다가 옆으로 가져간다. 손이 나가는 과정을 집중한다.

3 단회항을 이완하면서 손가락이 밑으로 가도록 손목을 90도 꺾어준다.

4 손목을 돌려서 손끝이 위로 가도록 하고 동시에 무릎을 펴면서 뒤꿈치를 든다.

5 손끝이 밑을 향하도록 손목을 꺾으면서 뒤꿈치를 내려놓는다.

6 팔꿈치를 편 상태에서 가슴 앞으로 가져온다.

7 손목을 돌려 손끝까지 펴서 기를 보낸다.

8 팔꿈치를 서서히 구부리며 가슴 앞으로 당긴다.

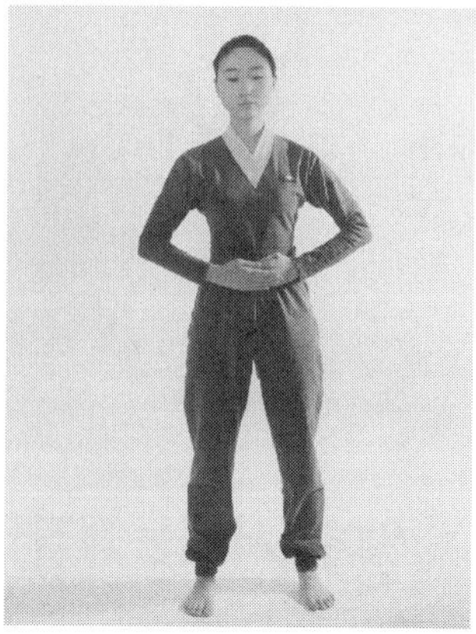

9 팔꿈치를 바깥으로 보내며 손을 단전으로 가져온다.

▶ 일어서서 하는 동작 ③ : 단전에서 손과 팔로 기를 보냄 2

1~9 '뭐'소리와 동시에 왼손 반복한다.

▶ 일어서서 하는 동작 ④ : 단전에서 손과 팔로 기를 보냄 3

1~9 '꼬'소리를 내면서 양손 반복한다.

▶ 일어서서 하는 동작 ⑤ : 단전에서 발로 기를 보냄 1

1 두 발을 어깨 넓이만큼 벌리고 서서 두 손을 단전에 두고 집중한다.

2 '이'소리와 동시에 무릎을 구부리며 단회항(단전, 회음부, 항문)을 수축하면서 오른다리의 무릎을 구부려 왼다리 무릎 옆에 붙인다.

3 들어올려서 앞으로 쭉 편다.

4 서서히 다리를 내려서 뒤꿈치가 바닥에 닿게 한다.

5 단회항(단전, 회음부, 항문)을 이완하면서 앞으로 중심을 보내면서 뒤에 있는 왼다리는 펴준다.

6 왼쪽다리로 중심을 이동하면서 오른다리를 왼다리 옆으로 서서히 가지고 온다.

7 뒤꿈치를 들고 선다.

▶ 일어서서 하는 동작 ⑥ : 단전에서 발로 기를 보냄 2

1~8 '뭐'소리를 내면서 왼쪽 발 반복한다.

▶ 일어서서 하는 동작 ⑦:
단전에서 오른발, 다리와 오른손, 팔로 동시에 기를보냄 3

1 두 발을 어깨 넓이만큼 벌리고 서서 두 손을 단전에 두고 집중한다.

2~3 '이'소리와 동시에 단회항을 수축하여 무릎을 구부리고 오른 무릎을 구부려 왼다리에 붙인다. 동시에 오른팔을 옆으로 벌리면서 오른다리를 들어올려서 앞으로 쭉 편다.

4 단회항을 이완하면서 뒤꿈치가 바닥에 닿고, 무게중심을 앞으로 이동하여 뒤다리를 펴준다. 동시에 오른 손목을 아래로 꺾어준다.

5~6 왼쪽다리로 무게중심을 이동하면서 오른 다리를 왼다리 옆으로 서서히 가지고 오면서 손목을 돌려 위로 꺾으면서 뒤꿈치를 들고 선다.

7. 뒤꿈치를 내리면서 손목도 아래로 꺾어준다.

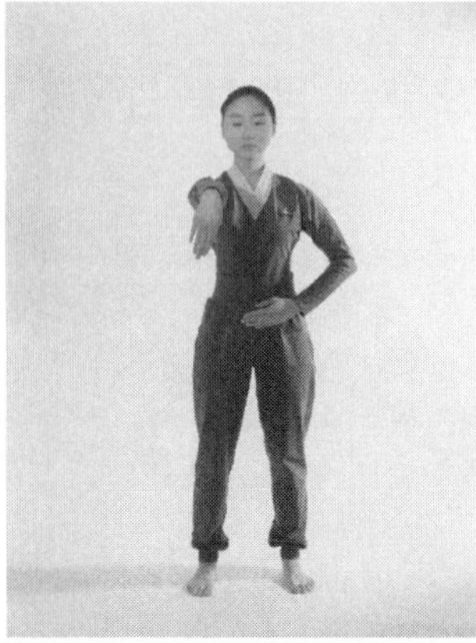

8 오른손을 가슴 앞으로 가져온다.

9 손목을 돌린다.

10 손끝까지 쭉 펴준다.

11 팔꿈치를 구부려 가슴 앞으로 당긴다.

12 팔꿈치를 바깥으로 벌리면서 서서히 단전으로 가져온다. (왼손과 왼발로 함께 기를 보냄을 반복한다.)

▶ 양손과 팔 동작 ①

1,2 두 다리를 어깨 넓이로 벌리고 양팔을 어깨 양옆으로 벌리고 선다.

3 '이'소리와 동시에 오른손바닥은 위로 가고, 왼손바닥은 아래로 가게 뒤집어서, 양쪽 팔이 어깨 뒤로 가게 밀어준다. ('뭐'와 '꼬'소리를 내며 반대로 손바닥을 뒤집어 준다.)

4 양 손목을 아래로 꺾으며 양손을 가슴 앞으로 가져온다.

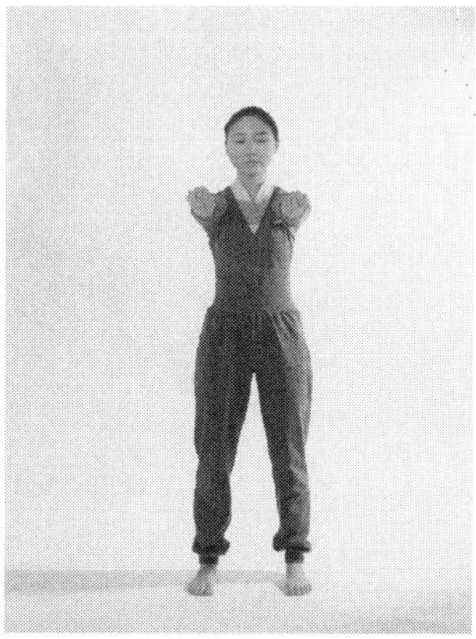

5 손목을 돌려서 기를 손끝까지 보내준다.

6 가슴을 향해 팔꿈치를 끌어당겨준다.

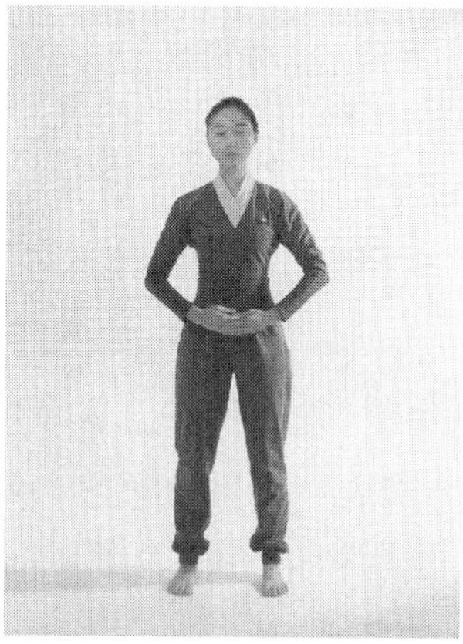

7 팔꿈치를 밖으로 돌려서 두 손을 서서히 단전으로 가져온다.

▶ 양손과 팔 동작 ②

1 두 다리를 어깨 넓이로 벌리고 양팔을 옆으로 벌리고 선다.

2 '이'소리와 동시에 오른손은 올려주고, 왼손은 아래로 내려 어깨 뒤로 지긋이 눌러준다.

3 '뭐'와 '꼬'소리를 내며 팔을 반대로 바꾸면서 한다.

4 양 손목을 아래로 꺾으며 양 손을 가슴 앞으로 가져온다.

5 손목을 돌려서 손끝까지 기를 보내준다.

6 가슴을 향해 팔꿈치를 끌어 당겨준다.

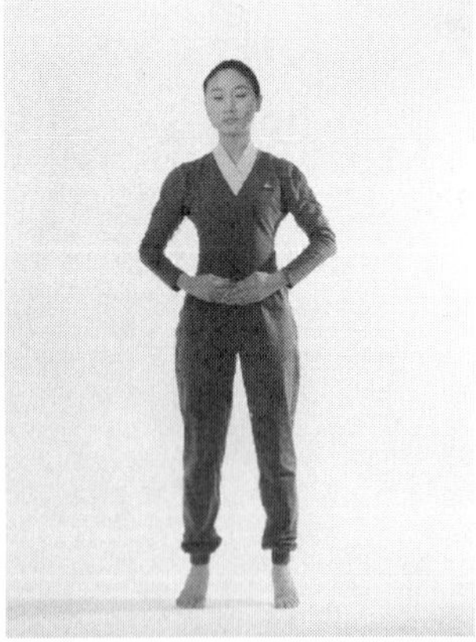

7 팔꿈치를 밖으로 돌려서 두 손을 서서히 단전으로 가져온다. 이 때 팔동작은 마치 빨래를 짜듯이 근육을 비틀어서 어깨 결림을 방지하며 운동의 효과를 높인다.

▶ 서서 하는 동작 척추와 골반운동(라틴음악) 1

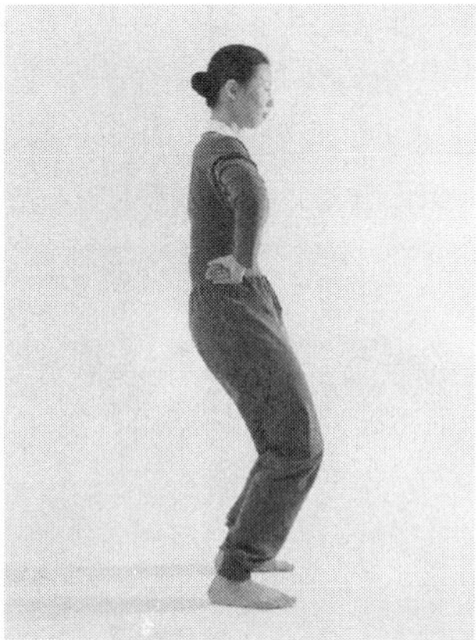

1　두 다리를 어깨 넓이로 벌리고 손은 허리에 두고 단회항을 수축하며 무릎을 굽힌 상태에서 앞으로 밀어준다.

2　단회항을 이완하며 뒤로 엉덩이를 뺀다.
(8번 반복한다)

▶ 서서 하는 동작 척추와 골반운동(라틴음악) 2

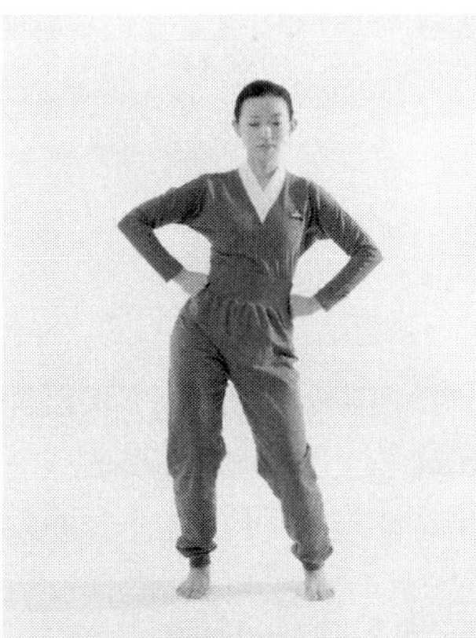

1~2　두 다리를 어깨 넓이로 벌리고 손은 허리에 두고, 무릎을 굽힌 상태에서 골반을 좌우로 밀어준다.
(8번 반복한다)

▶ 서서 하는 동작 척추와 골반운동(라틴음악) 3

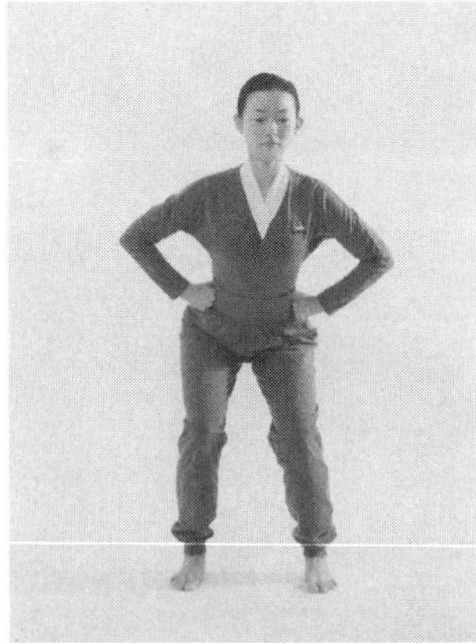

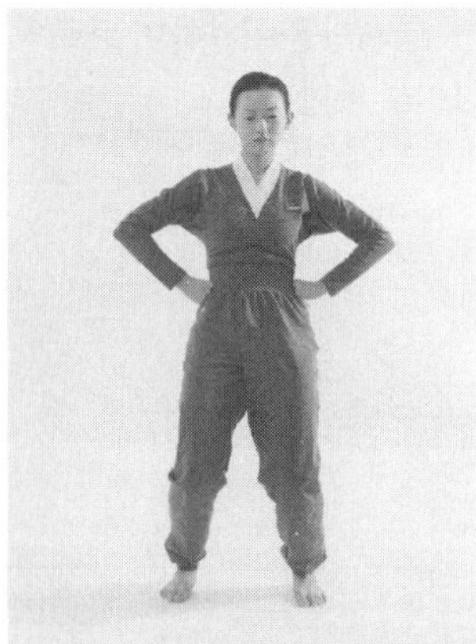

두 다리를 어깨 넓이로 벌리고 손은 허리에 두고, 무릎을 굽힌 상태에서 골반을 돌려준다.
1 오른쪽
2 뒤
3 왼쪽
4 앞
(반대쪽 반복하여 준다)

▶ 서서 하는 동작 척추와 골반운동(라틴음악) 4

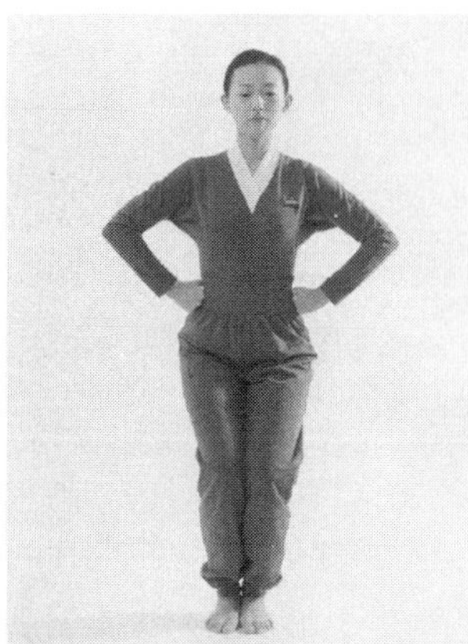

1 두 다리를 모으고, 손은 허리에 두고, 단회항의 수축하여 무릎을 굽힌 상태에서 골반을 앞으로 밀어준다.
2 단회항을 이완하며 엉덩이를 뒤로 뺀다.
(8번 반복한다)

▶ 서서 하는 동작 척추와 골반운동(라틴음악) 5

1~2 두 다리를 모으고, 손은 허리에 두고, 무릎을 굽힌 상태에서 골반을 좌우로 밀어준다.
(8번 반복한다)

▶ 서서 하는 동작 척추와 골반운동(라틴음악) 6

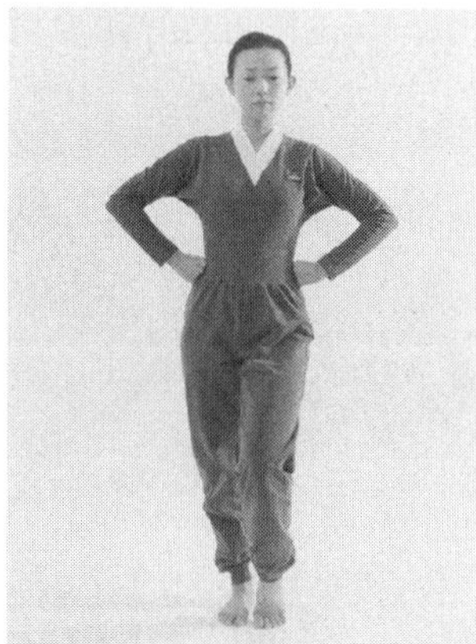

1~2 두 다리를 모으고, 손은 허리에 두고, 뒤꿈치를 들고 걷는 형태로 팔은 자연스럽게 흔들며 제자리에서 스텝한다.
(왼발 반복한다)

▶ 서서 하는 동작 척추와 골반운동(라틴음악) 7

1 트위스트 : 양발을 양옆으로 비비면서 양팔은 서서히 올린다.

2 양팔을 내리면서 발을 좌우로 비벼준다.

3 양무릎을 구부려 상체를 약간 숙이면서 양팔을 아래로 내리며 발을 좌우로 비벼준다.

▶ 서서 하는 동작 척추와 골반운동(라틴음악) 8

1 오른발부터 뒤꿈치를 들고 다리가 꼬아지듯이 안짱으로 딛으며 나오면서 양팔은 자연스럽게 흔들면서 움직인다.(4걸음)
2 뒤로 오른발을 딛으면서 왼발은 뒤꿈치를 찍어서 발가락을 위로 세우고 양팔은 자연스럽게 흔들면서 움직인다. (4걸음)

▶ 서서 하는 동작 척추와 골반운동(라틴음악) 9

1~2 무릎을 구부린 채 뒤꿈치를 들고 팔은 자연스럽게 흔들며 무릎을 스쳐 하체를 꼬면서 빠르게 4걸음 걷는다.

3~4 뒤로 4걸음 반복한다.

▶ **서서 하는 동작** 척추와 골반운동(라틴음악) 10

1 손은 주먹 쥐고 오른쪽으로 투 스텝을 가면서 가슴 앞에서 둥글게 돌린다.

2 왼쪽으로 투스텝 반복한다. (2번 반복)

3 앞으로 오른발 나가서 왼발 옆에 붙인다. 팔꿈치는 구부려 자연스럽게 움직인다.

4 왼발 반복한다. (4걸음 반복)

▶ **즉흥무** ① 서서 하는 무드라 – 상품: 상생, 중생, 하생

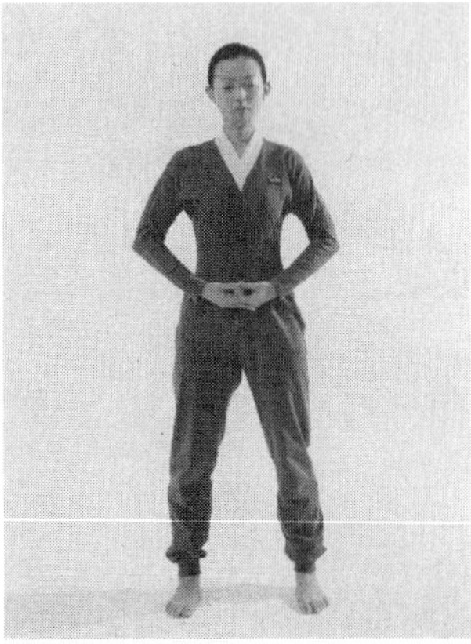

1 무릎을 어깨 넓이로 벌려서 두 손을 상품상생으로 단전에 둔다.

2 단회항을 수축하여 양 무릎을 구부리면서 양팔을 어깨 양옆으로 벌려 손목을 위로 꺾는다.

3 팔꿈치를 구부리며 가슴 앞으로 손바닥이 서로 마주보게 상품중생의 수인법으로 하여 가슴 앞에 둔다.

4 오른손목을 손끝이 아래로 향하게 돌려 왼 손목과 붙여 상품 하생의 수인법을 한다.

5 오른쪽 무릎을 구부리고 왼 무릎을 쭉 펴서 왼 발목을 위로 꺾어 발뒤꿈치를 내딛고 상품 하생을 한 양손은 오른쪽으로 가져간다. 이때 골반도 오른쪽으로 밀어준다.

6 다시 가슴 앞으로 가져오면서 양 무릎을 구부리고 중심은 가운데로 온다.

7 왼쪽으로 5를 반복한다.

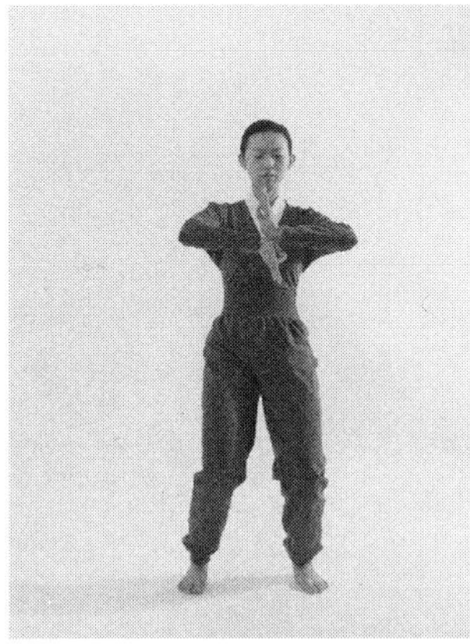

8 다시 가슴 앞으로 가져온다.

9 오른 손목을 손끝이 위로 향하게 돌리며 단회항을 이완하며 양 무릎을 펴면서 뒤꿈치를 들고, 손바닥이 서로 마주보게 상품 중생 수인법을 한다.

10 손목을 돌리면서 서서히 상품 상생의 수인법으로 단전에 든다.

즉흥무

"단전에서 왼손과 왼팔로 손끝이 가는 대로 움직이고 싶은 대로 움직인다. 손에 힘을 주지말고 물 위에 뜬 것처럼 서서히 움직인다. 팔이 움직이는 대로 몸은 자연스럽게 팔을 따라간다."

1) 오른손만 2) 왼손만 3) 양손, 온몸을 이용하여 몸이 움직이는 대로 음악에 맞추어 단전에서 손, 팔, 온몸으로 기가 가는 것을 집중한다.

▶ 즉흥무 ② 무드라를 이용한 즉흥무

제자리에서 서서히 자유롭게 무드라를 응용하여 그림과 같이 천천히 움직인다.

1~6 혼자서 하는 무드라 즉흥무

7~10 서로를 느끼며 함께 하는 이심전심-거울반사 즉홍무 : 그림과 같이 어려운 동작이 아닌 앞사람과 같이 거울에 비치는 자신처럼 천천히 이심전심으로 춤을 춘다.

▶ 참선

잡다한 망상과 생각을 '이뭐꼬'라는 화두로 대치시킨다. 이는 심신안정과 우울증을 해소하는 데 도움을 줄 수 있다.

:: 산전, 산후 선무치유요법을 하고 난 후 산후조리원장 인터뷰

이선옥 교수님의 질문

원장님들께서 직접 선무를 해 보셨는데 선무가 출산 후 산후 조리하는 과정에서 척추와 골반이 교정되는지, 회음부를 수축하는 동작을 통해서 늘어났던 질구의 근육을 강화시켜 주는지, 자궁 후굴이나 자궁 탈출을 방지해 주는지 말씀해 주시고, 출산 후 여성들에게 적용시켰을 때 어떠한 반응이 일어났는지 말씀해 주십시요.

김영란 산후조리원 원장의 답변

선무를 배워서 산후조리원에서 하루에 30~40분씩 8~9명을 가르치고 있습니다.

주로 산후 일 주일이 지난 산모들에게 가르치고, 출산 일 주일이 좀 안 된 사람들도 단전 수축하는 동작, 누워서 단전을 수축하는 동작은 함께 하도록 합니다. 그것만 해도 복근 운동과 단전 수축이 확실히 되는 것 같습니다.

고관절을 펴는 동작에 있어서 그전에 산후 체조에서는 관절 펴는 동작의 속도가 너무 빨라 쉽게 펴질 못했는데 이에 반해 선무는 천천히 호흡을 내쉬면서 하니까 다리가 쭈욱 뻗어지면서 통증 없이 아주 수월하게 근육이 펴졌습니다. 특히 수술한 산모들도 쉽게 펴지는 것을 보았습니다.

단전 수축이 잘 되니까 배가 불렀던 것이 쉽게 수축이 되면서 자궁 수축에 많은 도움을 줍니다. 선무를 하고 나면 오로가 없던 사람들이 오로가 나옵니다.(오로-자궁 분비물) 오로가 나오는 속도가 빨라지는 것입니다. 곧, 자궁 수축이 빨라지는 것입니다. 오로가 나오면 출산 여성들이 시원하다고 말합니다. 자궁에 고여 있던 분비물은 움직이지 않으면 덜 나오는데 선무를 함으로써 분비물이 빨리 나와서 배가 불렀던 것이 가라앉으니까 본인들이 시원하다고 느끼는 것입니다.

제왕절개를 한 여성들에게는 병원에서 분만 둘째 날부터 걷는 것을 연습시킵니다.

출산 직후에는 회음부를 꼬매서 예쁘게 걷지 못하고 어기적어기적 걷는데 선무의 걷는 명상으로 뒤꿈치부터 천천히 걷는 것을 시킵니다. 또 난소 있는 곳이 당기므로 복부를 움츠리고 있는 데 선무 동작 중에 앉아서 무릎을 펴면서 뒤꿈치를 미는 동작을 하면 복부를 펴게 됩니다.

모든 동작을 천천히 하니까 마음도 가라앉고 차분해지는 것 같다고들 합니다.

강남 수서 한아름 산후조리원 주정혜 원장의 답변

선무를 배우기 전에는 유연성 운동, 근력 강화 운동을 30분 했는데 선무가 훨씬 부드럽고 천천히 동작을 해서 자신이 자기 몸을 느끼며 조절하며 할 수 있는 것 같습니다.

기와 함께 느끼며 혈액순환도 잘 되는 것 같습니다. 특히 골반의 유연성을 길러주는 운동을 하니까 시원하다는 얘기를 많이 합니다.

인천 엔젤산후조리원 홍순희 원장의 답변

선무를 하기 전에는 단전 운동, 단전 체조를 해 왔습니다. 자연분만일 경우에 2박 3일만에 조리원에 들어와서 4일부터 운동을 시킵니다. 선무를 하면서 부드럽게 천천히 하는 것을 가르치니까 전에는 힘들다고 하던 산모들이 게운하다고 합니다.

출산 후 여성들은 10달 동안 불균형한 자세가 출산 후에도 교정이 되지 않았는데 걷는 명상을 하니까 자세교정에 큰 도움이 되는 것 같습니다.

:: 선무치유음악

1. 명상음악

- "**Water**" - HANSHAN : Tim Wilson
- "**The First Experience**" : by Jiang Jang
- "**Rain Sound & Holy Song**" : Raphael Mostel
- **Raga** : Polash Gomes
- "**Nines**" & "**Terra Firma**" : ALCHEMY

2. 라틴음악 : Merengue

치유음악은 선무와 함께 어우러져 몸과 마음이 하나로 일치되어 의식이 맑아지고, 온몸에 활력을 제공해 주는 필연적 요소이다.

귀를 통해 듣는 치유음악은 우리의 마음을 움직이게 한다.

그 마음은 감정과 더불어 우리 몸 속의 울체된 기를 선무기법으로 서서히 풀어준다. 명상음악으로 몸과 마음이 평화롭고 조화스러운 안정상태로 해 준다. 라틴음악의 빠르고 경쾌한 리듬은 신체의 척추와 골반의 분리동작을 반복함으로써 울체된 기를 뚫어주고 전신운동과 더불어 혈액순환을 촉진시킨다.

유방암 수술환자를 위한 선무

모델/ 조수희 권영균 전양숙

1. 유방암 환자를 위한 선무치유요법의 중요성

유방암은 미국, 유럽 등지에서는 가장 흔한 여성암 이지만 한국 여성에게는 그 발생빈도가 낮았다. 그러나 최근 몇 년 사이 환자가 급격하게 증가해 2001년에는 처음으로 자궁암, 위암을 제치고 여성 암 발생률 1위에 올랐다. 2001년 여성에게 발생한 암 중 유방암 비중은 15.3%의 위암보다 높은 16.1%. 1996년에 비해 두 배 가까이 늘어난 수치다. 자궁암, 위암 등은 꾸준히 감소 추세를 보이거나 현상유지를 해 온 반면 유방암 환자는 급속도로 늘었다는 점이 주목할 만하다.

우리나라 유방암의 특징은 서구에서는 주로 50대에 발생하는 것과는 달리 40대에서도 빈도가 높고 다음이 50대, 30대 순으로 많았으며, 70대의 감소와 20대의 증가를 보여 젊은 연령층에서 많이 발생하는 것을 알 수 있다.

따라서 사회적으로 유방암 예방과 치료 대책들이 점점 더 중요해지고 있으며, 유방암 수술 환자의 재활 운동에 대한 사회적 관심을 기울여야할 때이다.

거의 모든 유방암 환자들은 수술 후 키모떼라피(약물치료)와 방사선 치료를 겸해서 받던지, 둘 중 하나만 받던지, 어떤 보조 치료를 받는다. 어떤 경우에는 항호르몬치료(anti-estrogen)를 적에도 5년간 받게 되며 그것으로 인해 많은 환자들의 폐경이 빨리 오게 된다(전미선, 아주대 병원, 2003).

유방암 수술환자의 후유증은 어떤 수술보다 심각하다. 여성으로서의 상실감을 가지게 되어 심각한 우울증이나 대인기피증을 가져오게 되며, 유방을 떼어내면서 임파부종이나 어깨운동장애 등 만성적인 후유증을 가져오기도 한다. 또한 한쪽 유방을 절개했을 경우 정상 유방이 상대적으로 무거워 어깨가 처지고 근육이 뻗치는 듯한 불쾌감이 생기기도 하며 척추가 한쪽으로 휘어지기도 한다(이지현, 삼성제일병원).

암 후유증들로서 심신의 기능이 저하되며, 정신적 불안과 극도의 피로감을 느끼며, 체중이 늘거나 모습에 변화가 올 수 도 있다. 몇 가지 연구에 의하면, 키모떼라피와 방사선 치료 동안 70% 에 해당하는 환자들이 극도의 피로를 느끼며 어떤 환자들은, 진단 일년 후에도, 몸의 기능은 향상되었음에도 불구하고 정신적 고통을 지속적으로 받고 있다는 사실을 장기적 연구에서 발견하였다(Vinokur AD, Tthreatt BA, Cancer 1990;). 갠즈 연구 팀은 1년간 암을 앓아온 환자 500명을 연구한 결과 암의 종류에 따라 신체의 기능적 어려움은 다양할 수 있지만 정신적 문제는 거의 모든 암 환자들에게 존재한다는 리포트를 내어놓았다. 정신적 문제의 경우 환자의 신체적 활동 제약의 정도가 심할수록 커진다는 것이다(Gants PA, Coscarelli Schag, 1990:883-892.).

암환자들의 삶의 질은 방사선 치료가 진행됨에 따라 감소하여 치료 종료 시 최고에 달하므로 방사선치료 시작 시부터 삶의 질을 증진시키는 적절한 간호 중재가 요구되고 있는데(Graydon,

1994; 김매자, 1994:이은숙과 조루시아, 1997), 운동은 신체적 중재이면서 신체 · 심리 · 사회적인 영향을 미치는 간호중재로 80년대 후반 이후 암환자들에게 적용되고 있다. Smith(1996)는 암환자의 삶의 질을 향상시키는 중재로 운동이 효과적임을 보고하였고 Young-McCaughan과 Sexton(1991)도 유산소 운동이 유방암 환자의 삶의 질을 향상시키는 중재임을 강조하였다.

유방암 수술환자의 후유증은 어떤 수술보다 심각하다. 유방은 외관상 드러나는 부위이기 때문에 같은 여성의 상징인 자궁이 없어지는 것보다 그 상실감은 더 크다. 유방암 수술 후 여성은 육체적인 상처의 측면보다 심리적인 상처가 더 크게 느껴지는데, 이로 인해 심각한 우울증이나 대인기피증을 가져오게 된다. 유방을 떼어내면서 임파부종이나 어깨 운동장애 등 만성적인 후유증을 가져오기도 하며, 또한 한쪽 유방을 절개했을 경우 정상 유방이 상대적으로 무거워 어깨가 처지고 근육이 뻗치는 듯한 불쾌감이 생기기도 하며 척추가 한쪽으로 휘어지기도 한다. 또한 항호르몬 요법으로 인해 폐경이 빨리 찾아오기도 한다.

암 후유증들로서 심신의 기능이 저하되며, 정신적 불안과 극도의 피로감을 느끼며, 체중이 늘거나 모습에 변화가 올 수 도 있다. 몇 가지 연구에 의하면, 키모떼라피와 방사선 치료 동안 70% 에 해당하는 환자들이 극도의 피로를 느끼며 어떤 환자들은, 진단 일년 후에도, 몸의 기능은 향상되었음에도 불구하고 정신적 고통을 지속적으로 받고 있다는 사실을 장기적 연구에서 발견하였다(Vinokur AD, Tthreatt BA, Cancer 1990). 갠즈 연구 팀은 일년간 암을 앓아온 환자 500명을 연구한 결과 암의 종류에 따라 신체의 기능적 어려움은 다양할 수 있지만 정신적 문제는 거의 모든 암 환자들에게 존재한다는 리포트를 내어놓았다. 정신적 문제의 경우 환자의 신체적 활동 제약의 정도가 심할수록 커진다는 것이다(Gants PA, Coscarelli Schag, 1990: 883-892).

따라서, 환자들에게 육체적인 치료(curing)뿐만 아니라 정서적, 또는 영적, 육체적인 건강한 상태를 유지하도록 도와주는 치유(healing)가 함께 이루어져 환자 심신의 재활을 돕고 삶의 질을 향상시킬 수 있도록 노력해야할 것이다.

운동은 신체적 중재이면서 신체, 심리, 사회적인 영향을 미치는 케어중재로 1980년대 후반 이후 암환자에게 적용하기 시작했다(Smith, 1996). 또한 명상은 치료를 위한 준비단계에서 활용되기도 하고 치료의 보조로써 또는 추후 치료기법으로도 활용될 수 있다(John, 1993).

선무-동작명상 테라피는 재활 운동으로써의 동작과 마음의 치유를 위한 명상을 접목한 춤추는 명상으로써 암환자의 재활 프로그램으로 고안되었다(전미선, "유방암 환자를 위한 선무테라피", 아주대학병원 방사선과, 제6회 APPAN 국제페스티발 심포지움, 2003. p.113~130).

유방암수술 후 환자를 위한 선무동작명상 프로그램은 환자들에게 명상과 함께 나선형 운동, 유산소 운동을 해주는데 처음 동작은 몸의 수술과 긴장으로 응결된 근육을 나선형으로 풀어준 후 유산소 운동을 하며 마음을 즐겁게 할 수 있도록 유도한다. 그리고 명상을 통해 몸과 마음이 하나가 되어 감정의 기복을 가라앉히고 몸과 마음을 편안하게 해 준다.

어깨운동이나 팔운동, 팔과 손목을 꼬아주는 운동을 음악에 맞추어 선무를 하며 골반과 온

몸을 즐겁게 움직이면서 팔이 아프다는 의식을 잊게 해준다. 이러한 동작은 척추를 강화시켜 줄 뿐만 아니라 단회항 수축 운동으로 인해 복근 근육 강화, 요실금 방지, 성기능을 강화시켜 준다.

선무는 춤을 춘다는 의식 없이 어렵지 않은 동작을 가지고 자연스럽게 움직이게 해주어, 따라 하다보면 환자가 팔이 아프다는 의식을 잊고 춤추게 해준다. 물론 처음에는 팔에 통증이 있어 움직임이 부자연스럽지만 즐겁게 춤을 추다 보면 자신도 모르게 손이 자연스럽게 올라간다. 그리고 명상을 통해서 괴롭고 슬프다는 생각을 잊게 해 주어 마음의 평온을 느끼도록 이끌어준다.

유방암 수술 후의 환자들을 위한 선무는 팔을 위주로 전신운동을 시켜준다. 유산소 운동, 단회항 수축하면서 걷는 명상, 라틴 음악으로 춤도 추게 하며, 무드라 수인법을 하며 선무에 집중하다보면 괴로운 스트레스를 잊게 해 준다. 선무를 경험한 유방암 환자들은 선무를 하루에 1시간만 하더라도 사흘 동안 몸이 좋아진다는 것을 느낄 수 있다고 한다.

유방암 환자들은 수술하고 보통 3일에서 1주일간 병원에서 입원을 하는데 이때 수술 부위에 튜브를 달아 노폐물이 밖으로 흘러나오도록 하는 장치를 한다. 노폐물이 체내에서 흘러나갈 때 수인법으로 집중하며 팔운동을 하면 노폐물이 빨리 내려온다. 노폐물이 빠져 회복이 빨라지면 우울증에 빠져 있는 환자들의 기분이 전환되는 효과가 있다.

선무는 유방이 없어졌다는 심리적인 절망감을 극복하게 해 주며 근심과 걱정, 불안감을 해소시켜 줄 수 있고, 좌절감에서 해방시켜 주어 삶의 질을 향상시켜 준다.

유방암 환자들을 위한 선무 동작 중 서서 하는 동작은 골반과 척추유연성을 위한 기본 동작이다. 그 동작은 여성들에게는 자궁, 하복부의 근육과 척추근육을 운동시켜주는 효과가 있다. 유방암 수술을 받은 환자들에게 유방이 없다는 자격지심을 극복시켜주고 원만한 부부생활도 할 수 있도록 도와주어 자신 있게 살 수 있도록 도와준다.

선무를 하면 더 밝게 생각하고 더 나은 쪽으로 생각을 하고 긍정적인 사고를 하게 되어 산다는 것에 의미를 부여하게 해 준다. 선무는 운동으로서만 아니라 명상과 함께 근육도 단련을 시키며 스트레스도 풀 수 있도록 하는데 한 가지만 모방해 거울처럼 비추는 동작이 아니라 자신의 마음을 통해 자신의 몸을 통찰하는 치유명상은 환자를 치료하는 데 큰 도움을 줄 수 있다.

2. 유방암 수술 후 선무 운동프로그램

본 연구는 전미선 박사(아주대병원 방사선과 교수)의 협조로, 유방암 수술 후 화학항암요법, 방사선 치료를 마친 환자를 대상으로 이들에게 나타나는 상지 후유증과 피로를 낮추고 정서적 편안함을 유도하고자 선무 임상프로그램을 적용하여 환자의 어깨관절의 기능, 피로, 정서적 상태에 미치는 영향에 대해 규명하고자 하였다.

1) 목 적

수술과 방사선 치료, 화학요법에 의해 유발되는 신체적 장애를 극복하고, 바람직한 건강상태와 독립적인 생활을 유지하도록 돕는 선무요법을 적용하여 유방암 환자의 운동범위, 피로, 정서상태를 알아보고자 하였다.

2) 문헌고찰

① 운동프로그램

운동, 특히 암환자의 운동은 대상자의 신체상태에 맞게 처방되어야 한다. 운동은 에너지 대사를 중심으로 무산소 운동과 유산소 운동으로 구분되는데 걷기, 조깅, 에어로빅, 정지형 자전거 타기는 유산소 운동으로 골격근의 산화능력을 향상시킨다. 또한, 암환자를 대상으로 하는 운동은 유선 대사율, 심박동수, 운동자각도 등을 고려하여 결정하며, 심폐 지구력을 유지, 상승시키기 위해 적절한 자극의 운동량을 주어야 한다.

② 어깨 운동범위

어깨관절은 관절의 유연성과 관련이 있으며 유연성은 관절의 가능한 운동범위로 정의될 수 있다. 어깨관절의 운동은 굴곡, 신전, 외전, 내전, 외회전, 내회전 등이 포함된다. 유방암 환자의 질병과정에 따른 어깨관절 기능의 변화는 유방암을 진단받고 변형 근치 유방절제술이나 유방보존술이 함께 시행되는 액와림프절 절개에 의해 일차적으로 발생하며, 보조적 방사선 치료로 회복이 지연되거나 악화된다(Hladiuk et al., 1992).

3) 측정방법

운동범위 : 어깨 운동범위를 측정하기 위해 관절 각도기를 이용하여 굴곡, 신전, 외전, 내전, 외회전, 내회전을 측정하였다.

피로, 정서상태 : 피로도를 측정하는 30문항과 삶의 질 측정 40문항, 정서상태 6문항으로 구성되어 설문조사를 하였다.

4) 대상

수원소재 아주대학병원에서 유방암으로 진단받고 수술, 방사선 치료를 받은 환자 중 참여에 동의한 6명을 대상으로 8주간 선무요법을 적용했다.

5) 결과

대상자에게 8주간의 선무요법을 적용한 결과 굴곡, 외전, 내회전, 외회전에서 의미 있는 효과가 있음이 나타났다. 그리고 피로도가 감소하였고, 기분상태가 좋아졌으며, 우울이 의미 있게 감소한 것으로 나타났다. 또한, 선무요법 전, 후의 혈압과 맥박을 측정한 결과 맥박, 혈압의 안정선이 유지되는 것으로 보여졌다.

6) 제한점

짧은 기간과 적은 수의 대상자를 상태로 선무요법을 적용했기 때문에 다양한 결과를 보지는 못했지만 앞으로 실험군과 대조군의 수를 확보하고 3개월 이상의 운동기간이 주어진다면 일반화할 수 있는 연구결과가 나오리라 기대한다.

3. 유방암 환자를 위한 선무치유요법 인터뷰

전미선 교수

유방암 환자를 대상으로 2달간 프로그램을 하였다. 이 중 지속적인 6명을 대상으로 하면, 이들에게 고유의 설문조사 도구를 사용하고 프로그램 전후 혈압, 맥박, 팔의 움직임을 체크하였다. 이 프로그램은 진단 후의 몸의 변화뿐만 아니라 스트레스 호전, 환자의 '삶의 질' 향상을 목적으로 하였고, 특히 유방암 수술이 유방의 일부절개, 전체절개, 겨드랑이 임파절의 절개로 인하여 팔의 움직임의 제약이 심하고 본인이 모르는 2~3군데 방향으로 팔의 움직임이 저하되는 현상을 보였다.

처음이라서, 예비조사이긴 하지만, 6주 후의 6명의 환자들의 결과를 보면 "기분이 좋아지고, 피곤함이 줄고, 불안감이 줄어지는 결과"로 좋아지는 경향을 보이고 있다. 이 중 2명의 환자에게서 팔의 움직임 중 '굴곡, 신전, 외회전, 내회전' 네 가지 방향의 움직임에서 상당히 부드러워짐을 보였다.

4. 유방암 환자를 위한 선무치유요법 인터뷰

백남선 박사

유방암 환자들은 암 뿐만 아니라 그 주위 조직들을 다 도려냄으로써 그 조직의 상처가 아물면서 쪼여 수축되게 되는데 몇 가지 문제가 생긴다.

첫째는, 어깨관절이 잘 안 움직이고 뻣뻣해지는데 그것을 선무로 통해 펴주게 되고, 두 번째는 그것을 들어냈기 때문에 임파선들이 많이 붓고, 체액이 빠져나가야 하는데 잘 빠져나가지 못해서 팔에 부기가 생기게 된다.

그러므로 선무를 통해 부기를 빠지게 하고 관절을 부드럽게 하고 통증을 완화시킨다. 마지막으로 수술 후 여성들의 유방 한쪽이 없어짐으로써 외모에 대한 자신감의 상실이 오는데, 선무로써 그 자신감을 되찾아 줄 수 있다. 또한 정신건강에 도움을 주므로 정신건강이 모든 투병하는 힘, 의욕도 생기고 정력도 생기는 효과가 있는 것이다.

선무는 면역을 증가시키기 때문에 정신적으로 생각과 면역체제가 향상됨으로써 암 수술 후의 회복력을 월등히 증가시키는데 큰 도움이 된다.

아주대학병원 유방암 수술환자를 대상으로 한 선무 프로그램

▶ 앉아서 하는 동작 ①

편안하게 앉은 상태에서 하도록 한다.

1 두 손바닥을 비벼준다.

2 그 손을 머리에 갖다댄다.

3 얼굴에도 갖다댄다.

4 목에서부터 가슴으로 내린다.

5 배까지 서서히 쓰다듬으면서 내려온다.

▶ 앉아서 하는 동작 ②

1 '이'소리를 내면서 수술한 쪽의 팔을 가슴 앞에서 쭉 펴고 반대 팔로 쓰다듬어준다. 아래부터 위로 쓰다듬어 준다. (혈액이 흐르는 길을 따라서 쓰다듬어 주는 것이다)
('뭐'와 '꼬'소리를 내면서 반복한다)

▶ 앉아서 하는 동작 ③

1~2 '이'소리를 내며 두 손을 깍지껴서 가슴 앞에서 쭉 펴고 좌우로 흔들어 준다.

3~4 깍지를 풀고 팔꿈치를 구부려 손바닥을 보며 좌우로 흔들어준다.

5 손목을 서서히 돌리며 팔을 내린다.
('뭐'와 '꼬'소리를 내면서 반복한다)

▶ 앉아서 하는 동작 ④

1~2 '이'소리를 내면서 손목을 돌리며 팔을 서서히 올려 머리까지 올린다.

3 '뭐'소리를 내면서 팔을 양 어깨 옆으로 내려 위로 꺾어 팔을 어깨 뒤로 밀어준다.

4 팔을 편 상태로 가슴 앞으로 서서히 가져와서 손목을 위로 꺾어준다.

5 아래로 꺾어준다. 빠른 속도로 손목을 꺾는 것을 반복한다.

6 손목을 돌려서 손끝까지 편다.

7 팔꿈치를 구부려서 단전으로 가져온다.

손을 위로 올리면 어깨가 아프다. 어깨에 긴장을 하고 있기 때문이다. 서서히 팔을 위로 쭉 폈다 내리는 동작은 긴장을 이완시켜 준다. 팔을 어깨 뒤로 밀어주는 동작은 어깨와 등 뒤의 운동뿐 아니라 등살 제거에도 도움이 된다.

▶ 앉아서 하는 동작 ⑤

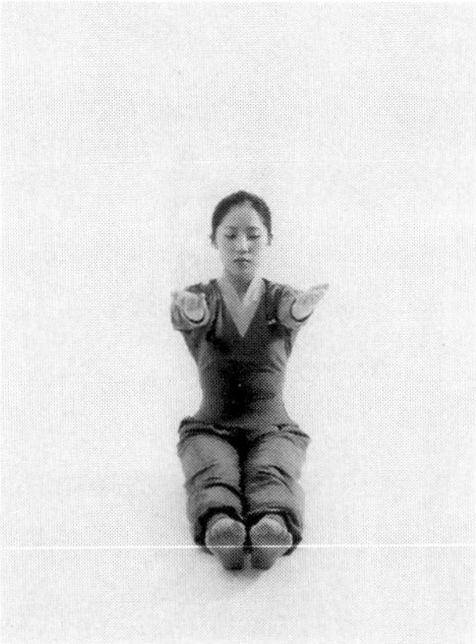

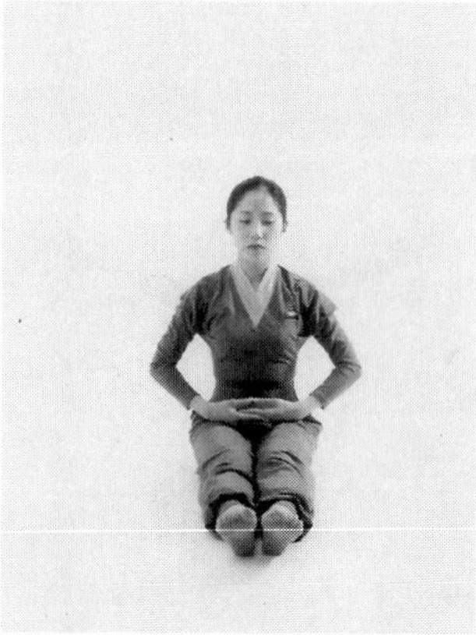

1 '이'소리를 내면서 아픈 쪽의 팔을 어깨 옆으로 쭉 펴고 반대 손으로 아픈 쪽의 어깨를 잡아당긴다.

2~3 손을 크게 원을 그리듯이 내려 등뒤로 가져가고 아픈 쪽의 손목을 돌리며 양손을 가슴 앞으로 와서 서서히 내린다.
(반대 동작도 '뭐'와 '꼬'소리를 내면서 반복)

▶ 앉아서 하는 동작 ⑥

1~2 '이'소리를 내면서 두 손을 깍지를 껴서 머리 위로 쭉 펴서 좌우로 흔들어준다.

3~4 손목을 돌리며 가슴 앞으로 두 팔을 가져와서 서서히 내린다.
('뭐'와 '꼬'소리를 내면서 반복)

▶ 앉아서 하는 동작 ⑦

1~2 '이'소리를 내면서 두 손을 등뒤에서 깎지를 끼고 좌우로 흔들어준다.

3 손목을 돌리며 팔을 앞으로 가져와서 서서히 내린다.

4~5 '뭐'와 '꼬'소리를 내면서 반복

▶ 앉아서 하는 동작 ⑧

1~3 어깨를 잡고 크게 어깨를 돌려준다.

4 두 손을 위로 쭉 올려서 서서히 내리며 등뒤로 가져가서 깍지를 낀다.

5 양손을 어깨 양옆으로 큰 원을 그리듯 내리며 등뒤로 가져가 깍지낀다.

6 '이'소리를 내면서 고개를 오른쪽으로 돌렸다가 제자리로 오는 것을 빠르게 반복한다.

7 '뭐'소리를 내면서 고개를 왼쪽으로 돌렸다가 제자리로 오는 것을 빠르게 반복한다.

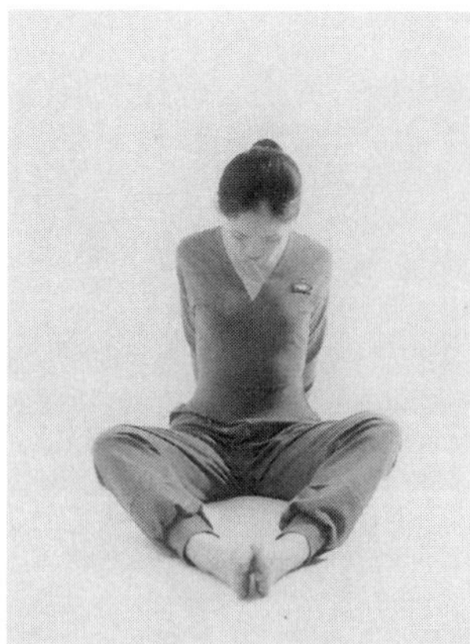

8 '꼬'소리를 내면서 고개를 밑으로 내렸다가 제자리로 오는 것을 빠르게 반복한다.

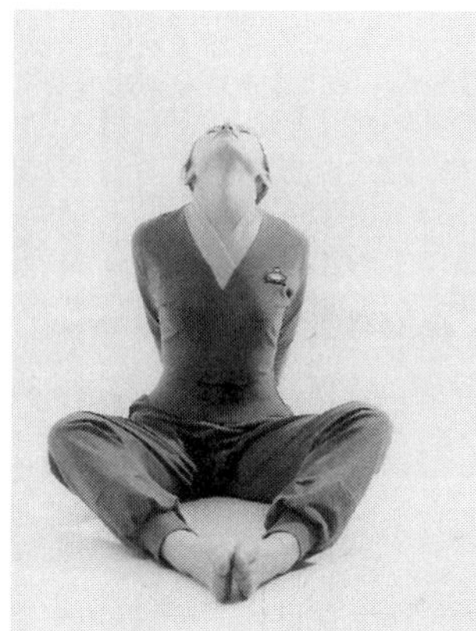

9 '이'소리를 내면서 고개를 뒤로 젖혔다가 제자리로 오는 것을 빠르게 반복한다.
('뭐'와 '꼬'소리를 내면서 반복)

목운동을 해 줌으로써 어깨의 근육이 풀어진다.

▶ 앉아서 하는 동작 ⑨

1~4 등 뒤에서 양손을 깍지 끼고 '이'소리를 내면서 목을 돌려준다.
('뭐'와 '꼬'소리를 내면서 반대 반복)

▶ 앉아서 하는 동작 ⑩

1 발바닥을 서로 붙이고 편안하게 앉아서 가슴 앞에서 합장을 한다.

2 '이'소리를 내면서 오른 팔꿈치를 구부려 오른손을 손바닥이 위를 보게 머리 위로 올린다. 머리 위로 한 10cm 정도만 올리도록 한다.

3 '뭐'소리를 내면서 가슴 앞에서 손바닥을 뒤집으면서 가슴 아래로 가고 왼손을 머리 위로 올려 손바닥이 위를 보게 한다. 가슴 앞에서 오른손과 왼손이 교차되면서 머리 위로 갔다가 가슴 밑으로 왔다가를 반복하는 것이다.

이 동작은 바라춤의 손동작으로 바라를 양손에 들고 하는 동작이다. 손목과 어깨와 팔꿈치를 돌려주어 팔운동에 효과적이며 이 동작을 할 때 상체를 곧게 세우고 팔만 움직여 주는 것이다.

▶ 앉아서 하는 동작 ⑪

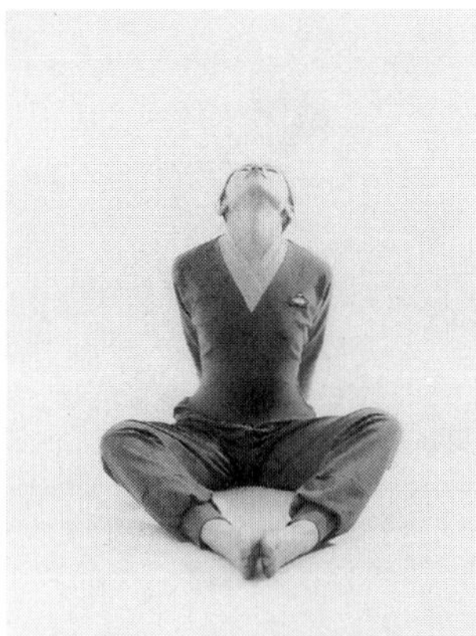

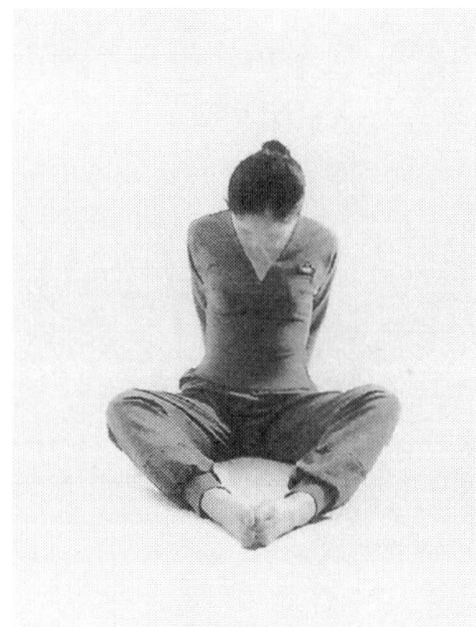

1 '이'소리를 내면서 양손을 등뒤에서 깍지끼고 고개를 쭉 뺀 상태에서 턱을 오른쪽에서 왼쪽으로 원을 그리듯 서서히 움직인다.

2~3 고개를 뒤로 젖혔다가 힘을 풀며 앞으로 고개를 떨어뜨린다.

4 '뭐'소리를 내면서 왼쪽에서 오른쪽의 방향으로 목을 쭉 빼서 원을 그리듯 서서히 움직인다.

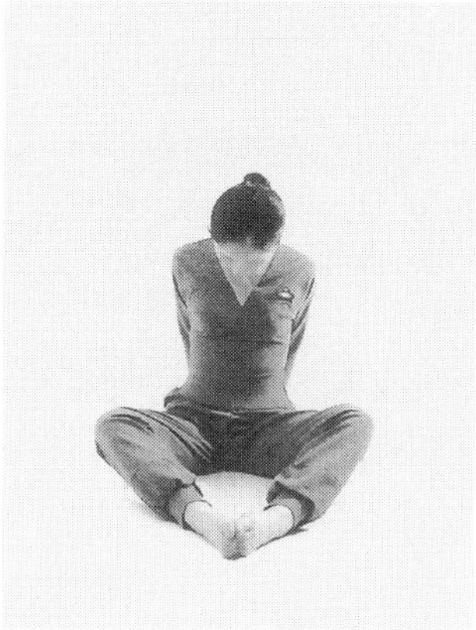

5~6 고개를 뒤로 젖혔다가 힘을 풀며 앞으로 고개를 떨어뜨린다.(2~3과 동일한 동작)

7 '꼬'소리를 내면서 고개를 쭉 뺀 상태에서 위에서 아래로 원을 그리듯 서서히 움직인다.

8~9 고개를 뒤로 젖혔다가 힘을 풀며 앞으로 고개를 떨어뜨린다.

▶ 앉아서 하는 동작 ⑫

두 다리를 쭉 펴고 앉아서 넓적다리, 골반, 대퇴부골절과 발뒤꿈치를 뺐다 넣었다를 반복한다.

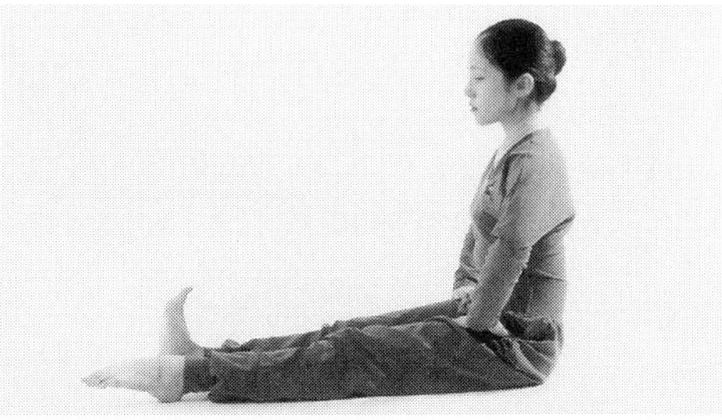

1 '이'소리를 내면서 오른다리를 밀면 왼다리는 넣고, 서로 반대되도록 한다. 밀 때는 발끝까지 쭉 펴고, 넣을 때는 발끝이 위로 향하게 발목을 꺾어준다.

2 '뭐'소리를 내면서 왼 발등을 누리며 밀고 오른 발목을 위로 꺾어 당겨온다. ('꼬'소리를 내면서 반대 반복)

▶ 앉아서 하는 동작 ⑬

두 다리를 쭉 펴고 앉아서 양손으로 발을 잡고 새끼발가락을 안으로 넣어준다. 손이 닿지 않으면 무릎을 조금 구부려서 발을 잡도록 한다.

▶ 앉아서 하는 동작 ⑭

1 왼쪽 다리를 쭉 펴고 앉아서 오른쪽 다리의 무릎을 굽혀서 왼쪽 다리 위에 올려놓고 손으로 발가락, 발 중앙(용천), 뒤꿈치를 주물러준다.

2 발을 잡고 발목을 돌려준다.

3 무릎을 구부려 발목에 힘을 빼고 발을 털어 준다.

기경팔맥은 손목, 발목으로 지나가는 신경의 정거장과 같다. 이 동작은 손과 발목의 유연성을 길러주는 운동으로 매우 중요하다.

▶ 앉아서 하는 동작 ⑮

1 ‘이’소리를 내면서 허리를 곧게 세우고 두 다리를 쭉 펴고 앉아서 단회항을 수축하면서 발가락이 위로 가도록 발목을 꺾어주고 두 팔을 가슴 앞에서 쭉 펴서 손가락이 위로 가도록 손목을 꺾어준다.

2 ‘뭐’소리를 내면서 단회항을 이완하고 상체를 앞으로 숙여 다리를 문질러준다. (‘꼬’소리를 내면서 반복)

단회항을 수축하면 등이 자연스럽게 스트레칭 된다. 수축 후에는 반드시 이완을 하여 풀어 주어야 한다.

▶ 엎드려서 하는 동작 ①

1 무릎을 바닥에 닿고 두 손으로 바닥을 짚은 자세로 엎드린다.

2~3 ‘이’소리를 내면서 서서히 상체를 들며 목을 뒤로 젖힌 후 한 발씩 발등을 바닥에 두드린다.

4~5 단회항을 수축하며 엉덩이를 뒤로 가져와서 뒤꿈치에 붙이고 팔꿈치가 바닥에 닿으면 이마를 바닥에 편안하게 내려놓는다. ('뭐'와 '꼬'소리를 내면서 반복)

▶ 엎드려서 하는 동작 ②

1 '이'소리를 내며 오른 다리는 구부리고 왼다리를 뒤로 쭉 펴고 양손은 바닥을 짚고 뒷발을 보고 지긋이 눌러준다.

2 고개를 바로 하고 단회항을 수축하고 무릎을 내려 당겨온다.
('뭐'소리를 내면서 반대 반복)

3 '꼬'소리를 내며 몸이 삼각형이 되도록 양손으로 바닥을 짚고 두 다리를 뒤에 나란히 두고 발을 지긋이 눌러준다.

4 서서히 발이 손 쪽으로 걸어온다.

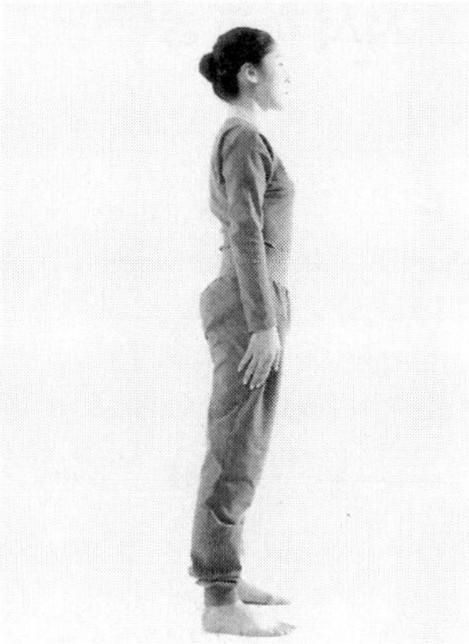

5~7 손으로 종아리를 앞으로 내리고 뒤로 올라오며 문질러준다. 허벅지를 문질러준다. 엉덩이를 문질러주고 고개를 가장 마지막으로 든다.
(이 동작을 할 때에는 항상 무릎을 펴고 한다.)

▶ 서서 하는 동작 ①

1 양손을 어깨 양옆으로 벌리고 손목을 위로 꺾고 '이'소리를 내면서 단회항을 수축하며 팔을 어깨 앞으로 밀어준다.

2 '뭐'소리를 내면서 이완하며 엉덩이를 뒤로 빼면서 양팔을 어깨 뒤로 밀어준다.
('꼬'소리를 내면서 반대 반복)

▶ 서서 하는 동작 ②

1~2 양팔로 양어깨를 잡고 '이'소리를 내면서 단회항을 수축하면서 상체를 좌우로 흔들어준다.
('뭐'와 '꼬'소리를 내면서 반복)

▶ 서서 하는 동작 ③

1~4 양손을 양어깨 위에 올려놓고 '이'소리를 내면서 팔꿈치로 원을 그리듯 앞에서 뒤로 크게 돌려준다.
('뭐와 '꼬'소리를 내면서 반복)

▶ 서서 하는 동작 ④

1 오른손으로 왼쪽 어깨를 잡고 왼손은 어깨 옆으로 펴서 손목을 위로 꺾고 '이' 소리를 내면서 단 회항을 수축하며 왼팔을 어깨 뒤로 살살 밀어준다.

2 왼손으로 오른쪽 어깨를 잡고 오른손은 어깨 옆으로 펴서 손목을 위로 꺾고 '뭐'소리를 내면서 단 회항을 수축하며 왼팔을 어깨 뒤로 살살 밀어준다. ('꼬'소리를 내면서 반대 반복)

▶ 서서 하는 동작 ⑤

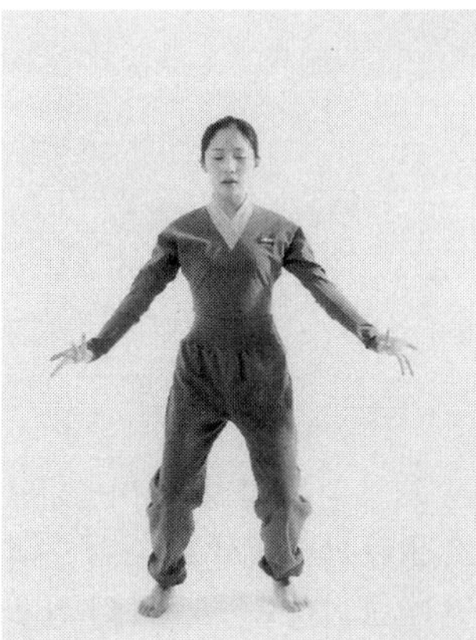

1~5 '이'소리를 내면서 단회항을 수축하면서 손목을 돌리면서 팔을 어깨 옆에서 머리 위까지 서서히 올린다.

6~10 '뭐'소리를 내면서 팔을 어깨 옆으로 내려 단전으로 가져온다.
('꼬'소리를 내면서 반복)

▶ 서서 하는 동작 ⑥

1~2 양손을 깍지끼고 머리 위로 올린 상태에서 '이'소리를 내면서 단회항을 수축하여 상체를 좌우로 흔들어준다.

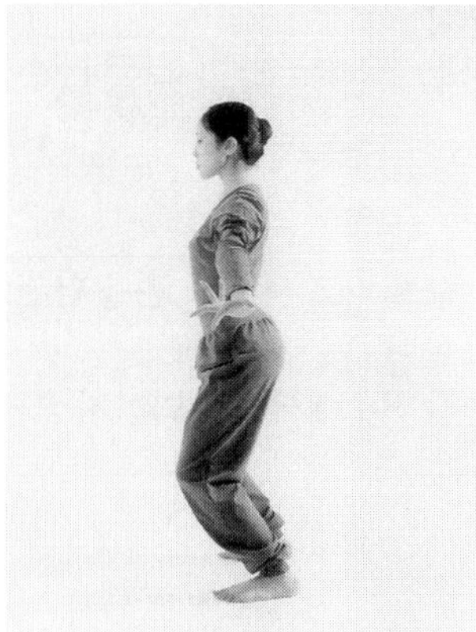

3~4 '뭐'소리를 내면서 깍지를 풀어 손목을 돌리면서 서서히 팔을 어깨 옆으로 내린다.

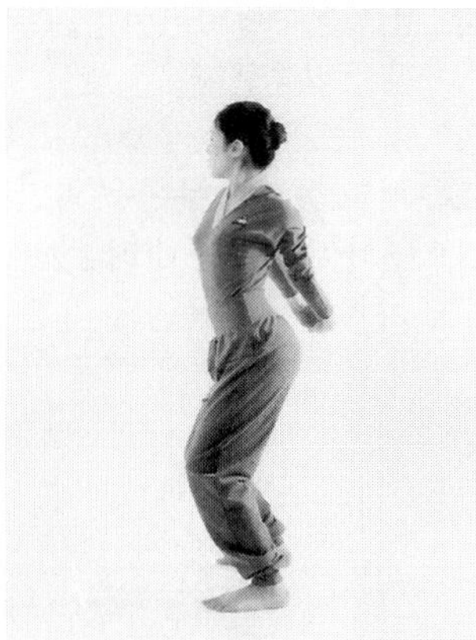

5~6 '꼬'소리를 내면서 등뒤에서 양손을 깍지 끼고 상체를 좌우로 흔들어준다.

7 깍지를 풀어 양손을 단전으로 가져온다.

▶ 서서 하는 선무나선형 동작
선무기본-단전호흡(산전 산후 기본동작과 같음 p.43~53 참고)

① 단전호흡

1 단전호흡－두 발을 어깨 넓이만큼 벌리고 서서 두 손을 단전에 두고 단전에 집중하면서 무릎을 구부리며 단전, 회음부, 항문을 수축한다.

2 이완하면서 무릎을 서서히 피면서 척추에서 정수리까지 곧게 세운다.
('이', '뭐', '꼬' 소리를 내면서 반복한다)

② 단전에서 손으로 기를 보냄

1 두 발을 어깨 넓이만큼 벌리고 서서 두 손을 단전에 두고 단전에 집중한다.

2 양 무릎을 구부리며 단전, 회음부, 항문을 수축하면서 '이'소리를 내며 오른손을 가슴 앞으로 폈다가 옆으로 가져간다. 손이 나가는 과정을 집중한다.

3 단전을 이완하면서 손가락이 밑으로 가도록 손목을 90도로 꺾어준다.

4 손목을 돌려서 손끝이 위를 가도록 하고 동시에 무릎을 피면서 뒤꿈치를 든다.

5 손끝이 밑을 향하도록 손목을 꺾으면서 뒤꿈치를 내려놓는다.

6 뒤꿈치를 편 상태에서 가슴 앞으로 가져와서 손목을 돌려 손끝까지 펴서 기를 보낸다.

7 팔꿈치를 서서히 구부리며 가슴 앞으로 당겨서 팔꿈치를 바깥으로 보내며 손을 단전으로 가져온다.
('모'소리를 내면서 왼쪽, '꼬'소리를 내면서 오른쪽 반복)

③ 단전에서 발뒤꿈치로 기를 보냄

1 두 발을 어깨 넓이만큼 벌리고 서서 두 손을 단전에 두고 단전에 집중한다.

2 '이'소리를 내면서 무릎을 구부리며 단전, 회음부, 항문을 수축하면서 오른 다리의 무릎을 구부려서 들어올리고 앞으로 쭉 편다.

3 서서히 다리를 내려서 뒤꿈치가 바닥에 닿으면 단전, 회음부, 항문을 이완하며 앞으로 중심을 보내며 뒤에 있는 왼다리의 무릎은 편 상태이다.

4 왼쪽 다리로 중심을 이동하면서 오른 다리를 왼다리 옆으로 서서히 가지고 와서 뒤꿈치를 들고 선다.

5 서서히 뒤꿈치를 내려놓는다.
('모'소리를 내면서 왼쪽, '꼬'소리를 내면서 오른쪽 반복)

④ 단전에서 손과 발로 함께 기를 보냄

1 '이'소리를 내면서 단전, 회음부, 항문을 수축하면서 위와 같은 방법으로 손과 발을 함께한다.
('모'소리를 내면서 왼손과 왼발, '꼬'소리를 내면서 오른손과 오른발 반복)

선무 단전호흡을 할 때는 상체가 뒤로 가거나 앞으로 가지 않도록 그대로 수축하며 내려가는 것이다. 단전을 이완하면 기가 항문에서 척추를 타고 정수로 올라가서 다시 단전으로 온다. '이뭐꼬'소리를 내는 것은 나쁜 기를 소리와 함께 내보내는 것이다)

요실금 예방, 성기능 강화, 허리 근육 강화를 위한 보조동작

▶ Latin Music에 맞추어 하는 동작 ①

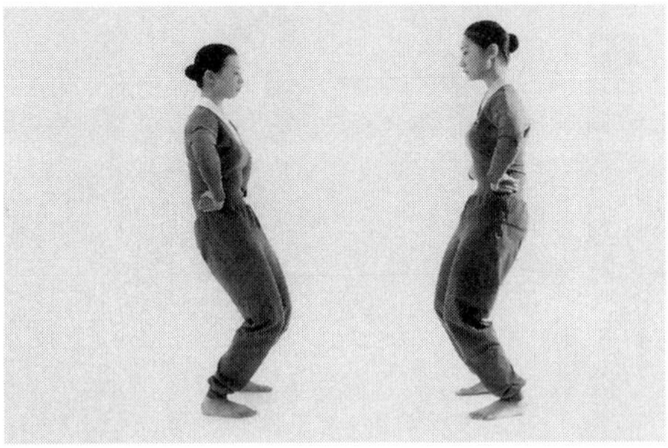

1 양손을 허리에 두고 두 무릎을 구부리며 단회항을 수축한다.

2 엉덩이를 뒤로 빼면서 이완시킨다. (수축과 이완을 빠른 속도로 반복)

▶ Latin Music에 맞추어 하는 동작 ②

1~2 단회항을 수축하고 무릎을 구부린 상태에서 엉덩이를 좌우로 흔들어준다.

▶ Latin Music에 맞추어 하는 동작 ③

1~4 두 손을 양 허리에 두고 무릎을 약간 구부린 단회항을 수축한 상태에서 엉덩이를 오른쪽 방향으로 한 바퀴 돌린다. 왼쪽으로 반 바퀴 돌린다.

▶ Latin Music에 맞추어 하는 동작 ④

1~4 두 팔을 어깨 양옆으로 펴고 손목을 위로 꺾고 뒤꿈치를 들고 무릎을 구부린 상태에서 오른 발, 왼발로 중심이동을 한다. 상체도 함께 움직이면서 앞으로 나갔다가 뒤로 왔다를 8번 반복한다.

▶ Latin Music에 맞추어 하는 동작 ⑤

1~4 단회항을 수축하고 무릎을 구부린 상태에서 뒤꿈치를 들고 손바닥을 쫙 펴고 팔을 가슴 앞으로 크게 돌리면서 앞으로 나왔다가 뒤로 갔다를 8번 반복한다.

▶ Latin Music에 맞추어 하는 동작 ⑥

1 손목을 위로 꺾어 양손을 양어깨 옆으로 벌리고 두 발을 모아 무릎을 붙이고 구부린 상태에서 뒤 꿈치를 들고 무릎을 밀며 단회항을 수축하며 손목을 밑으로 꺾는다.

2 뒤꿈치를 내리고 이완하며 손목을 위로 꺾는다. (8번 반복)

▶ Latin Music에 맞추어 하는 동작 ⑦

1 단회항을 수축하여 무릎을 구부린 상태에서 두 손을 양어깨에 올려놓고 팔꿈치를 앞으로 당긴다.

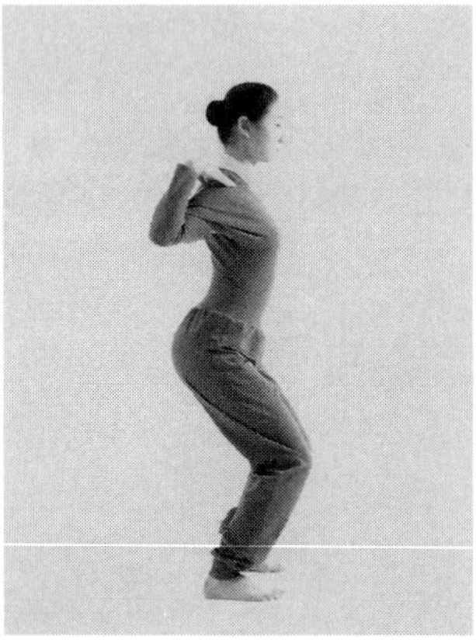

2 단회항을 이완하면서 엉덩이를 뒤로 밀면서 팔꿈치를 어깨 뒤로 밀어준다.
(8번 반복)

3 뒤꿈치를 들고 단회항을 수축하여 무릎을 구부린 상태에서 두 손을 양어깨에 올려놓고 팔꿈치를 앞으로 당긴다.

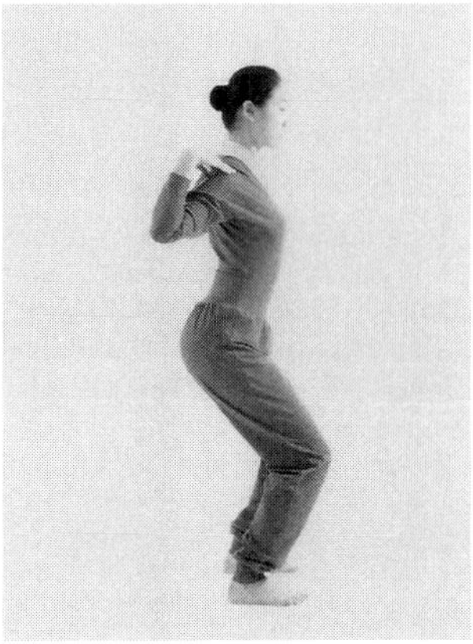

4 뒤꿈치를 내리고 단회항을 이완하면서 엉덩이를 뒤로 밀면서 팔꿈치를 어깨 뒤로 밀어준다.
(8번 반복)

▶ Latin Music에 맞추어 하는 동작 ⑧

1 두 팔을 어깨 양옆으로 벌린 상태에서 뒤꿈치를 들고 단회항을 수축하면서 어깨를 앞으로 보낸다.

2 단회항을 이완하면서 뒤꿈치를 내리고 어깨를 뒤로 미는 것을 반복한다.

▶ Latin Music에 맞추어 하는 동작 ⑨

1~2 두 팔을 어깨 양옆으로 벌리고 단회항을 수축하며 팔꿈치를 들고 자연스럽게 움직이며 골반을 좌우로 흔들면서 발바닥 전체로 마치 포도알을 깨듯 빨리빨리 딛는다.

▶ 명상음악으로 바꾸어서 하는 동작 ①

걷는 명상(단전, 회음부, 항문 수축과 이완) – 손동작과 함께 걷는 명상

1~3 단전을 수축하여 오른발을 들었다가 뒤꿈치부터 내딛고 왼팔은 가슴 앞에서 올리고 오른팔은 어깨 옆으로 올린다.

몸의 중심을 앞으로 옮기며 무릎을 구부리고 단회항을 이완하면서 손목을 돌려 서서히 팔을 내린다.

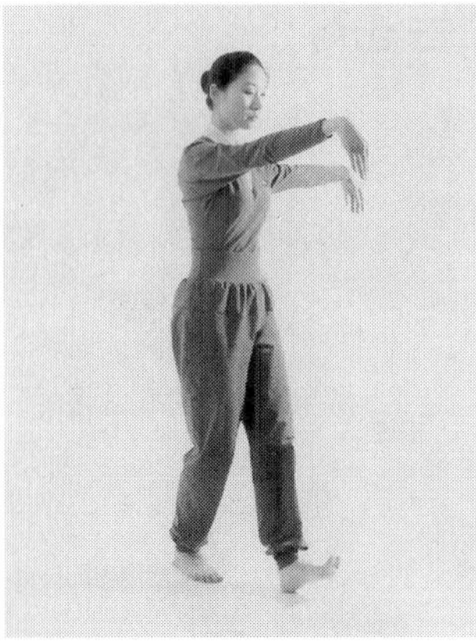

4~7 다시 왼발을 앞으로 들어 이와 같이 반복한다.

발의 보폭을 넓게 하면 중심이 흔들릴 수 있으므로 보폭을 작게 하도록 한다.

▶ 명상음악으로 바꾸어서 하는 동작 ② 천천히 걷는 것을 관하며 걷기

1~5 단전에 정신과 기를 모아 자연스럽게 걷는 과정을 관한다. 보통 걸음걸이와 같이 걷는다.

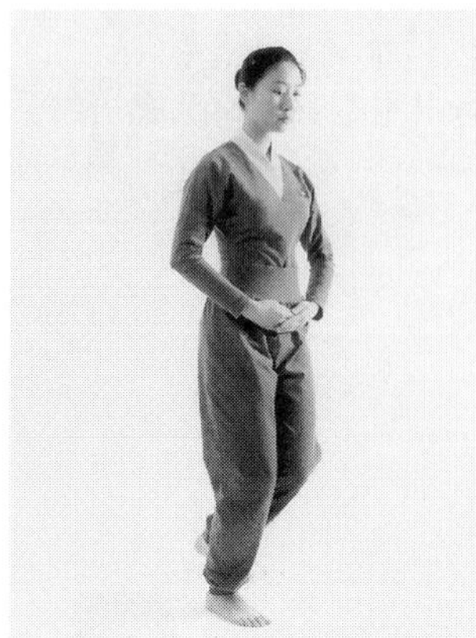

혀는 천장에 붙이고 이는 지긋이 다물고 발뒤꿈치에서 발가락으로 가는 과정을 관한다. - 관한다는 말은 움직이는 과정을 마음이 순간순간 100% 집중하는 것이다.

※ 앉는 과정

1~2 오른발을 뒤로 내딛고 손을 짚으며 무릎을 구부려 바닥에 댄다.

3~5 두 무릎이 모두 바닥에 닿게 한다. 엉덩이를 왼쪽으로 내려놓고 가부좌로 손은 단전에 두고 앉는다.

※ 좌선

두 손을 단전에 두고 반가부좌 상태에서 명상을 한다.

생각이 떠오르면 ‘이뭣꼬’, 내 몸을 끌고 다니는 것을 주인공이라 하는데 주인공은 알 수도 없고, 만질 수도 없고 볼 수도 없다. ‘이뭐꼬 는 이것이 무엇인가의 경상도 사투리로 꽉 막힌 상태, 생각 이전의 상태다. 아프다는 생각, 싫다는 생각, 괴롭다는 생각, 속 상하다는 생각, 모든 생각을 ‘이뭐꼬’로 대치한다.

※ 수인법 – 상품 상생, 상품 중생, 상품 하생

1 두 손을 상품 상생의 수인법으로 단전에 둔다.

2 서서히 어깨 양옆으로 쭉 펴서 손가락이 위로 가도록 손목을 꺾어준다.

3 서서히 팔꿈치를 구부리며 가슴 앞으로 가져오면서 두 손이 마주보게 상품 중생의 수인법으로 하여 가슴 앞에 둔다.

4 오른 손목을 돌려 왼손 손목과 붙여 상품 하생의 수인법을 한다.

5 가슴 앞에서 손을 왼쪽으로 살짝 가져간다. 팔이 움직인다고 상체마저 틀어지는 것이 아니라 상체는 제자리를 유지하면서 한다.

6 손을 가슴 앞으로 가져온다.

7 반대쪽으로 반복한다.

· 손을 살짝 오른쪽으로 가져간다.
· 다시 손을 가슴 앞으로 가져온다.
· 손목을 풀어서 상품 상생의 수인법을 한다.
· 서서히 단전으로 가져온다.

유방암 수술 후 입원환자를 대상으로 한 선무 프로그램

30분 운동(혈액순환 원활+분비물 빨리 나오도록 하는 앉아서 하는 동작들)

▶ 앉아서 하는 동작 ①

1 오른팔 팔꿈치를 구부려 손바닥이 자신의 얼굴을 보듯이 가슴 앞에 둔다.

2~3 '이'소리를 내면서 새끼손가락부터 손목을 돌려준다.

4 반대로 손등이 자신의 얼굴을 보도록 한다.

5 다시 손바닥을 뒤집어서 손바닥이 얼굴을 보도록 한다.

6 오른팔을 어깨 옆으로 곧게 펴서 손목을 위로 꺾어준다.

7 양팔을 어깨 뒤로 살살 밀어준다.

8 손목을 아래로 꺾어서 가슴 앞으로 가져온다.

9 손목을 손끝까지 펴준다.

10 팔꿈치를 구부리면서 가슴 앞으로 당겨온다.

11 팔꿈치를 바깥으로 돌리며 손을 단전으로 가져온다.
('뭐'와 '꼬'소리를 내면서 반복한다)

▶ 앉아서 하는 동작 ②

1~3 팔꿈치를 구부려 손등을 서로 맞대어 가슴 앞에 두고, '이'소리를 내면서 두 손등을 붙인채로 손목을 서서히 돌린다. 마치 톱니바퀴가 돌아가는 것처럼 손가락 하나하나가 맞대어 돌리는 것이다.
('뭐'와 '꼬'를 반복하여 준다)

▶ 앉아서 하는 동작 ③

1~2 '이'소리를 내면서 두 팔을 가슴 앞으로 쭉 펴서 새끼손가락부터 접으며 안으로 손목을 돌린다.

3 다시 손바닥이 위로 가게 손을 뒤집는다.
('뭐'와 '꼬'를 반복하여 준다)

▶ 앉아서 하는 동작 ④

1 두 팔을 팔꿈치를 구부려 어깨 양옆에 둔다.

2 '이'소리를 내면서 손목을 돌리면서 서서히 팔꿈치를 가슴 앞으로 모아준다.

3~4 손목을 돌리면서 다시 어깨 양옆으로 팔을 벌려준다.-반복
('뭐와 "꼬' 소리를 내면서 반복한다)

▶ 앉아서 하는 동작 ⑤

1 두 팔을 가슴 앞에서 팔꿈치를 구부린 상태에서 엄지손톱으로 다른 손가락 끝을 꼭꼭 눌러준다.
(8번씩 눌러준다)

▶ 앉아서 하는 동작 ⑥

1 '이'소리를 내면서 두 팔을 가슴 앞에서 팔꿈치를 구부린 상태에서 주먹을 쥔다.

2 주먹을 편다.
('뭐'와 '꼬'소리를 내면서 이를 반복한다)

▶ 앉아서 하는 동작 ⑦

1 두 팔을 어깨 양옆에서 팔꿈치를 구부린다.

2 '이'소리를 내면서 어깨를 앞에서 뒤로 크게 돌려준다.

3 '뭐'소리를 내면서 어깨를 뒤에서 앞으로 크게 돌려준다.
('꼬'소리를 내면서 이를 반복한다)

▶ 앉아서 하는 동작 ⑧

1~2 '이'소리를 내면서 오른손을 왼손 위에 올려놓고 상체를 좌우로 흔들어준다.
('뭐'와 '꼬'소리를 내면서 반복한다)

▶ 앉아서 하는 동작 ⑨

1 팔꿈치를 세워서 양 손바닥을 서로 붙이고 가슴 앞에 둔다.

2 '이'소리를 내면서 서서히 머리 위로 올린다.

3~4 서서히 가슴 앞으로 내린다.
('뭐'와 '꼬'소리를 내면서 반복한다)

▶ 앉아서 하는 동작 ⑩

1~2 '이'소리를 내면서 양어깨를 잡고 좌우로 흔들어준다.
('뭐''꼬' 소리를 내면서 반복한다)

▶ 앉아서 하는 동작 ⑪

1~2 '이'소리를 내면서 X자로 어깨를 잡고 좌우로 흔들어준다.
('뭐'와 '꼬' 소리를 내면서 반복한다)

▶ 앉아서 하는 동작 ⑫

1 양손을 어깨 양옆으로 벌리고 양 손목을 위로 꺾고, '이'소리를 내면서 어깨를 위로 올린다.

2 어깨를 제자리로 내린다.
('뭐'와 '꼬'소리를 내면서 반복한다)

▶ 앉아서 하는 동작 ⑬

1~2 '이'소리를 내면서 양손을 등뒤에서 깍지 끼고 좌우로 흔들어준다.
('뭐 '와'꼬' 소리를 내면서 반복한다)

▶ 앉아서 하는 동작 ⑭

1~2 '이'소리를 내면서 양손을 머리 위에서 깍지 끼고 좌우로 흔들어준다.
('뭐'와 '꼬' 소리를 내면서 반복한다)

▶ 앉아서 하는 동작 ⑮

1 양손을 털어 준다.

▶ 앉아서 하는 동작 ⑯

1 오른팔을 펴고 왼손으로 어깨부터 손등까지 쓸어 내린다.

2 손바닥에서 겨드랑이 안쪽까지 쓸어 올린다.
(반대 손 반복한다)

▶ 앉아서 하는 동작 ⑰

1 '이'소리를 내면서 팔꿈치를 구부려 어깨를 잡고, 단회항을 수축하며 상체를 오른쪽으로 틀어준다.

2 단회항을 이완하며 제자리로 돌아온다.

3 '뭐'와 '꼬'소리를 내면서 단회항을 수축하여 반대쪽 반복한다.

▶ 앉아서 하는 동작 ⑱

1 양팔을 벌려 머리 위로 든다.

2 '이'소리를 내면서 단회항을 수축하여 상체를 오른쪽으로 틀면서 양팔을 어깨 양옆으로 내린다.

3 단회항을 이완하여 상체와 양팔을 제자리로 돌아온다.
('뭐'와'꼬'소리를 내면서 반대쪽 반복한다)

▶ 앉아서 하는 동작 ⑲

1 양손바닥이 서로 마주보게 손목을 꺾어서 가슴 앞에 둔다.

2~3 서서히 어깨 양옆으로 펴 준다.

4~5 다시 팔꿈치를 구부려 손바닥이 마주보게 하여 가슴 앞으로 온다.

▶ 앉아서 하는 동작 ⑳ 좌선

:: 선무치유음악

1. 명상음악 :

① "**Water**" - HANSHAN : Tim Wilson

② "**The First Experience**" : by Jiang Jang

③ "**Rain Sound & Holy Song**" : Raphael Mostel

④ **Raga** : Polash Gomes

⑤ "**Nines**" & "**Terra Firma**" : ALCHEMY

2. 라틴음악 : Merengue

치유 선무용 프로그램 3

폐경기 여성을 위한 선무

모델/ 조수희 권영균 전양숙

1. 폐경 · 갱년기 여성을 위한 치유선무

폐경기는 보통 45세에서 55세 사이에 나타나며 우리나라 여성의 평균 폐경 연령은 49.1세라고 한다.

폐경이란 말 그대로 월경의 멈춤 또는 마지막 월경이란 뜻이며, 최근 의학의 발달과 생활의 질이 향상됨에 따라 평균수명이 길어져서 폐경이후의 전 인생의 1/3을 살게 되었다. 따라서 전 인구의 1/6이 폐경기 이후 여성임을 감안할 때 이 시기가 나타나는 갱년기 또는 폐경기 증상에 대한 문제가 개인적으로나 사회적으로 중요 관심사로 대두되기 시작했다.

폐경기는 여성에게 정신적으로나 신체적으로 많은 변화가 발생하는 시기이다. 이 시기에 경험하는 폐경증상은 단기적 · 장기적으로 폐경기 여성의 삶의 질에 영향을 줄 수 있다고 알려져 있다.

폐경의 직접적인 원인으로는 난소기능의 중지를 들 수 있으며, 그로 인해 난소에서 분비되는 여성호르몬인 난포호르몬(에스트로겐)과 황체호르몬(프로게스테론)에 의한 자궁, 질 및 유방의 기능에 중요한 영향을 미치게 된다.

폐경기의 증상으로는 초기엔 월경의 주기가 짧아지고 불규칙적인 출혈을 동반하는 경우가 많고 에스트로겐 분비의 감소는 모세혈관에 영향을 미쳐 불규칙한 혈관확장을 초래하여 안면홍조, 식은땀 등의 증상이 나타나며, 질과 요로계에도 영향을 미쳐 점막이 얇아지고 건조해지며 그 탄력성을 잃고 위축이 오게 되어 성교통이나 긴장성 요실금 또는 요도염이나 방광염을 가져올 수도 있다(가톨릭의대, 김장흡).

또한 여성호르몬 변화와 자연적 노화에 의해서 우울, 집중력 저하, 고독, 불안, 초조, 긴장, 피로 및 권태감, 두통, 불면증, 공격성 등을 보일 수 있는데, 이런 다양한 정신적인 증상은 폐경기의 직접적인 변화 이외에도 여러 신체 변화에 따른 실망감 및 상실감 등 신체 증상에 의해 이차적으로 발생하는 부분도 많다고 할 수 있다(고려대의대, 백세현). 그리고 후기에 나타나는 증상으로는 골다공증이나 심장 질환 등이 초래될 수도 있다.

폐경기 증상의 치료는 일반적으로 여성호르몬 대체 요법(HRT)을 많이 쓰고 있으나 최근 미국 국립보건연구원(NIH)의 보고에 의하면 여성호르몬이 고갈된 폐경 여성에게 이를 약물로 대체하는 호르몬 요법을 5년이상 했을 경우 유방암 발생 위험이 증가한다는 보고가 있었다. 현대 호르몬 대체 요법 이외에는 이렇다할 치료법을 사용하고 있는 것은 아니나 호르몬 대체요법의 유익성과 위험성을 잘 평가하여 치료하여야하며 여성호르몬 대체요법을 받으면 안 되는 경우로는 유방암 병력이 있거나 가족 중 유방암 환자가 있는 경우, 유방에 정확하게 진단되지 않은 멍울이 있는 경우, 난소에 악성 종양이 있거나 자궁내막승이 있는 경우, 남석증 환자, 유전적으로 중성지방 수치가 높은 사람이 그러하다.

호르몬 대체요법 이외에 권장되는 일반적인 치료는 폐경기에 건강한 정신과 신체를 유지하는데 균형있는 식사와 적절한 운동이다.

폐경기 환자를 위한 선무치유요법은 다른 치료와 함께 동반하여 긍적적인 명상과 동작으로 폐경기 환자의 심신의 건강을 찾도록 도와주는 보조요법이다.

유산소운동을 하다 보면 열이 머리 부분으로 올라와 얼굴이 빨개지고 숨이 가빠온다. 그때 숨을 내쉬며 손끝에 기를 모아 천천히 움직이거나 발동작을 움직여 준다. 그리고 단전 하복부를 수축하여 이완을 시켜주는 운동을 하면 머리 위로 올라간 기가 밑으로 내려가게 된다. 단전에 기를 천천히 모으고 온몸으로 퍼진다는 생각으로 수식관을 하다보면 괴롭다거나 삶의 회의 같은 생각을 자연스럽게 잊어버리게 되는 것이다. 그러면서 기분이 밝아진 상태에서 즐거운 음악에 맞추어 유산소 운동을 하도록 한다. 그리고 걷는 명상을 하며 유산소 운동을 정리해 준다. 그런 다음 수인법 명상을 통해 마음의 안정을 되찾아준다.

폐경기에는 삶에 의욕이 없어지고 만사가 귀찮아질 수도 있다. 이때 적당한 호르몬 치료와 떨어지는 에너지를 선무를 통해서 재활시켜 몸과 마음을 편안하게 해주며 50세 이후의 인생을 새롭게 살 수 있도록 도와준다. 또한 굳어진 관절에도 유연성를 생기게 하여 폐경기 증상으로 나타나는 골다공증에 도움을 줄 수 있다.

선무기법 요소에서 마음의 안정이 필요한 이유와 '이뭐꼬'의 의미

사람들이 어떤 한 동작을 한다고 해도 사람의 안이비설신의(眼耳鼻舌身意)는 정지하지 않는다. 그렇게 시도 때도 없이 움직이는 의식과 생각을 끊어주는 것은 무척 힘든 일이다.

저자가 미국에서 사람들에게 참선을 가르칠 때 사람들은 이런 말을 했다.

"내가 어떻게 생각을 끊을 수 있느냐?(How can I stop thingking?)"

그들에게 '이뭐꼬'를 설명해 주며 참선을 하도록 이야기해 주었다. 선무에서는 '이뭐꼬'라는 화두가 아주 중요하다. 일반적으로 인간은 모든 형상을 따지며 답을 찾으려 한다. 답을 찾고 계속 생각을 하다보면 그 생각이 또 생각의 꼬리를 물고 일어난다. 이렇게 명상은 첫 번째 생각이 일어나고, 두 번째 생각이 꼬리를 물고 가기 전 그 이전의 자리로 가는 것이다. 그것이 '이뭐꼬'다. 자신을 끌고다니고, 웃고, 쳐다보고, 고개를 끄덕거리는 주인공이다. 그것은 만지려고 해도 만질 수 없고, 보려고 해도 볼 수 없고, 알려고 해도 알 수 없다. "그게 무엇인가?"라고 답이 꽉 막힌 그 상태, 그것이 바로 생각이 끊어진 상태이고 생각 이전의 상태다. '이뭐꼬'라는 화두는 생각을 끊어주는 직접적인 방법이다.

도인은 도가 필요 없다. 이미 도인이기 때문이다. 도를 깨치고 진리를 다 깨달은 사람에게는 진리는 하나의 방편에 불과하다. 그런 것처럼 생각이 끊어지지 않는 사람에게 '이뭐꼬'는 자신을 들여다보는 방편이다.

예전에는 수식관이나 관법만 해도 모든 생각을 끊고 참선을 할 수 있었지만 사회가 다양해지며 사람의 생각이 많아지고 복잡해지면서 참선의 방법도 다양해졌다. '이뭐꼬'라는 화두는 생각을 차단해 주는 좋은 방편이다.

'이뭐꼬'라는 화두를 소리를 내며 선무를 하면 우리 몸의 하단전, 중단전, 상단전의 기를 활성화 시켜주고 노폐물을 몸밖으로 배출을 시켜 주는 효과가 있다.

일반 사람들이 무작정 앉아서 '이뭐꼬'라는 화두를 드는 것은 망상화두가 될 우려가 있다. 선무에서 '이뭐꼬'는 단전에서부터 몸으로 소리를 느끼고, 생각을 차단하는 것이다. 이런 세 가지의 동작을 함께하며 점차적으로 무드라 명상과 좌선을 한다면 선무의 심신 정화는 스스로 이루어지는 것이다.

2. 선무치유요법-Zendance Therapy란 무엇인가?

선무치유요법- Zendance Therapy는 단전호흡, 기공, 요가, 무용, 참선의 요소를 다 포함하고 있어서 '마음 다스리기'까지 저절로 이루어지게 하는 갱년기 또는 폐경기여성을 위한 심신 정화의 새로운 특수 '춤동작을 통한 명상법'이다.

선무기법의 요소는

① 호흡조절 : 단전호흡을 통한 기 전달

② 동작 : 단전 부위에서 기를 온 몸으로 보낸다.

③ 마음의 안정 : 이뭐꼬(화두)로 잡다한 망상과 희로애락의 감정을 평정시킨다.

④ 음양의 조화로 무드라(수인법)를 사용한 즉흥무

선무는 어려운 동작이 아닌 선무기법에 따라 내면의 의식흐름을 저절로 다양한 형태의 동작으로 순수하고 즐거운 마음이 표현되어지도록 이선옥 박사(선무 창시자)가 개발한 치유무용이다.

3. 폐경기 여성을 위한 치유선무의 중요성과 효과

① 얼굴이 달아오르고 가슴이 두근거리며 땀이 많이 나는 안면홍조 증상은 기운이 위쪽으로 올라와 있음을 반증하는 것이다. 따라서 기를 선무 단전호흡을 통해 단전으로 끌어 내려줌으로써 상기된 열을 하복부와 전신으로 돌려줄 수 있다.

② 폐경 이후 호르몬 분비가 안 되어 외음부가 건조하여 성관계시 불유쾌한 감각 또는 통증을 유발

한다. 이로 인한 성욕감퇴 현상에는 호르몬 대체요법(의사와 의논후)을 쓸 수 있다. 또한 선무치유요법 중 골반운동 단회항(단전, 회음부, 항문)의 수축과 이완을 반복함을 통하여 괄약근을 강화시킨다.

③ 두통 · 기억력 감소 · 신경과민 · 잦은 기분의 변화 · 피로 · 초조감으로 생각이 많아지면서 "나의 인생은 무엇인가!"의 회의감에서 오는 우울증은 폐경기 때 가장 먼저 오는 증상이다. 이를 치유선무- Zendance Therapy의 〈명상요법〉과 〈수인법-무드라〉를 통해 잡다한 생각과 번민을 끊어주는 작업이 필요하다. 기의 흐름을 따라서 마음이 100% 동작이 움직이는 그 과정을 집중하여, 마음과 기가 하나가 되는 동작을 함으로써 마음을 안정시키고 가라앉힐 수 있다.

④ 폐경이 되면 여성호르몬이 부족해짐에 따라 심혈관계질환의 빈도가 낮은데, 이는 여성호르몬이 혈중내 지질(콜레스테롤)을 떨어뜨리는 역할을 하여 이들 질환으로부터 보호하는 작용이 있기 때문이다. 또한 여성호르몬이 부족함에 따라 뼈에 있는 칼슘이 소변으로 배출됨으로써 여성들은 폐경 직후부터 약 10년에 걸쳐 급속하게 골다공증이 진행하게 된다. 결국 젊은 나이에 가졌던 골량의 약 50% 정도만이 남게 되는 것이다. 이는 여성호르몬 대체요법으로 예방이 가능하여 일부는 치료가 될 수 있다. 대체요법 중의 일환으로 선무치유요법으로 적당한 대퇴부근육과 골절(무릎, 손목, 발목) 등을 강화시키는 특수동작을 통해 원활한 기의 흐름으로 혈액순환을 강화시킴으로써 이러한 증상을 예방하고 완화시켜 줄 수 있다.

4. 폐경기 여성을 위한 치유선무—인터뷰

백남선 박사

남녀 모두 남성호르몬과 여성호르몬을 함께 가지고 있는데, 남성호르몬이 많으면 남자, 여성호르몬이 많으면 여자이다. 여성이 여성다운 것은 이 호르몬의 작용이다. 즉 여성호르몬이 여자를 만들고 여성스럽게 만드는 것인데, 여성호르몬이 격감하면 여성이 여성스러움을 상실하는 것이다. 여성호르몬이 있을 때 경도가 생기는 것인데, 여성 호르몬이 떨어지면서 월경이 없어지는 것이고, 그래서 경도가 끊어진다고 해서 폐경기라 한다.

폐경기에는 여성호르몬이 격감하면서 여러 가지 변화가 생기는데, 신체적으로는 이 연령 때에 몸의 조직과 관절이 뻣뻣하게 굳어지는 현상인 퇴행성 변화가 나타난다. 이런 까닭에 뼈에서 칼슘이 빠져나가 골다공증이 쉽게 생기기도 하고, 체중이 늘어나기도 하는 것이다.

폐경기는 심리적으로는 '인생의 가을'이라고 비유된다. 가을은 쓸쓸하고 우울함을 많이 느끼는 계절이다. 그래서 '빈 둥우리 증후군'이 생기는 연령이다. 어미 새가 알을 까서 새끼를 낳고 먹이를 물어다 먹이며 키우다가 새끼들이 커서 다 날아가 버리면 빈 둥우리에 혼자서 어미가 앉아 있는 이러한 모습이 폐경기의 엄마의 모습이다. 이럴 때 허전함과 함께 '남편은 바쁘다고 집에 잘 있지 않고, 애들은 컸다고 나가 버리고, 내 역할이 뭔가?' 하며 몸도 약해지고 혼자 앉아서 심리적으로 우울함을 느끼기도 하는 때이다.

이러한 것을 선무를 통해서 골다공증을 예방, 굳어지는 관절을 다시 유연하게 해 주고, 비만도 역시 운동을 통해 조절할 수 있다.

참선을 통해 마음을 다스리고 정서를 다스리면 빈 둥우리 증후군에도 도움을 준다.

또 노쇠화 현상으로 균형 감각이 떨어지는 연령인 만큼 선무 동작을 통해서 균형감각을 활성화시킬 수 있다. 그리하여 늘어난 근육을 팽팽하게 해 주고, 여성스러움의 퇴화를 둔화시키고 심리적인 안정감으로 노쇠화되는 과정을 지연시킬 수 있다. 정신의 상태를 건강한 상태로 만들어 줌으로써 성욕 감퇴도 지연시킬 수 있다.

심인성 질환을 위한 선무치유요법

심인성 질환이라는 것은 단어 자체가 '모든 것은 마음먹기에 달려 있다'라는 말이 있듯이, 생각을 하고 마음을 어떻게 먹느냐에 따라서 그것 때문에 병을 얻는 것, 마음이 원인이 된 병을 심인성 질환이라고 한다.

'말이 씨가 된다'라는 말도 생각과 마음 상태가 그러하면 그렇게 된다는 뜻이다. 또한 가짜 약을 먹고도 효과가 있다고 말하는 것도 마찬가지이다. 그것을 위약 효과, 플라세보 효과[1]라고 한다. 왜냐하면 이것은 '이 약을 먹으면 반드시 내가 나을 것이다'라고 생각하고 믿고 확신을 가지면 실제로 낫는 사람이 있는 것이다. 이와 같이 마음이 안 좋으면 병으로 이어지기 때문에 사실 우리 건강은 마음과 깊은 관련이 있고 마음먹기에 달려 있는 것이다.

긍정적으로 생각하는 사람은 몸이 긍정적으로 변하고, 부정적으로 생각하는 사람은 몸이 부정적으로 변하는데, 그렇게 마음의 상태 때문에 병으로 이어지는 것을 심인성 질환이라고 하고, 그래서 스트레스라 하면 그 스트레스 때문에 다 병이 오는 것이다. 이런 사람에게는 마음의 갈등과 스트레스를 없애 주어야 하는데, 그것이 바로 정신집중 현상을 통해 갈등을 없애고 마음을 비우는 것을 선무에서 제공해 준다는 뜻이다.

서양 문화는 좋은 문화, 좋은 지식을 자꾸 집어넣으려는 문화이고 좋은 영양분을 골라 먹이는 문화이다. 그에 반해 동양 문화는 우리 몸에서 나쁜 것을 빼내려 하는 문화이다.

호흡도 흡기(들이마시는 것)보다 내뱉는 호흡을 더 강조하고 장도 장구세척이니 배설하는 것에 강조를 두는 것처럼, 머릿속에도 좋은 것을 집어넣으려는 것이 아니라 머리를 비우고 빼버리려고 하고 모든 것의 갈등 소지가 되는 정신이나 마음을 다 비우라는 것이 동양적 사고방식인데 선무가 바로 그런 것을 도와주는 것이다. 마음을 다 비우고 몸에서 건강에 해로운 생각

---

1) 플라세보라고 하는 독도 약도 아닌, 약리학적으로 비활성인 약품(젖당, 녹말, 우유, 증류수, 생리적 식염수 등)을 약으로 속여 환자에게 주어 유익한 작용을 나타낸 경우에 플라세보 효과가 나타났다고 한다. 현재 비교 연구에 의하여 의약품의 치료 효과를 평가하기 위하여 사용된다.

플라세보의 어원은 '만족시키는'이라든가, '즐겁게 한다'는 뜻을 가진 라틴어이다. 서양에서는 이 방면의 연구가 활발하며, 플라세보의 유효율은 약 30%라고 한다. 과학적인 플라세보 효과 판정법에는 이중맹검법(二重盲檢法)이 있는데, 이것은 투여하는 의사 쪽에도 플라세보인 것을 알리지 않고 결과를 조사하는 방법으로, 서양에서는 상식화된 검사이다. 예를 들면, 환자 또는 건강인을 두 무리로 나누어, 한 무리에 시험하는 약품, 다른 무리에 플라세보를 주어 그 감응 결과를 비교하는 것이다.

을 다 관장하듯이 빼어버리는 것이 바로 선무에서 강조하는 마음 안정과 정신집중과 무아지경을 유도하여 심인성 질환에 이런 춤명상 동작들이 도움을 주는 것이다.

또한 선무치유요법을 통해 나이가 들면서 굳어져 가는 근육을 활발히 스트레칭해 주면 몸 안에 있는 모든 혈액순환에 도움을 줄 뿐만 아니라 근육도 단련이 되고, 특히 여성의 비뇨생식기 계통의 근육들을 단련시키고 탄력성 있게 함으로써 요실금을 예방하고 성생활을 더 원활히 할 수 있게 도움을 준다.

춤명상이나 호흡을 통해 큰 폐활량과 복부 안에 있는 내장을 통하는 혈액순환을 활발히 함으로써 장운동을 활발히 하여 변비를 예방하고 장내에 있는 영양수치를 보다 활발히 강도 높게 하고 산소 공급이나 혈액순환을 좋게 하여 흡수된 영양분이 우리 몸에 골고루 퍼지면서 우리의 기를 높이고 면역체제를 더욱 높여서 건강과 노화를 방지하고 정신적으로는 뇌세포에 좋은 영양과 산소를 공급함으로써 긍정적인 생각(즐거움, 남을 배려하는 생각, 사랑과 자비와 같은 생각)을 하게 하는 뇌전달 물체인 세라토닌의 레벨을 높여 준다.

병은 마음에서 오기 때문에 고대 희랍시대부터 내려온 '건강한 육체에 건강한 정신이 든다'는 말처럼, 건강한 정신을 가지면 많은 병들을 물리칠 수 있다. 이러한 마음이나 감정을 치료하는 데 가장 중요한 것은 무엇보다 명상을 통해서 의식을 높이는 것이다.

선무요법은 우리의 육체를 풀어 주고 스트레칭 시켜 줌으로써 정신과 마음의 조화를 일으키게 할 뿐만 아니라, 마음속을 직접 울리게 하는 아름다운 영적인 소리로 우리 안의 잠재된 의식을 일깨워 줌으로써 우리의 육체와 자신의 마음을 들여다 볼 수 있는 투명한 예지를 갖게 하여 부정적인 것으로부터 긍정적인 방향으로 자신의 몸과 마음을 이끌게 한다.

폐경기 여성을 위한 선무 프로그램

자신이 할 수 있는 것만큼만 움직이도록 하고, 동작 시범을 통해 시정토록 하며, 상대편이 보고, 듣고, 이해하도록 유도한다. 동작을 설명할 때 '천천히, 살살, 조심스럽게 하세요'란 말을 통해 다치지 않도록 하고, 무리가 되지 않도록 한다.

▶ 앉아서 하는 동작 ①

두 다리를 쭉 펴서, 양발을 잡고 '이'소리를 내면서 새끼발가락을 안쪽으로 눌러준다. ('뭐'와 '꼬'소리를 내면서 반복한다)

우리의 체중을 지탱해 주는 발을 풀어주는 효과가 있다.

▶ 앉아서 하는 동작 ②

왼다리를 위로, 오른 다리를 아래로 교차하여 양발을 잡고 '이'소리와 동시에 단회항을 수축하여 새끼발가락을 안쪽으로 눌러준다. 이때 등이 둥글어지면서 당기는 걸 느끼면서 '뭐'와 '꼬'소리를 내며 반복한다.
(반대쪽 반복한다)

다리를 X자로 꼼으로써 종아리, 어깨, 척추, 복근 근육이 더욱 당겨지는 동작이다.

▶ 앉아서 하는 동작 ③

1 '이'소리와 동시에 아래로(허벅지에서 발목) 문질러 발등을 눌러준다.

2 발목을 바깥으로 돌리면서 상체를 펴주고 손을 위로(발목에서 허벅지) 문지르면서 발목을 돌려 위로 꺾는다. ('뭐'와 '꼬'소리를 내면서 반복한다)

'이뭐꼬'를 하는 이유는 소리와 동작과 호흡이 하나가 되어 생각을 끊어주기 위함이다.

▶ 앉아서 하는 동작 ④

1 '이'소리와 동시에 오른 발목을 발끝이 위로 가도록 꺾는다. 동시에 왼발 등을 눌러서 밀어준다.

2 반대로 반복한다. ('뭐'와 '꼬'소리를 내면서 반복한다)

넙적다리 밑의 근육과 족삼리 근육이 번갈아 당겨진다.

▶ 앉아서 하는 동작 ⑤

발목, 무릎, 대퇴부의 모든 다리 부위에 운동이 되어 골다공증 예방에 좋은 동작이다.

1~2 '이'소리와 동시에 발목, 무릎, 대퇴부를 동시에 같은 방향으로 돌린다.
('뭐'와 '꼬'소리를 내면서 반복한다)

▶ 앉아서 하는 동작 ⑥

1 왼다리는 펴고, 오른 다리는 위로 접어 올린 후, 발가락 하나하나 주무르고 발바닥 전체를 문질러준다.

2 주먹으로 발바닥을 친다.

3 발가락 전체를 잡고 천천히 크게 돌린다.
(다른 발도 반복한다)

▶ 앉아서 하는 동작 ⑦

1 왼다리는 펴고 오른 다리는 접어 올린 후, 오른손으로 왼발을 잡고, 왼손으로 오른발을 잡고 '이'소리와 동시에 발가락을 몸쪽으로 당기면서 눌러주고, 몸은 왼쪽으로 틀어준다.

2 '뭐'와 '꼬'소리를 내면서 반대로 반복한다.

신경이 모든 근육에 연결되어 있으므로, 오른발을 잡아당기면 반대쪽 좌골신경이 당긴다. 당기는 부위를 느끼면서 자신이 할 수 있는 만큼만 하도록 한다.

▶ 앉아서 하는 동작 ⑧

1 왼다리를 접고 그 위에 오른 다리를 펴고 들어서 왼손으로 오른발을 잡고 오른손으로 왼발을 잡고 '이'소리와 동시에 단회항을 수축하여 새끼발가락을 안으로 누르며 몸을 틀어준다.

2 '뭐'와 '꼬'소리를 내면서 반대로 반복한다.

무릎을 펴서 드는 게 처음엔 잘 안 될 수 있다. 잘 안 될 경우에는 무릎을 구부려 들고 하도록 한다.

▶ 앉아서 하는 동작 ⑨

1 다리를 적당히 벌리고 두 팔을 옆으로 벌려 손목을 위로 꺾고 '이'소리와 동시에 단회항을 수축하면서 무릎을 구부리고 발끝을 위로 세운다.

2 단회항을 이완하면서 손목을 아래로 꺾고 무릎과 발목, 발등을 눌러준다.('뭐'와 '꼬'소리를 내면서 반복한다)

이 운동은 단회항을 수축하며 손목과 발목을 다 꺾어줄 때, 등·어깨·척추 모두가 당기고, 이완하면서 이를 다 풀어주도록 한다.

▶ 앉아서 하는 동작 ⑩

1 '이'소리와 동시에 오른 무릎을 구부리며 발끝을 위로 세우고 오른 손목을 위로 꺾어준다. 이때 왼쪽은 무릎을 펴고 왼 발등도 펴서 손목을 아래로 꺾어준다.

2 반대로 반복한다.('뭐'와 '꼬'소리를 내면서 반복한다)

나이 많은 사람에게 어깨 뒤와 위쪽, 평상시에 잘 쓰지 않는 부위의 운동을 시켜준다.

▶ 앉아서 하는 동작 ⑪

1~2 양손과 양발을 털어 준다.

3~4 어깨를 위로 올렸다 내렸다를 반복한다.

▶ 앉아서 하는 동작 ⑫

1 '이'소리와 동시에 단회항을 수축하고 발끝을 위로 세운 후 양손으로 잡는다.

2 단회항을 이완하며 상체를 앞으로 펴준다.
('뭐'와 '꼬'소리를 내면서 반복한다)

▶ 앉아서 하는 동작 ⑬

'이'소리와 동시에 발바닥을 서로 붙이고 앉아서 손으로 발을 잡고 상체를 앞으로 눌러준다(상체를 굽힐 수 있는 만큼만 구부린다). ('뭐'와 '꼬'소리를 내면서 반복한다)

넙적다리, 대퇴부 근육을 유연하게 해준다.

▶ 일어나는 과정

1 바닥을 손으로 짚는다.

2 발가락을 짚어 상체는 숙이고 엉덩이를 위로 든다.

3 고개를 숙여 발목-종아리를 문지른다.

4 허벅지-엉덩이 순서로 문지른다.

5 엉덩이를 집어넣고 서서히 상체를 들어준다.

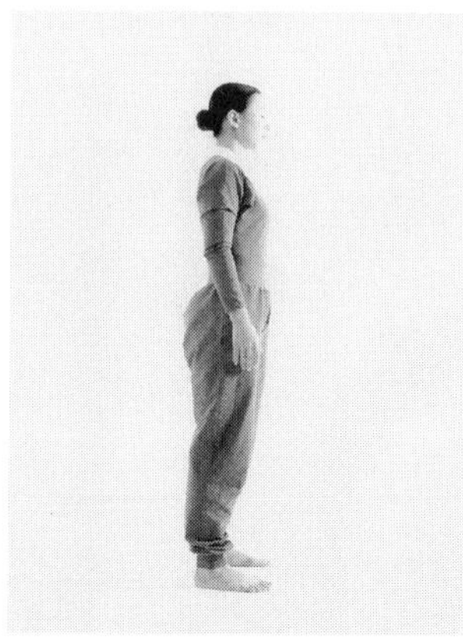

6 고개는 가장 나중에 들어준다.

▶ 서서 하는 동작 ①

1~2 '이'소리와 동시에 팔꿈치를 구부려서 어깨를 위로 올렸다 내렸다를 4번 반복한다.

3~4 발뒤꿈치를 들어 기가 항문에서 척추로 해서 정수까지 올리고, 양손을 서서히 귀 뒤에서 머리 위까지 끌어올린다.

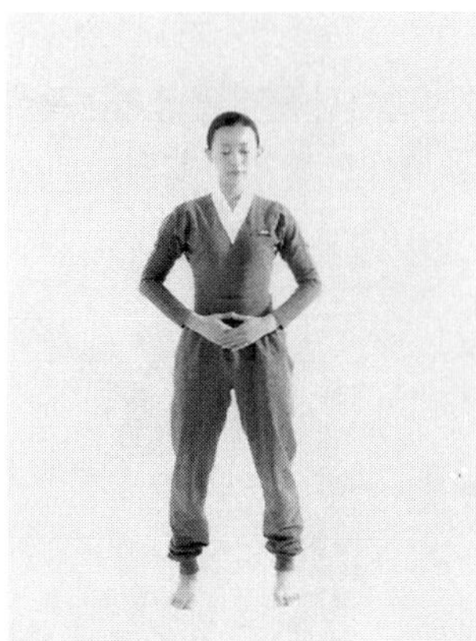

5~6 발뒤꿈치를 내려 기를 단전으로 내리면서 양손을 옆으로 내려 서서히 단전으로 가져온다.
('뭐'와 '꼬'소리를 내면서 반복한다)

▶ 서서 하는 동작 ②

1 '이'소리와 동시에 단회항을 수축하여 무릎을 구부리며 양손을 단전에서 옆으로 벌려 손목을 위로 꺾는다.

2 '뭐'소리를 내며 상체를 오른쪽으로 틀어주고 이완한다.

3 '꼬'소리를 내며 그대로 왼쪽으로 상체를 틀어주고 이완한다.

4 서서히 제자리로 돌아온다.

5 단회항을 이완한 상태에서 무릎을 펴고 양 손목을 아래로 꺾어 가슴 앞으로 가져온다.

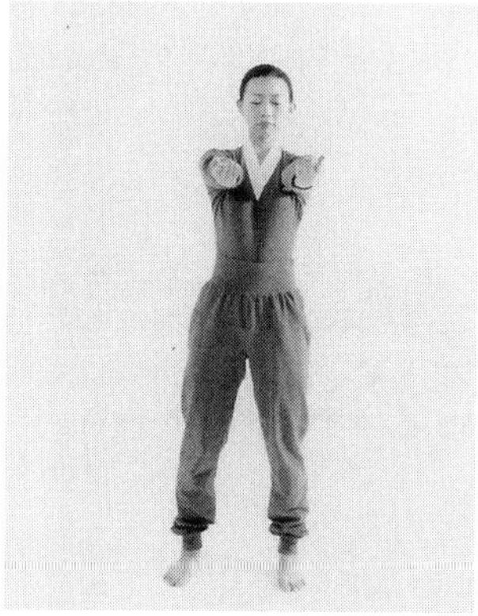

6~7 손목을 돌려 손끝까지 펴준다.

8 팔꿈치를 구부리면서 가슴 앞으로 가져온다.

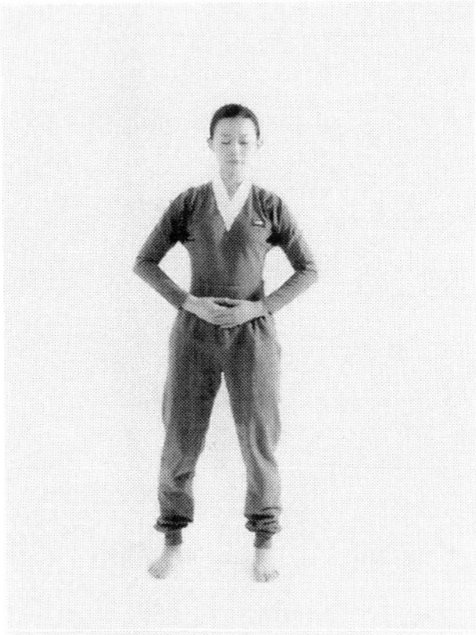

9 팔꿈치를 바깥으로 돌리면서 단전으로 가져온다.

▶ 서서 하는 동작 ③

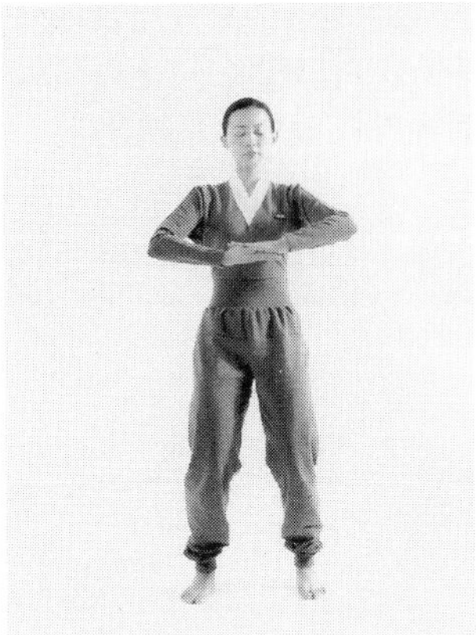

1 왼손을 위로 가도록 양 손바닥을 붙여 가슴 밑에 두고 선다.

2 '이'소리와 동시에 단회항을 수축하고 무릎을 구부려 오른손을 머리 위로 손바닥을 위로 향하게 하고, 왼손은 손바닥이 위로 가게 하여 가슴 밑에 둔다.

3 '뭐'소리와 동시에 무릎을 구부린 상태로 단회항을 이완시키면서 엉덩이를 뒤로 빼고, 두 손의 위치를 왼손이 머리 위 오른손이 가슴 밑으로 양 손바닥을 뒤집어 교차한다.(바라춤 기본 손동작은 양손바닥이 반대로 향한 상태)
('꼬'소리를 내면서 반복한다)

이 운동은 팔운동으로서, 오십견으로 인해 어깨가 아파서 잘 안 올라가는 사람에게 효과적이다.

▶ 서서 하는 선무기본동작 (49 - 58p 참조)

1 **단전호흡** – 두 발을 어깨 넓이만큼 벌리고 서서 두 손을 단전에 두고 단전에 집중하면서 무릎을 구부리며 단전, 회음부, 항문을 수축했다가 이완하면서 무릎을 서서히 펴면서 척추에서 정수리까지 곧게 세운다('이', '뭐', '꼬'소리와 동시에 반복한다).

2 **손으로 기를 보냄** – 두 발을 어깨 넓이만큼 벌리고 서서 두 손을 단전에 두고 단전에 집중하면서 무릎을 구부리며 단전, 회음부, 항문을 수축하면서 '이'소리와 동시에 오른손을 단전에서 옆으로 가져간다. 손이 나가는 과정을 집중한다. 단회항을 이완하면서 손목을 꺾어준다. 손목을 돌려서 손끝이 위를 가도록 하고 동시에 무릎을 펴면서 뒤꿈치를 들었다가 손목을 아래로 꺾으면서 뒤꿈치를 내려놓는다. 팔꿈치를 편 상태에서 가슴 앞으로 가져와서 손목을 돌려 손끝까지 펴서 기를 보낸다. 팔꿈치를 서서히 구부리며 가슴 앞으로 당겨서 팔꿈치를 바깥으로 보내며 손을 단전으로 가져온다 ('모'소리를 내면서 왼쪽, '꼬'소리를 내면서 오른쪽 반복).

3 **발로 기를 보냄** – 두 발을 어깨 넓이만큼 벌리고 서서 두 손을 단전에 두고 단전에 집중하면서 '이'소리를 내면서 무릎을 구부리며 단전, 회음부, 항문을 수축하면서 오른 다리 앞으로 쭉 편다. 서서히 다리를 내려서 뒤꿈치가 바닥에 닿으면 단전, 회음부, 항문을 이완하며 앞으로 중심을 보내면서 뒤에 있는 왼다리의 무릎은 편 상태이다. 왼다리로 중심을 이동하면서 오른 다리를 왼다리 옆으로 서서히 가지고 와서 뒤꿈치를 들고 섰다가 서서히 뒤꿈치를 내려놓는다('모'소리를 내면서 왼쪽, '꼬'소리를 내면서 오른쪽 반복).

4 **손과 발로 함께 기를 보냄** – '이'소리를 내면서 단전, 회음부, 항문을 수축하면서 위와 같은 방법으로 손과 발을 함께한다('모'소리를 내면서 왼손과 왼발, '꼬'소리를 내면서 오른손과 오른발 반복).

선무 단전호흡을 할때는 상체가 뒤로 가거나 앞으로 굽히지 않도록 그대로 수축하며 내려가는 것이다. 단전을 이완하면 기가 항문에서 척추를 타고 정수로 올라가서 다시 단전으로 오도록 관한다.

▶ 라틴음악에 맞추어 하는 경쾌한 동작 ①

1 두 다리를 어깨 넓이로 벌려 양손을 허리에 두고 두 무릎을 구부려 선다. ('이'소리와 동시에 단회항을 수축하며 골반을 앞으로 밀어준다)

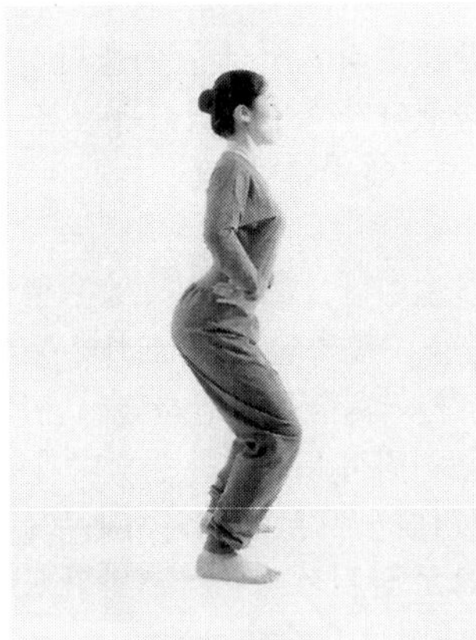

2 단회항을 이완하며 엉덩이를 뒤로 빼준다. ('뭐'와 '꼬'소리를 내면서 반복한다)

3 양 무릎을 펴고 뒤꿈치를 들어올린다.

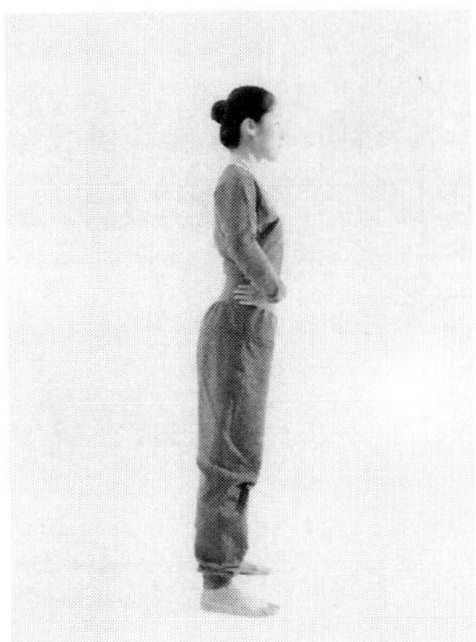

4 뒤꿈치를 내려놓는다.

골반 움직임으로 허리 근육이 강화되고, 동시에 무릎을 굽힌 상태로 단전을 수축과 이완으로, 골반을 앞뒤로 움직여 줌으로써 발목, 무릎, 대퇴부의 모든 근육, 골절을 강화시켜준다. 이 운동을 할 때 허리는 그대로 두고 골반만 움직여야 한다.

▶ 라틴음악에 맞추어 하는 경쾌한 동작 ②

1~4 두 다리를 어깨 넓이로 벌려 양손을 허리에 두고 두 무릎을 구부려 선다.
'이'소리를 내면서 골반을 오른쪽 옆-뒤-왼쪽 옆-앞의 순서로 돌려준다.

5 제자리에서 양 무릎을 펴고 뒤꿈치를 들어올린다.

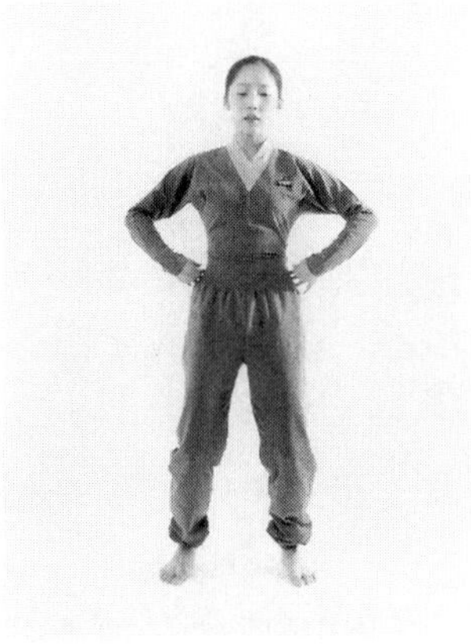

6 뒤꿈치를 내린다.

▶ 라틴음악에 맞추어 하는 경쾌한 동작 ③

이 운동은 오십견이 와서 아플 때, 노인들을 위한 유연성 강화 동작이다. 모든 근육이 균형 있게 잡아당겨지고 팔꿈치, 팔목, 대퇴부, 어깨, 무릎, 발목 등 온몸이 당기는 전신운동이다. 평상시 운동 부족을 이러한 전신운동을 통해 모든 근육을 다림질하듯 잡아당김으로써 균형 있게 해 준다.

1 '이'소리와 동시에 단회항을 수축하여, 뒤꿈치를 들고 양손을 옆으로 벌린 상태에서 양 손목을 아래로 꺾으며 두 발 뒤꿈치를 들고 무릎을 구부려 골반을 밀어준다.

2 단회항을 이완하며 양 손목을 위로 꺾으며 두 발 뒤꿈치를 내리며 무릎을 편다. ('뭐'와 '꼬'소리를 내면서 반복한다)

▶ 라틴음악에 맞추어 하는 경쾌한 동작 ④

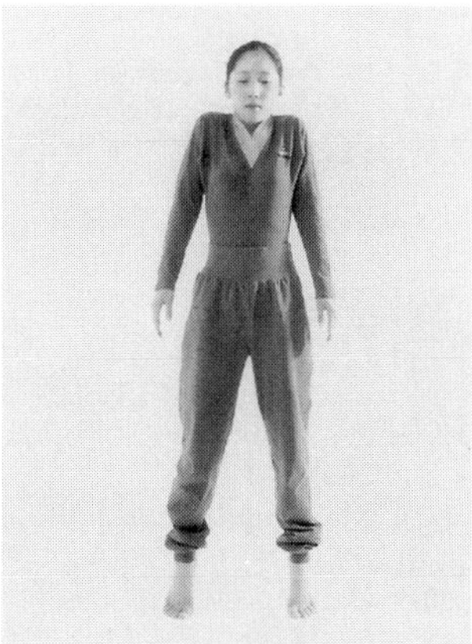

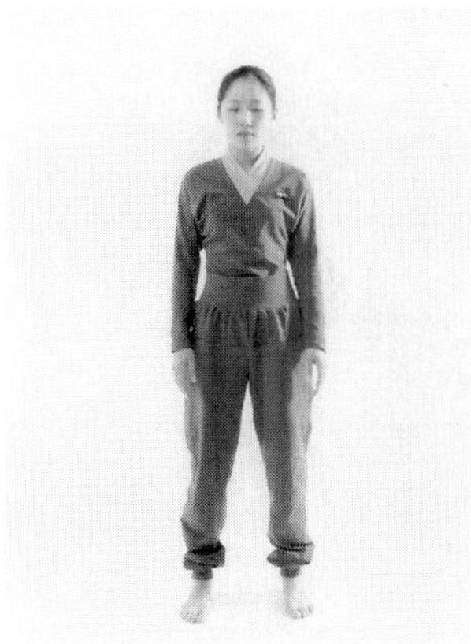

1 뒤꿈치를 들으며 양쪽 어깨를 들어준다.

2 뒤꿈치를 내리며 어깨를 내려놓는다.

3~4 양팔을 옆으로 벌려서 손목을 위로 꺾었다 아래로 꺾었다를 하면서 동시에 양발 뒤꿈치를 들었다 내려놓는 것을 반복한다.
('이', '뭐', 꼬'소리를 내면서 반복한다)

이 운동은 온몸이 자극되면서 특히 항문과 골까지 울린다. 특히 발뒤꿈치를 자극시켜 전립선 환자, 노인 치매환자에게 좋은 동작이다.

▶ 라틴음악에 맞추어 하는 경쾌한 동작 ⑤

1 '이'소리와 동시에 양팔을 벌린 상태에서 왼다리는 구부리고 오른 다리는 발끝을 세워 뒤꿈치를 앞으로 딛고 양팔을 오른팔이 아래로 향하게 사선으로 하여 손목을 안쪽으로 3번 돌린다.

2 손목을 위로 꺾어 손바닥을 밀어준다. 이때 구부린 다리 왼쪽으로 골반을 밀어준다.

3 서서히 가운데로 중심을 옮겨서 양 무릎을 구부린다.

이 운동은 옆구리 운동이다. 손목을 돌리면서 몸을 비틀어주면 효과가 있다.

4~5 '뭐'와 '꼬'소리를 내면서 반대쪽을 반복한다.

▶ 라틴음악에 맞추어 하는 경쾌한 동작 ⑥

1 '이'소리와 동시에 단회항을 수축하고 양팔을 벌린 상태에서 손목을 돌리면서 양 무릎을 구부려 오른발을 뒤꿈치를 들어 왼다리 앞에 내딛는다. 4걸음 나아간다.

2 정지 상태로 양 손바닥을 양옆으로 쭉 밀어준다. ('뭐'와 '꼬'소리를 내면서 반대로 반복한다)

이 운동은 척추에서 양팔로 양다리로 잡아당겨 근육을 X자로 꼬아주고 비틀어 줌으로써 오십견이 와서 아픈 근육을 스트레칭시켜 주고, 특히 회음부의 근육을 더욱 수축하여 조여주는 성기능 강화 보조동작이다. 쉬우면서도 근육을 꼬아서 비틀어 주기 때문에 다른 단면적인 운동보다 몇 배의 근육강화를 시켜 준다.

▶ 걷는 명상

이러한 걷는 과정으로 상기되었던 기를 단전으로 모으면서 흥분되었던 감정을 가라앉히고 천천히 걷는다. 걸을 때 주의할 점은 가슴을 너무 뒤로 재치지 말고, 허리를 뒤로 너무 빼지 말고, 엉덩이를 안으로 살짝 끌어 잡아당긴 상태에서 턱을 내리고 눈은 뜨되 단전 밑에다 두고 손은 엄지 손이 서로 마주 닿게 포개서 단전에 둔다.

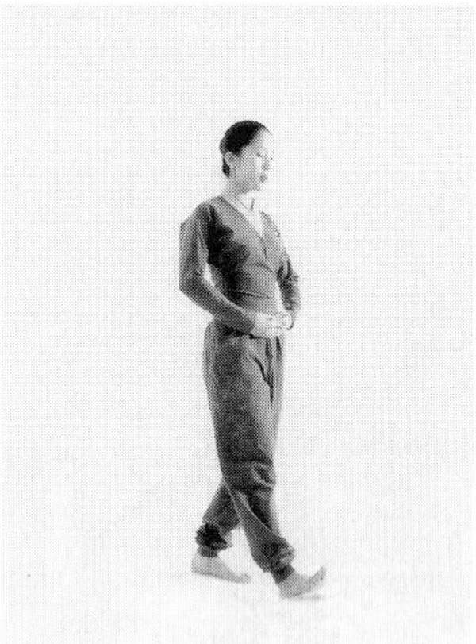

1 '이'소리와 동시에 단회항을 수축하여 오른발을 들었다가 발목을 위로 꺾어 뒤꿈치부터 내딛는다.

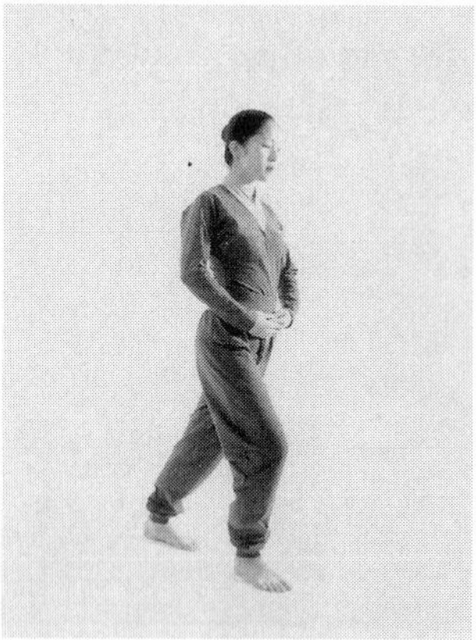

2 단회항을 이완하며 몸의 중심을 앞으로 옮긴다. 다시 왼발을 앞으로 들어 '뭐'소리를 내면서 이와 같이 반복한다.

발의 보폭을 넓게 하면 중심이 흔들릴 수 있으므로 보폭을 작게 하도록 한다.

- 단전에 정신과 기를 모아 자연스럽게 걷는 과정을 관한다.

평상시 걸음걸이와 같이 천천히 걷는다. 손은 단전에 두고, 발뒤꿈치에서 발가락으로 기가 흘러가는 과정을 관한다.

▶ 수인법: 무드라 명상

모든 우주의 생성은 음양의 조화로 이루어졌다. 수인법은 열 손가락으로 우주와 내가 하나가 되는 것을 표현한 것이다. 이런 수인법은 손끝으로 우주의 기운을 받아, 내 자신과 우주가 하나가 되는 것을 상징한다.

수인법과 선무의 기법이 합쳐져 그러한 기운으로 몸과 마음이 정화되는 효과를 보는 것이다. 힌두교의 시바신을 상징하는 인도의 무용가들은 무드라로 성신들의 이야기를 손으로 표현한다. 우리나라에 불교의 일부인 우도밀교는 인도의 시바신과 같은 신을 성신, 비사문천, 광목천, 증장천, 지국천, 화천, 지천, 월천, 풍천, 제석천 등의 신으로 나타내며, 그 신들은 그들 나름대로의 원력이 있을 것이고 성신의 상징이 있다. 이렇게 불교를 외호하는 신들로 변형하여 신들의 원력과 기를 손의 동작으로 만든 것이 수인법이다. 이런 수인법은 티벳의 승려들이 제를 올리는 의식무용으로 행해지며 신들의 가호를 비는 제식이다.

즉, 성신의 성령인 기운이 손동작을 취하면서 나와 하나가 되는 것이다. 내가 성신이 될 수 있고 성신이 나로 변형되는 에너지를 교류하는 역할을 해 주는 것이 수인이기 때문에 선무에서의 무드라 명상은 심신정화와 안정을 위한 중요한 요소라고 할 수 있다.

① 앉아서 하는 동작 (62~64쪽 사진 참조)

1 두 손을 상품 상생의 수인법으로 단전에 둔다.
2 어깨 양옆으로 벌려 손가락이 위를 가도록 손목을 꺾어준다.
3 서서히 두 손바닥이 서로 마주보게 상품 중생의 수인법으로 하여 가슴 앞에 둔다.
4 오른 손목을 아래로 돌려 왼손 손목과 붙여 상품 하생의 수인법을 한다.
5 가슴 앞에서 오른쪽으로 서서히 움직인다.
6 다시 손을 가슴 앞으로 가져온다.
7 가슴 앞에서 왼쪽으로 서서히 움직인다.
8 다시 가슴 앞으로 온다.
9 오른손목을 손끝이 위로 가게 돌려 두 손바닥이 서로 마주보게 하여 상품 중생의 수인법으로 한다.
10 손목을 돌리며 서서히 상품 상생의 수인법으로 단전으로 가져온다.
(이를 '중품 상생 · 중품 중생 · 중품 하생', '하품 상생 · 하품 중생 · 하품 하생'을 반복한다)

② 일어나서 하는 동작 (246~247쪽 참고)

1 무릎을 어깨 넓이로 벌려서 두 손을 상품 상생으로 단전에 두고 선다.
2 단회항을 수축하여 양 무릎을 구부려서 양팔을 옆으로 벌려 손목을 위로 꺾는다.
3 단회항을 이완하면서 양 무릎을 펴고 서서히 팔꿈치를 구부리며 가슴 앞에서 두 손바닥이 서로 마주보게 상품 중생의 수인법을 한다.
4 오른 손목을 손끝이 아래로 향하게 돌려 왼 손목과 붙여 상품 하생의 수인법을 한다.
5 오른쪽 무릎을 구부리고 왼 무릎을 쭉 펴서 왼 발목을 위로 꺾어 발뒤꿈치를 내딛고 상품 하생을 한 양손은 오른쪽으로 가져간다. 이때 골반도 오른쪽으로 쭉 밀어준다.
6 다시 가슴 앞으로 가져오면서 양 무릎을 구부리고 중심은 가운데로 온다.
7 왼쪽으로 5)와 같이 반복한다.
8 다시 가운데로 가져온다.

9 서서히 양 무릎을 펴면서 뒤꿈치를 들고, 손바닥이 서로 마주보게 상품 중생의 수인법을 한다.
10 손목을 돌려 상품 상생의 수인법으로 서서히 단전으로 가져온다.
(이를 '중품 상생 · 중품 중생 · 중품 하생', '하품 상생 · 하품 중생 · 하품 하생' 또는 사명 수인법을 반복한다.)

이 운동은 오십견이 온 사람에게 팔 근육뿐 아니라 척추, 어깨쭉지 근육, 갈비대를 잡고 있는 근육 전체를 스트레칭 시켜주기 때문에 상대적으로 아픈 부위만 생각하지 않도록 해 준다.

▶ 선무 즉흥무

1 **오른손만** – "단전에서 오른손 끝이 가는 방향을 마음으로 쫓아가 주세요. 서서히 오른손을 단전과 연결해서 동작의 선이 점점점을 연결하듯이 100% 집중하여 손이 올라가는 대로 자기 몸이 쫓아가 주세요. 서서히 단전으로 가져 오세요."(모든 정신이 한쪽 손에 집중이 됨으로써 한쪽 부위를 크게 스트레칭 시켜준다)

2 **왼손만** – "단전에서 왼손 끝이 가는 대로 움직이고 싶은 대로 움직여주세요. 손에 힘을 주지 말고 물 위에 뜬 것처럼 서서히 움직이세요. 팔이 움직이는 대로 몸은 팔을 쫓아가 주세요."

3 **양손** – "단전에서 양손으로 가장 부드럽고 유연성 있고 가벼운 동작으로 서서히 움직여 주세요. 아주 부드럽고, 유연하게 마치 물 위에 뜨는 것처럼, 공중에서 아무런 장애 없이 날아가는 느낌으로 움직여 주세요. 단전과 연결해서 자기 손이 움직여지는 대로 마음 대로, 점점점 100%로 단전과 연결해서 몸통은 팔이 움직여지는 대로 움직여 주세요."

4 오른손과 오른발만 – "단전에서 오른손과 오른발이 움직여지는 대로 마음이 좇아가 주세요. 가장 가볍고, 가장 부드럽고, 가장 유연한 동작으로 오른팔과 오른발이 움직여지는 대로 몸이 좇아가 주세요."

5 왼손과 왼발만 – "단전에서 왼손과 왼발이 움직이고 싶은 대로 움직여 주세요. 공중에 떠다니는 것처럼 가장 가볍고, 가장 유연하고, 가장 부드럽게 움직여 주세요."

6 양손과 양발 – "단전에서 양손과 양발이 움직여지는 대로 자기 몸이 가는 대로 중심을 옮겨가면서 서서히 움직여 주세요. 중심을 잃지 않고 가볍게 무게를 느끼지 않도록 마치 물속에서 걸어가듯이, 떠다니듯이 서서히 움직여 주세요. 양팔과 양다리가 움직여지는 대로 서서히 움직여 주세요."

3번씩 반복하여 30분 정도 실시한다. 이런 움직임을 통해 자기 마음으로 아픈 몸, 무거운 몸, 자기 안의 스트레스를 내보내어 마음을 가볍게 해 주도록 한다.

▶ 감정처리법

① 가장 싫은 감정과 스트레스 받는 것을 동작으로 표현한다.
② 싫다는 감정을 나타낸 주인공을 '이뭐꼬'로 대체시켜 마음을 가라앉힌다.
③ 누워서 마치 구름 위를 걷는 것처럼 편안한 감정을 표현한다.
④ 서서히 일어나면서 가장 좋은 감정을 표현한다.

▶ 걷는 명상 (61쪽 사진 참고)

걸을 때 주의할 점은 가슴을 너무 뒤로 제치지 말고, 배를 내밀지 말고, 엉덩이를 안으로 약간 넣은 상태에서 턱을 내리고 눈은 뜨되 단전 밑에다 두고 손은 엄지 손이 서로 마주 닿게 포개서 단전에 둔다.

①

1 '이'소리와 동시에 단회항을 수축하여 오른발을 들었다가 발목을 위로 꺾어 뒤꿈치부터 내딛는다.

2 단회항을 이완하며 몸의 중심을 앞으로 옮기며 무릎을 구부린다.

3 다시 왼발을 앞으로 들어 '뭐'소리를 내면서 이와 같이 반복한다.
('이', '뭐', '꼬'소리를 내며 반복한다.)

발의 보폭을 넓게 하면 중심이 흔들릴 수 있으므로 보폭을 작게 하도록 한다.

②
천천히 걷는 것을 관하며 걷는다. – 단전에 정신과 기를 모아 자연스럽게 걷는 과정을 관한다.
평상시 걸음걸이와 같이 걷는다. 손은 단전에 두고, 발뒤꿈치에서 발가락으로 기가 흘러가는 과정을 관한다.

▶ 앉는 명상: 좌선(62~63쪽 참조)

서서히 앉아서 두 손은 단전에 두고 단전에 집중하며 반가부좌 상태에서 명상을 한다. (척추를 곧게 펴고 앉아서 팔꿈치를 들어 약간 앞으로 당기고 어깨에 힘을 빼고 턱에 힘을 빼고 눈은 뜨되 단전에 집중하고 생각이 떠오르면 '이뭐꼬~', 내 몸을 끌고 다니는 것을 주인공이라 하는데 주인공은 알 수도 없고, 만질 수도 없고 볼 수도 없다. '이뭐꼬'는 '이것이 무엇인가'의 경상도 사투리로 꽉 막힌 상태, 생각 이전의 상태다. 아프다는 생각, 싫다는 생각, 괴롭다는 생각, 속상하다는 생각, 모든 생각을 '이뭐꼬'로 바꾸면 생각을 쉴 수 있다. 생각이 쉬면 아픔, 괴로움도 없다. 그 없는 상태를 선무를 통해 바로 자기 자신을 느끼는 것이다.)

:: 선무치유음악

1. 명상음악 :
   ① "**Water**" - HANSHAN : Tim Wilson
   ② "**The First Experience**" : by Jiang Jang
   ③ "**Rain Sound & Holy Song**" : Raphael Mostel
   ④ **Raga** : Polash Gomes
   ⑤ "**Nines**" & "**Terra Firma**" : ALCHEMY

2. 라틴음악 : Merengue

만성통증 환자를 위한 선무

모델/ 조수희 권영균 전양숙

1. 만성통증환자를 위한 선무의 중요성

국제 통증학회에서 통증에 관한 정의를 "실질적이고 잠재적인 조직손상과 관련되는, 이러한 손상을 표현하는 불쾌한 감각적이고 정서적인 경험"이라고 했다. 통증은 크게 급성통증과 만성통증으로 나눌 수가 있다. 급성통증은 갑자기 발생하며, 짧은 기간 지속되어도 쉽게 진단되고 치료되어 해결될 수 있다. 즉 통증의 끝을 예견할 수 있으며, 통증은 병소 부위나 바로 그 부위로 국소화 되고, 보호기전 혹은 위험 신호로 인지된다(McCaffery & Beebe, 1989). 만성통증은 지속되는 조직손상의 결과이며, 조직손상 없이 신경계 자체의 기전에 기인하여 나타날 수 있으며 순전히 심리적인 장애 때문에 나타날 수 있다(Melzck, 1986). Romanno 등(1989)은 6개월 이상 통증이 지속된 환자의 통증을 만성통증이라고 했다. 만성통증의 경우 통증은 병소로부터 멀리 있기도 하며, 병소보다 통증의 범위가 더 크고 복잡하다.

대부분의 통증은 신체적 정신적 자극이 혼합된 결과이며 순수한 정신적 자극만으로만 일어나는 통증은 드물고, 유발된 통증은 전신적인 신체 반응을 일으킨다(McCaffery & Beebe, 1989). 만성통증은 질병에 동반되는 증상이 아닌 새로운 독립된 질병으로 인식하여야 한다. 이러한 만성통증의 양상은 무디고 깊은 곳에서 일어나는 지속적인 통증으로 그 경계가 불분명하고, 통증이외에 정서적인 우울증과 불안 등이 동반된다. 만성통증은 스스로 지속적이며 확대 · 재생산하는 과정이며, 신체조직의 손상에 의한 증상으로 나타나는 것이 아니라 '몸을 파괴하는 질병'으로 보는 것이 합당하다(김운규, 2003).

로이져(Loeser)에 의하면 통증의 개념을 침해반응(nociception), 통증(pain), 고통(suffering), 통증행동(pain behavior)의 4단계로 요약할 수 있는데, 여기서 통증행동이란 환자가 말하는 것과 상관없이 환자가 통증으로 고생하고 있는 것을 알려주는 여러 가지 행동을 말하며 오로지 생각이 통증에 국한되어 집중이 되지 않거나 기억력이 감퇴하고 일상생활이 정상적으로 유지되지 않는 것 등도 포함된다. 또 질병에 따라 고유한 행동 양상이 나타날 수 있고 정량화 할 수 있어 환자의 치료효과를 서술할 때 평가될 수 있다(정희, "통증에 관하여", sport science, 2002, pp.99~104).

통증의 치료로는 약물치료, 신경차단법, 열치료, 냉치료, 전기치료 등의 방법 이외에도 이완요법, 최면요법 등의 정신과적인 치료, 운동요법, 맛사지 등이 있다. 만성의 경우 치료의 목적은 통증을 없애는 것이 아니라 통증을 다루는 방법, 즉 통증을 받아들이고 견디어 내는 방법을 배워 삶의 질을 회복하는 것이다.

대분의 만성통증 환자들의 경우 사용하지 않는 근육은 유연한 근육보다 더 통증을 느끼게 되고 유연성과 근력이 강화되면 통증의 정도가 줄어들게 되며 자신감이 생기게 된다.

선무요법은 유연성과 근력을 강화시켜줄 뿐만 아니라 아픈 근육을 풀어주어 통증을 완화시켜주고, 호흡과 명상으로 심신의 안정을 가져다주어 정서적인 불안을 극복하도록 돕고 삶의 질을 향상시켜줄 수 있는 보조 요법이다.

2. 만성통증을 위한 치유선무-Zendance Therapy

이영진 박사 포천중문의과대학 대체의학대학원 교수, 만성통증 IMS크리닉 소장

통증에는 급성통증(잠시 아팠다가 없어지거나, 바로 원인 파악과 처치가 가능한 증상)과 만성통증(원인을 알든 잘 모르든 몇 주 또는 몇 달 이상 지속되어 오래 끄는 증상)이 있다.

예를 들어, 급성통증의 경우 '위경련으로 아파서 소화가 안된다'면 장기가 아픈 것이고, '담낭에 담석이 생겼다'면 알아내어 수술로 떼어낼 수 있다. 이에 비해 만성통증의 경우 '목이아프다, 허리가 아프다, 무릎, 어깨 등이 아프다'면 몇 달 또는 평생 아픈 것을 얘기하는 것이다.

이러한 만성통증은 하나의 사이클이 있다.

① 근육이 뭉치면 아프다.

② 아프면 정신상태가 스트레스가 쌓이고 긴장되어 불안해진다.

③ 정신적으로 불안해지면 근육을 더 긴장시켜 뭉치게 된다.

이러한 증상이 계속 반복되는 악순환을 하게 된다. 만성통증을 없애려면, 이러한 사이클을 끊어주고 되돌려 놓아야 한다. 이는 다스려주어야 한다는 말이다.

① 근육이 뭉친 것을 풀어 주어야 하고,

② 통증 아픈 것 자체도 감소시켜 주어야 하고,

③ 정신적으로 불안하고 긴장되는것도 이완시켜야 한다.

악순환의 사이클은 어디서 끊거나 되돌려 놓는 작용을 하는지에 따라 여러 가지가 있다. 약, 주사, 물리치료, 수술법 등 치료 가능한 여러 가지 방법 중에 선무치료도 통증을 억제하는 역할을 할 수 있다.

만성통증에 대한 약은

① 근육을 이완하는 근육이완제,

② 통증을 없애주는 진통제,

③ 정신적으로 불안함을 안정시켜주는 정신안정제가 있다.

대부분 이러한 세 가지를 섞은 약이 많다.

선무 동작을 통해서 이러한 세 가지 약의 역할을 보완, 대신할 수 있다.

① 긴장된 근육을 풀어주는 동작

② 이러한 정신집중을 요하는 동작과 명상을 통해서 아픈통증이 감소되고 자세도 올바르게 되고, 마음의 상태도 엄살(예민함)을 둔화시켜 줄 수 있는 동작

③ 심신안정은 선무의 무드라 명상요법으로 정신불안, 정서불안을 안정시켜 준다.

선무의 동작과 정신적인 안정과 호흡조절은 근육을 풀어 주고, 통증을 이겨내는 힘을 키워주고, 정서적으로 불안함을 안정시켜주는 데 직접적으로 도와주는 역할을 한다. 통증을 이겨내는 힘을 키워 주어 극복하는 힘을 길러주기 때문에 치유선무의 이러한 동작들은 위와 같은 세가지를 도와주는 역할을 하여 통증을 이겨낼 수도 있는 것이다.

3. 만성통증과 선무

이영진 박사 포천중문의과대학 대체의학대학원 교수, 만성통증 IMS크리닉 소장

만성통증을 위한 선무태라피

나이가 들면서 올 수 있는 통증에는 관절통이 대표적이다. 이러한 치유선무를 함으로써 관절에 오는 통증이나, 이러한 것에 대한 혈액순환을 돕고 영양을 공급함으로써 관절통을 완화시키는데 큰 도움이 된다. 특히 선무는 치유음악과 함께 어우러져서 우리가 음악으로 하여금 육체뿐만 아니라 마음의 소리를 통해서 우리의 몸의 움직임에 집중함으로써 의식이 깨끗해지고 맑아지므로, 건강한 정신을 통한 심신건강을 이룰 수 있다.

만성통증이란 무엇인가?

통증을 일으키는 해로운 자극이 더 이상 존재하지 않는데도 계속 통증이 계속되는 것을 만성통증이라고 한다. 예를들면 교통사고로 어깨나 척추를 다쳐서 상처가 다 아물었는데도 불구하고 목이나 허리 등이 아픈 것을 말한다. 기간으로 보면 적어도 5달 이상 아픈 것이 계속되면 만성통증이라고 부른다.

만성 통증이 있으면 직업, 경제, 대인관계 등에서 장애를 가져온다. 일반적으로 만성통증 환자의 75% 정도에서 직장에서의 일이나 가정일, 레저나 취미활동, 성기능, 정신기능에서 어려움이 생기게 된다.

만성통증을 일으키는 원인은 무엇일까?

가장 흔한 것은 오랫농안 특정 부위를 무리하게 사용해서 오는 통증이다. 예를 들면 컴퓨터일을 오래하거나 화가나 피아니스트, 무용가, 근력을 사용하는 근로자의 경우에 만성적으로

목이나 어깨가 아프고 손목, 팔목, 어깨 관절, 허리 등에 통증이 오며 달리기나 걷기를 무리하게 하는 경우 무릎이나 허리에 통증이 오게 된다. 이런 경우 대부분 척추나 관절에 퇴행성 변화가 같이 존재하며 무겁고 뻐근한 통증이 생긴다. 또 나이가 들거나 오랫동안 운동을 안 하면 근육이나 관절의 유연성이 떨어지면서 통증이 오게 된다.

또 신경의 기능이 변해서 생기는 신경통증이 있다. 디스크로 신경이 눌리거나 척추관협착증, 바이루스 감염에 의한 대상포진, 척수나 말초신경이 손상되는 경우가 대표적인 보기이며, 이때는 대개 찌리릿하면서 혹은 전기가 오는 듯한 통증이 온다.

정신적인 스트레스도 만성 통증의 흔한 원인이다. 해결되지 않는 스트레스가 있거나 우울, 불안증이 있으면 소화장애나 불면증, 소변을 자주 보는 등의 증상과 함께 신체부위에 만성 통증이 같이 생기게 된다. 실제로 만성통증 환자의 50% 이상에서 우울증이 같이 존재한다.

병원에서는 만성통증을 어떻게 치료하나?

우선 통증부위 및 증상, 악화 또는 감소 시키는 요인, 이전의 통증치료와 이에 따른 결과, 등을 자세히 조사한다. 현재 약물 복용실태, 자세한 물리치료 내역 및 효과, 진단적 검사, 임상병리 검사 결과 등을 자세히 청취한다. 다음에 통증의 정도, 심리평가, X선, CT, MRI , 근전도, 적외선체열촬영 등의 검사를 한다.

치료 중 가장 흔히 시행되는 것은 물리치료인데, 냉치료나 열치료, 전기치료, 마사지 치료 등이 있다. 또 침, 레이제 치료, 근력강화나 근육펴기(스트레칭) 같은 운동치료도 흔히 시행된다. 이 외에 행동치료요법으로 환자가 자신의 근육이완을 조절할 수 있도록 하는 생체되먹임 치료, 통증을 생각하는 인식을 바꾸어주는 인지행동치료, 긴장을 완화시켜주는 심부근육이완, 심호흡, 명상, 요가, 최면, 및 자기수련, 기수련 등을 병행하기도 한다.

환자에게 직접 주는 처방 중에 가장 흔한 것은 약물치료이다. 대표적인 약물은 진통소염 작용을 하는 관절염약, 마약류, 항우울제, 항경련제, 근육이완제이다. 통증을 치료하는 시술로는 주사약물을 이용한 신경차단술, 심부신경근 자극시술 등이 있다.

만성통증의 예방과 치유를 위한 선무

심리적인 요인은 만성통증의 중요한 원인 중의 하나이며 이를 심인성 만성통증이라 한다. 이런 환자는 통증을 견디는 정도가 약하고 예민하며 다른 환자에 비해 불면증, 소화장애, 배뇨장애 같은 전신증상을 같이 가지고 있는 경우가 흔하다. 또 만성통증 환자의 반 이상이 불안증, 우울증 같은 정신질환을 앓고 있으며 이를 같이 치료하지 않으면 통증이 나아지지 않는다.

'이뭐꼬'라는 화두로 시작하여 마음을 비우는 선무의 명상법, 마음에 쌓인 감정들을 동작으로 표현하는 감정처리법, 생각을 한 곳으로 모으는 선무의 수인법은 통증에 대한 예민함을 없애주고 통증에 견디는 힘을 길러주는 효과가 있으며 실제로 복용 중인 약물을 끊거나 줄이는 효과를 낼 수 있다. 만성통증에 동반된 우울증, 불안증에 대한 주치료 혹은 보조치료 효과가 있으며, 심인성 경로를 통해 만성통증을 악화시키는 신경경로를 완화시켜 주고, 과다하게 수축되어 있는 근육들을 이완의 상태로 만들어 주므로 전신근육에 관련된 무겁고 뻐근하게 나타나는 만성통증을 감소시켜 준다. 정신건강의 증진을 통해 자신감을 심어주고 삶의 질을 향상시켜 주기도 한다.

선무의 단전하복부근력 강화동작; 앉거나 누워서, 서서 하는 선무용 동작을 통해 자연스러운 목, 척추, 골반의 스트레칭 운동, 손에 기를 모아 여러가지 동작으로 표현하는 수인법, 경쾌한 음악에 맞추어 추는 선무 동작은 모두 관절과 관절주위 인대의 유연성을 좋게 해준다. 이는 퇴행성 무릎, 엉치, 어깨관절염에 의한 통증을 예방하고 보완하는 효과가 있다. 과다하게 수축되어 있는 근육은 이완시켜 주고 근력이 감소된 곳은 증가시켜주므로 척추와 관절을 보호해 주며, 척추주위 근육에서의 신경반사를 자연스러운 동작으로 유도하여 통증을 줄여 주기도 하므로, 만성통증 환자의 머리끝에서 발끝까지의 모든 신체부위에 대한 물리치료, 운동치료, 심리치료의 복합적인 치료효과를 나타낼 수 있다.

4. 만성요통과 선무

이영진 박사 포천중문의과대학 대체의학대학원 교수, 만성통증 IMS크리닉 소장

만성요통이란 무엇인가?

만성통증 중 가장 흔한 것이 허리통증이며 직장결근 이유 중 감기 다음으로 많다. 전체 인구의 20~30%정도는 만성적인 요통에 시달리며 일생을 살면서 한 번 이상 요통을 경험하는 인구는 60~80% 정도나 된다. 인구가 언제든지 전체 인구의 요통에 시달리고 있는 상태이다. 일반적으로 요통환자의 80%에서는 2달내에 자연적으로 치유되기도 하지만 만성통증이 되면 치료 자체가 어려워지고 신체장애를 유발하여 직장에서의 문제, 가정, 사회로부터의 고립 등으로 정신적인 문제까지 초래하는 등 점점 치료가 힘들어지므로 초기에 정확히 진단 치료를 받는 것이 만성 요통을 예방하는 데 중요하다.

만성요통을 일으키는 원인은 무엇일까?

주된 증상은 허리부위의 통증이며 이외의 동반된 증상은 원인에 따라 다르다. 가장 흔한 원인은 허리에 무리가 가는 중노동, 가벼운 일을 하더라도 장시간 일정한 자세로 작업을 하거나 단순 반복 작업을 지속적으로 할 경우, 정신적으로 스트레스를 많이 받는 직업인 경우에 오는 요통이다. 이때는 주로 근육성 요통이 오며 근육의 긴장, 근육의 염좌, 근육의 구축 또는 위약 등으로 인하여 요통이 발생하고 악화하고 재발한다. 엉치관절을 구부리는 근육, 무릎관절을 구부리는 근육, 허리근육 등이 뭉치면 허리척추의 커브가 나빠지면서 요통이 온다. 그 외에

비만이나 복부 근육이 약하면 허리주변의 지지가 약해져서 요통이 생길 수 있다. 엉덩이 근육인 대둔근이나 중둔근에 이상이 오면 근육부위를 누를 때 통증이 오고 넙적다리 뒤로도 통증이 같이 온다. 옆구리 뒤쪽 부분에 있는 요추방형근에 이상이 오면 옆구리가 결리면서 요통이 오고 오금까지 당기고 아프다. 엉덩이 근육의 깊은 곳에 위치한 이상근에 병이 생기면 골반 깊숙이 통증이 오면서 넙적다리 뒤로도 같이 아프다. 대퇴 근막장근 증후군시에는 넙적다리 외측에서 시작되어 종아리 외측까지 뻗치는 통증이 있다. 허리척추에 대한 무리함이 오래되면 자연적 시간 경과에 따라서 뼈에 퇴행성의 구조적 변화도 흔한 원인이며 여기에 속하는 질병에는 추간판 탈출증, 추간판의 퇴행성 병변, 관절의 병변, 척추골 전방 전위증 등이 있다. 소위 허리 디스크라고 불리는 추간판탈출증은 30대에서 50대 사이의 젊은 나이에 주로 흔하고 무거운 물건을 들거나 몸을 뒤튼 후에 잘 생기며 척추 사이에서 충격을 완화시켜주는 추간판(디스크)이 손상을 입어 증상을 나타내며 몸을 앞으로 숙이거나 기침, 재채기 할 때 허리가 아픈 증상이 심해지고 누워서 있으면 안 아프다. 삐져나온 디스크 때문에 신경이 눌리면 다리의 감각 이상 및 근육의 근력 약화가 나타날 수 있다.

척추가 좌우상하로 움직에게 해 주는 관절에 이상이 오는 척추 후관절증후군시에는 관절연골이 손상되면서 요통이 오고 넙적다리나 무릎까지 통증이 오며 허리의 운동이 잘 안된다. 엉치뼈와 척추를 연결하는 부위인 천장관절 증후군은 나이가 들면서 관절 연골면이 변성되고 기능장애가 오며 주위 근육이 지속적으로 뭉쳐서 통증이 온다. 이때에는 허리 부위의 통증과 사타구니, 넙적다리의 뒤쪽, 발목까지 뻗치는 통증이 같이 생긴다. 연관통이 생기게 된다.

연결되어 있는 척추마디 중 한 마디가 앞쪽으로 어긋나는 것을 척추골 전방 전위이라고 하며 부근의 신경은 눌러서 통증이 생기는데, 특히 척추를 움직일 때 아프다.

척추뼈 안의 공간이 좁아지는 척추관협착증의 경우 신경이 눌려서 허리 통증 뿐만 아니라 눌린 신경에 따라 다리 쪽으로 뻗치는 증상이 동반되며 특히 허리를 굽혔다가 갑자기 허리를 펼 때 잘 펴기 힘들고 장시간 걸어갈 때 허리나 다리에 통증이 생겼다가 잠시 쉬면 회복되는 등의 증상이 생긴다. 척추뼈 압박골절에 의한 통증은 폐경 뒤의 여성이나 노인들에서 골다공증이 심해지면서 주로 생기는 질환으로 척추뼈가 약해져서 뼈가 주저앉으면서 그 부위의 신경을 눌러서 옆구리나 허리 등에 통증이 생기며 가만히 누워 있으면 통증이 없으나 돌아눕거나 일어날 때 통증이 심해지고 허리가 굽는 등의 증상이 생긴다. 허리수술 후 오는 통증은 수술에 의해 체질적으로 수술 부위에 흉터가 심하게 생기면서 그 주위 신경을 누르거나 신경이 당겨져서 오는 통증으로 허리 통증 외에도 다리가 저리거나 화끈거리기도하고 차갑게 느껴지기도 하는 등의 다양한 증상이 생길 수 있다.

병원에서는 만성요통을 어떻게 치료하나?

우선 정확한 진단을 위해서 과거 환자의 질병 유무, 사고 유무, 현재 증상이 어떤 자세에서 심해지고 어떨때 증상이 좋아지는지를 조사하고 진찰을 통해 주된 질병 부위, 이상이 온 신경 부위를 알아낸다. 일반 X선으로는 뼈의 골절이나 위치 이상을 알아내고 컴퓨터 검사로 디스크 손상을 알아낸다. MRI는 허리척추의 이상을 가장 잘 볼 수 있는 검사이며 다른 검사에서는 알 수 없는 인대, 근육의 이상도 알 수 있다. 근전도 검사는 허리부위의 해부학적인 이상을 보는 것이 아니고 통증의 원인이 신경에 의한 것인지 알기 위해 하는 검사이며 현재까지는 신경의 기능 이상을 알 수 있는 유일한 검사이다.

이후에는 치료로 들어가는데 가장 흔한 것은 물리치료이다. 예를 들면 통증을 감소시키기 위해 온열치료, 한냉치료, 경피적 전기 신경 자극 치료, 견인치료, 마사지 등을 시행하고 운동치료로 약화된 허리 주변근육을 강화하기 위한 운동과 관절 움직임을 증가시키기 위한 스트레칭 운동을 교육한다. 약물은 진통제, 항염증제, 근육이완제 등을 사용하며 긴장을 완화시키기 위해 안정제를 사용하기도 한다. 국소부위의 허리근육 통증이 있는 경우 직접 근육에 주사치료를 하고 척추관절강내 주사, 척추경막외 주사 등을 하기도 한다. 최근에는 IMS라고 하여 미세바늘을 사용하여 척추주위의 깊은 곳에 이상이 온 조직을 자극하는 치료도 시행되고 있다. 허리부위의 약화된 부위를 보호하기 위해 척추보조기를 사용하지만 보조기를 오래 사용할 경우 오히려 근력을 약화시키고 요통을 더욱 유발할 수 있기 때문에 전문의 처방에 따라 사용해야 하고 너무 장시간 사용하지 않도록 한다.이상의 치료로 좋아지지 않거나 더 악화되고 신경이 눌리는 증상, 척추체 자체의 불안정성으로 인해 고정이 필요한 경우에 시행하게 된다.

예방을 위해서 요통에 대한 교육을 실시한다. 주로 바른 자세에 대한 교육이다. 예를 들면 설때는 허리를 쭉 펴도록 하고 오래 서있을 경우에는 한쪽 다리를 약간 높은 곳에 올려 놓도록 하며 앉을 때는 등받이가 있는 의자에 엉덩이를 붙이고 앉고 의자의 높이도 다리를 땅에 닿았을 때 무릎이 평형이 되도록 한다. 물건을 들어올릴 때는 허리를 굽히는 대신 다리를 구부리고 허리는 곧게 펴서 일어서도록 하면서 물건은 몸에 최대한 가깝게 하여 들도록 하며 잠잘 때는 바닥이 푹 꺼지지 않는 곳에서 자도록 하고 허리가 과도하게 구부리거나 펴지지 않도록 한다. 이런 바른 자세와 함께 복근이나 허리부위의 근력을 강화시키는 운동을 하면 허리가 튼튼해지고 요통을 예방할 수 있다.

만성요통의 예방과 치유를 위한 선무

선무의 명상단계에서 척추를 곧게 펴고 어깨에 힘을 빼고 앉는 자세는 요통환자에게 교육하는 바른자세의 기본이므로 요통예방 효과가 있다. '이뭐꼬'라는 화두로 시작하여 아프다는 생각을 떨쳐버릴 수 있으므로 심인성으로 악화되는 요통감각을 차단시켜 준다. 누워서 양발을 쭉 펴고 오른발 왼발을 교대로 밀어주는 동작은 허리와 엉치의 경혈과 통증점의 마사지 효과가 있고 갈비뼈와 골반을 연결하는 요부방형근을 스트레칭시키고 강화시켜 천장관절의 움직임을 좋게하고 척추를 지지하고 세워주는 효과를 낸다. 양발을 위로 들어 흔드는 동작은 발과 좋아리의 경락을 자극하고 근육자극을 통해 요추의 가장 아래부분과 천추로 전달되는 반사를 유도하여 요통을 감소시킬 수 있다. 양무릎을 껴 안고 지긋이 허리를 바닥으로 누르는 자세와 골반을 밀면서 허리를 들어 올리는 자세는 척추주위 근육을 스트레칭시키고 강화하므로 요통에 아주 좋은 효과를 낸다.

누워서 반무의식의 상태로 '이'소리를 내며 움직이는 대로 움직이는 자세는 근육의 자연스러운 수축-이완을 유도하고 척추관절의 움직임을 좋게하여 요통에 도움이 된다. 바닥에 손을 집고 엉덩이를 위로하며 일어나는 동작은 넙적다리 후방근육을 스트레칭시키고 하부요추로의 반사를 유도하여 통증이 감소되게 한다.

수인법 중, 한쪽 무릎을 구부리고 반대무릎은 쭉 펴면서 발목을 젖혀 주면서 골반을 밀어주는 동작은 대퇴부 전방 근육과 엉덩이근, 척추주위근을 스트레칭 시키며 요추 전체에 신경반사를 유도하여 요통을 좋게한다. 서서 양다리가 가는대로 움직이는 즉흥무 동작은 척추 마디마다 붙어 있는 다열근들을 자극하고 척추관절들을 자연스럽고 가볍게 가동시켜서 몸을 가볍게 하고 요통을 줄여준다. 엉덩이를 안으로 끌어당기면서 걷는 명상 동작은 척추를 보호하고 강화하는데 중요한 바른 자세를 몸에 익히게 해 주므로 요통의 예방효과도 같이 있다.

선무치료를 하기 전에 의사에게 보여야 하는 경우

① 일상생활을 수행하는데 지장을 주는 통증이 있는 경우
② 통증으로 인해 사회생활에 지장을 받는 경우
③ 통증이 점점 악화되는 경우
④ 감각이상이나 근력약화와 같은 신경학적인 증상이 나타나는 경우
⑤ 배변이나 배뇨기능의 변화가 있는 경우

5. 만성두통과 선무

이영진 박사 포천중문의과대학 대체의학대학원 교수, 만성통증 IMS크리닉 소장

만성두통이란 무엇인가?

신경계 증상 중에서 가장 흔한 것이며 입시에 시달리는 10대로부터 노인에 이르기까지 복잡한 현대사회를 살아가면서 대개 일생중에 한번쯤은 누구나 경험하는 통증이다. 대개 초기에는 진통제 등으로 쉽게 치유가 되지만 피로나 스트레스가 쌓이면 심해지고, 만성으로 넘어가면 치료가 힘들어지므로 조기에 치료받는 것이 중요하다.

만성두통을 일으키는 원인은 무엇인가?

가장 흔한 것은 긴장성 두통이며 근수축성 두통이라고도 부른다. 주로 감정적인 긴장이나 스트레스 등에 의해 생긴다. 피로나 스트레스 등에 의해 생체내에 자율신경 중 특히 교감신경

이 흥분되어 머리 근육이 지속적으로 긴장되고 수축되면서 통증이 온다. 양쪽 관자노리나 뒷머리 등이 띠를 두른 것 같은 압박감을 호소한다. 대개 양측성이며 피로나 스트레스가 쌓이면 더 악화되며 피로나 스트레스가 쌓이는 오후에 더욱 심해진다. 초기에는 휴식을 취하면 자연히 좋아지지만 점점 심해져서 뻐근하고 묵직한 통증이 하루종일 지속되게 된다. 일단 통증이 오면 근육이 수축하고 수축된 근육이 다시 통증의 원인이 되고, 또한 스트레스 등 정신적인 요인에 의해 교감신경이 흥분되어 치료가 어려워지고 통증이 반복, 지속되는 통증의 악순환이 계속되게 된다. 이렇게 만성두통으로 넘어가면 수면장애와 우울증도 같이 생긴다.

다음으로는 편두통이 만성두통의 원인이 된다. 주로 한쪽 머리 부위에 통증이 온다고 하여 붙여진 이름이며 20대 이후의 여성에게 잘 발생하며, 심할 경우 일상 생활을 하지 못할 정도로 심해진다. 주기적으로 머리의 혈관이 확장, 수축되어서 통증이 오므로 혈관성 두통이라고도 한다. 대개 한쪽 관자놀이나 눈 속으로, 때로는 머리전체로 퍼지는데, 묵직한 통증이라기보다는 욱씬욱씬하는 통증으로 오며 짧으면 2~3시간, 길게는 하루 이상도 지속되며 이러한 두통은 일주일 또는 한달에 한두 번씩 반복된다. 보통 구역, 구토, 설사, 눈부심, 소리과민, 감정, 식욕의 변화 등과 같은 전신증상을 동반하기도 한다. 이러한 편두통은 두통이 시작되기 직전의 일종의 예고증상이 있는 경우와 없는 편두통으로 구분할 수 있는데, 대부분의 예고증상은 대뇌의 혈액 공급이 국소적으로 부족하여 두통이 시작되기 전에 시야에 글자가 희미해지면서 보기 어려워지거나 섬광 같은 빛이 보이고 또는 환청, 환시 등이 생기기도 하고 냄새, 감각 또는 운동기능의 장애를 초래하기도 한다.

병원에서는 만성두통을 어떻게 치료하나?

긴장성두통의 경우는 진찰이나 검사실 및 방사선사진 등을 찍지만 대개는 정상 소견을 보인다. 특히 스트레스 등 정신적인 요인이 있는 경우가 대부분이다. 단일치료로는 효과를 얻기가 어려우므로 정도에 따라 아픈 부위에 대한 주사법, 신경차단법과 함께 진통소염제, 항우울제, 항불안제같은 약물치료 뿐만 아니라 정신적인 치료와 운동요법 등을 병용하게 된다.

편두통도 대개 이학적 검사나 검사실 및 방사선 소견상으로 특이한 이상이 없는 경우가 대부분으로 환자의 병력 청취로 진단이 가능하다. 강한 가족적 성향이 있는 것도 진단에 참고된다. 편두통을 악화시키는 치즈, 해산물, 초콜릿, 포도주 등을 피하도록 하고, 수면습관의 변화, 알코올, 생리중, 경구피임약, 피로, 스트레스, 강한 냄새, 강렬한 햇빛 등도 피하도록 한다. 주된 치료는 약물요법이며 혈관의 지나친 수축, 확장을 억제하는 혈관수축제가 조기 치료목적으로 이용된다. 이 외에 항우울제, 심장박동 억제제 등도 사용된다. 다음으로는 신경차단법으로 주로 목부위에 있는 자율신경 뭉치에 주사를 하는 것으로 편두통의 발작 빈도와 통증의 정도를 감소시킬 수 있다. 수사후 1시간 정도 쉬었다 귀가하도록 하며 초기에는 대개 일수일에 2~3회 정도 반복하게 되며 증상에 따라 간격을 띄우게 된다.

다음으로 흔한 만성두통의 원인은 경추뼈의 이상 때문에 오는 경추성두통이다. 목뼈나 근육에 무리가 가거나 다친 경우, 퇴행성 변화가 심한 경우, 목디스크 등의 이상이 있으면 목과 어깨에 묵직한 통증이 오면서 두통까지 같이 동반된다. 목부위에 대한 진찰이나 X선 검사를 하면 대개 이상이 나타나며 목에 대한 치료를 해야 두통이 낫는다.

만성두통의 예방과 치유를 위한 선무

만성두통의 예방과 치유를 위해서는 그 원인이 긴장성이건 편두통이건 혹은 경추성 두통이건 간에 정신적인 스트레스를 풀고 하루에도 수시로 스트레칭 선무운동을 생활화하는 습관이 가장 중요하다. 이런 점에서 볼 때 선무는 스트레스 해소와 이완을 통한 심리적인 안정을 위한 선무용 동작을 통한 스트레칭과 운동치료를 다 하는 효과가 있으므로 만성두통에 뛰어난 운동이다. 뿐만 아니라 만성두통 환자에서 같이 동반된 불면증, 소화장애, 불안증, 우울증 같은 신체 증상도 같이 좋아질 수 있다.

'이뭐꼬'라는 화두로 시작하여 마음을 비우는 선무의 명상법, 마음에 쌓인 감정들을 동작으로 표현하는 감정처리법, 생각을 한 곳으로 모으는 선무의 수인법은 만성두통 환자에서 보이는 근육수축에 의한 두통-이로 인한 정신적 스트레스 증가와 피로-스트레스와 피로로 인한 근육수축의 반복 악순환을 차단시켜 줄 수 있다. 통증에 대한 예민함을 없애주고 통증에 견디는 힘을 길러주며 실제로 복용 중인 약물을 줄이는 보조 효과를 낼 수도 있다. 만성두통에 동반된 우울증, 불안증에 대한 보조치료 효과가 있으며, 심인성 경로를 통해 만성통증을 악화시키는 신경경로를 완화시켜 주고 과다하게 수축되어 있는 근육들을 이완의 상태로 만들어 주므로 머리와 목근육에 관련된 무겁고 뻐근하게 나타나는 만성두통을 감소시켜 준다. 정신건강의 강화를 통해 자신감을 심어주고, 직장으로의 복귀율을 높이고 삶의 질을 향상시켜 주기도 한다.

수인법의 앉아서 하는 동작은 모두 경추 4, 5, 6, 7번으로의 신경 반사를 유도하여 두통 발생의 만성적인 고리를 이완시켜 주도록 한다. 앉아서 마음을 비우면서 시작하는 명상, 걷는 명상, 즉흥무의 모든 동작은 만성두통 환자 대부분에서 나타나는 교감신경의 흥분성 증가를 억제시켜 주고 안면근, 측두근, 목을 펴고 구부리는 근육들의 적절한 수축-이완을 유도하므로 통증이 감소하게 된다.

선무치유를 하기 전에 의사에게 보여야 할 경우

만성적인 두통이 있더라도 다음의 경우가 생기면 의사에게 먼저 보여야 한다.

① 심한 두통이 갑자기 이유없이 시작되거나 심해지면서 24시간이상 지속되는 경우

② 의식장애, 고열, 시력장애, 구토, 손발의 마비, 안면마비 등의 증상이 동반될 때

③ 갑자기 눈이 안 보일 때

만성통증자를 위한 선무 프로그램

▶ 앉는 명상(좌선)

두 손은 단전에 두고 단전에 집중하며 반가부좌 상태에서 명상을 한다.

▶ 누워서 하는 동작 ①

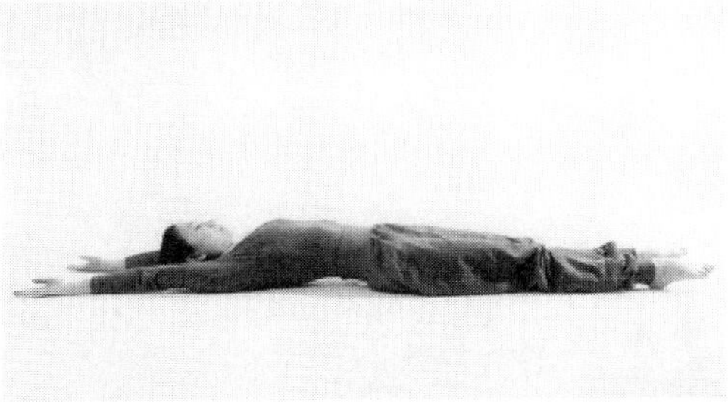

양손은 머리 위로 양발은 쭉 펴고 누워서 '이'소리와 동시에 오른발부터 한발씩 발끝을 밀어준다. 왼발을 반복한다.

▶ 누워서 하는 동작 ②

양손과 양발을 위로 들어서 흔들어준다.

손목과 발목의 경락 자극으로 오장육부의 혈액순환을 원활히 해준다.

▶ 누워서 하는 동작 ③

1~2 양무릎을 구부려 양팔로 무릎을 껴안고,'이'소리와 동시에 가슴쪽으로 당겨 지긋이 위아래로 눌러준다.

3 뭐~소리와 동시에 무릎을 오른쪽 방향으로 돌린다.

4 꼬~소리와 동시에 무릎을 왼쪽 방향으로 돌린다.

▶ 누워서 하는 동작 ④

1 양무릎을 구부려 무릎을 껴안는다.

2 '이'소리를 내면서 두다리를 위로 서서히 펴고 동시에 두팔도 가슴 앞으로 나란히 펴준다.

3 두다리를 서서히 내리면서 동시에 양팔도 옆으로 내려준다.
('뭐', '꼬' 소리를 내면서 반복한다)

▶ 누워서 하는 동작 ⑤

1 양쪽 무릎을 세우고 양손을 머리 위로 하여 눕는다.

2 '이'소리와 동시에 고개는 오른쪽으로 돌리고, 무릎은 왼쪽으로 내린다.

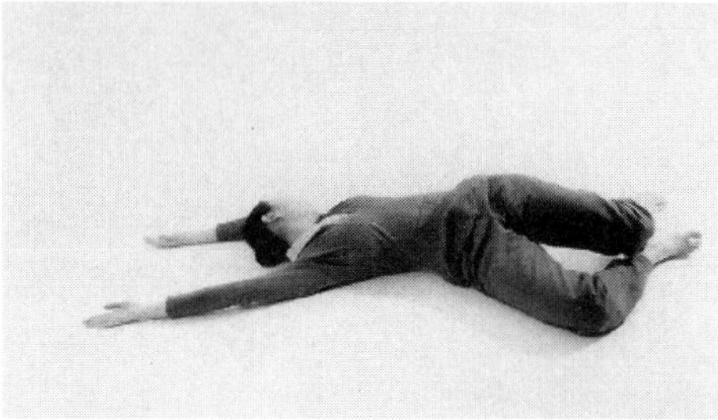

3 '뭐'와'끄' 소리와 동시에 반대로 반복한다.

▶ 누워서 하는 동작 ⑥

1 양쪽 무릎을 세우고 양손을 머리 위로 하여 눕는다.

2 '이'소리와 동시에 고개는 오른쪽으로 돌리고, 골반을 밀어 엉덩이를 위로 든다.

3~4 고개를 바로하여 서서히 목뒤에서부터 척추뼈 마디 하나하나가 바닥에 닿으면서 허리를 내리고, 엉덩이를 가장 나중에 내려 놓는다.
('뭐'와'끄'소리를 내면서 반복한다)

▶ 누워서 하는 즉흥무

반 무의식의 상태, 꿈을 꾸는 상태에서 움직임으로써 몸은 풀어주고 마음을 쉬도록 해준다.

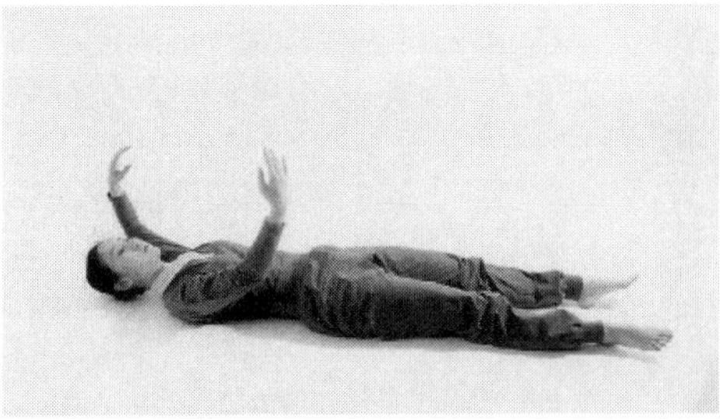

① 양손만
"누운 상태에서 '이'소리를 내며 손이 가는 데로 서서히 움직여주세요."

② 양발만
"누운 상태에서 '이'소리를 내며 양다리가 움직여지는 데로 천천히 움직여주세요."

③ 양손과 양발
"누운 상태에서 양손과 양다리를 몸이 움직여지는 데로 마치 물위에 뜨듯이 자기몸이 느껴지는데로, 움직여지는 데로 서서히 움직여주세요."

▶ 일어나는 과정

1 바닥에 손을 짚는다.

2 발가락을 짚어 엉덩이를 위로 든다.

3 상체를 숙여 발목-종아리를 문지른다.

4 허벅지-엉덩이 순서로 문지른다.

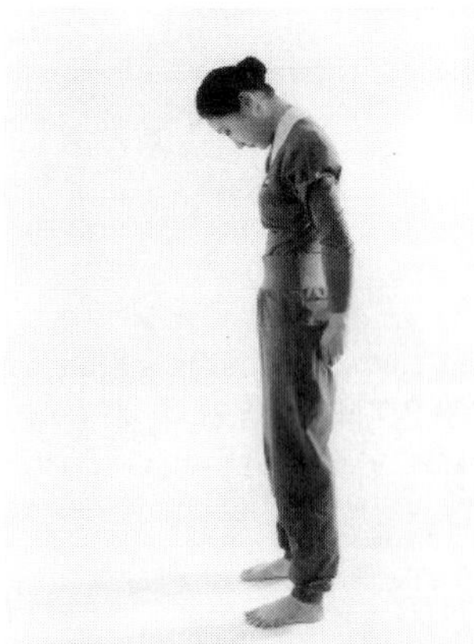

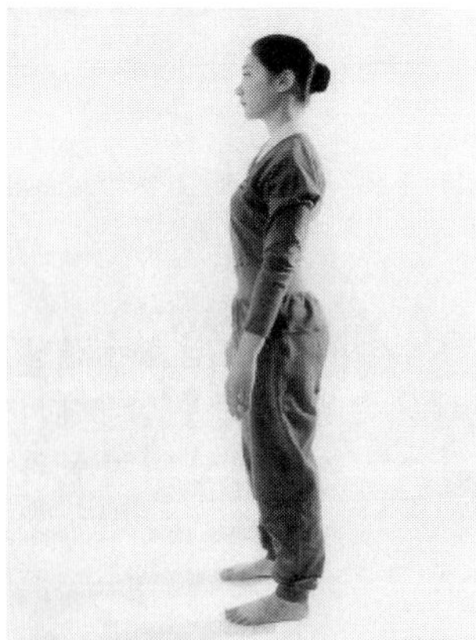

5~6 엉덩이를 집어넣고 서서히 상체를 세워준다.

▶ 서서 하는 동작 ①

1 두 손을 허리에 두고 '이'소리와 동시에 가슴을 앞으로 내민다.

2 숨을 내쉬며 어깨에 힘을 빼면서 팔꿈치를 안으로 당기고, 가슴을 안으로 넣는다. ('뭐'와 '꼬'소리를 내면서 반복한다)

▶ 서서 하는 동작 ①

1~2 '이'소리와 동시에 양손을 깍지 끼고 머리 위에서 좌우로 흔든다.

3~4 깍지를 풀고 손목을 돌리며 팔을 가슴 앞에서 깍지 낀다.

5~6 '뤄'소리와 동시에 깍지 낀 손을 가슴 앞에서 좌우로 흔든다.

7 깍지를 풀고 손목을 돌리며 양팔을 등 뒤에서 깍지 낀다.

8~9 '꼬'소리와 동시에 깍지 낀 손을 등 뒤에서 좌우로 흔든다.

10~11 깍지를 풀고 손목을 돌리며 양팔을 서서히 단전으로 가져온다.

▶ 서서 하는 동작 ③

1 '이'소리와 동시에 두발을 모아 단회항을 수축하며 엉덩이를 뒤로 쭉 빼며 양팔을 앞으로 쭉펴서 손목을 위로 꺾어준다.

2 이 상태에서 손목을 위아래로 꺾어줌을 반복한다.

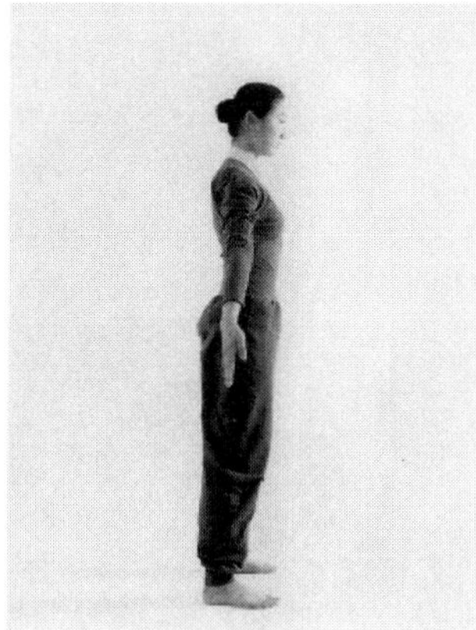

3~4 단회항을 이완하면서 엉덩이를 집어넣고 서서히 일어선다.

5 양손목을 위로 꺾으며 팔을 양옆으로 벌려 뒷꿈치를 들고서서 양팔을 어깨 뒤로 밀어준다.

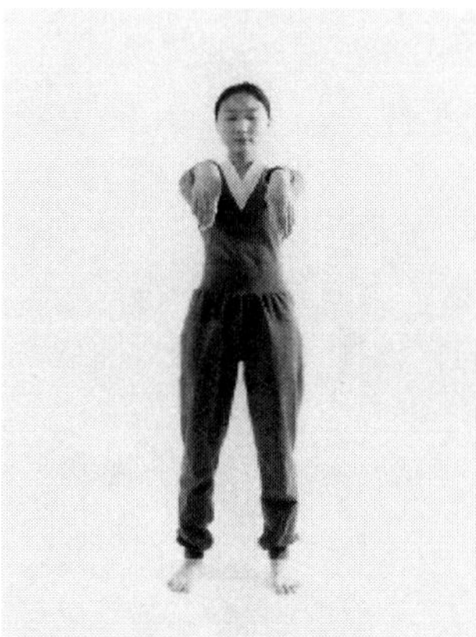

6 뒷꿈치를 내리며 두 팔은 손목을 아래로 꺾으며 앞으로 모아준다.

7 손목을 손끝이 위로 가게 돌려준다.

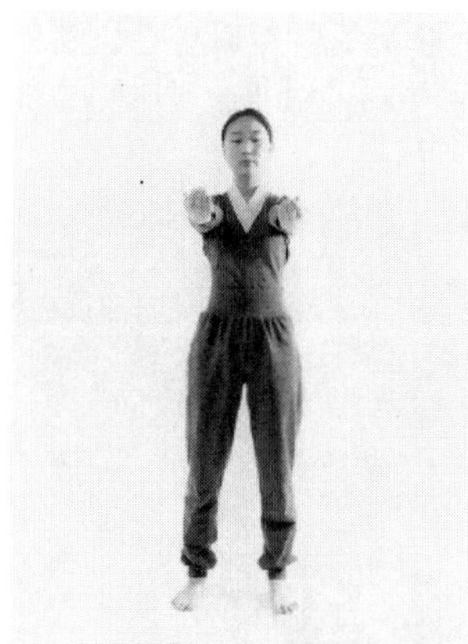

8 손끝까지 쭉 편다.

9 팔꿈치를 구부려 가슴 앞으로 당긴다.

10 팔꿈치를 바깥으로 돌리며 양손을 단전으로 가져온다.
('뭐'와'꼬'소리를 내면서 반복한다)

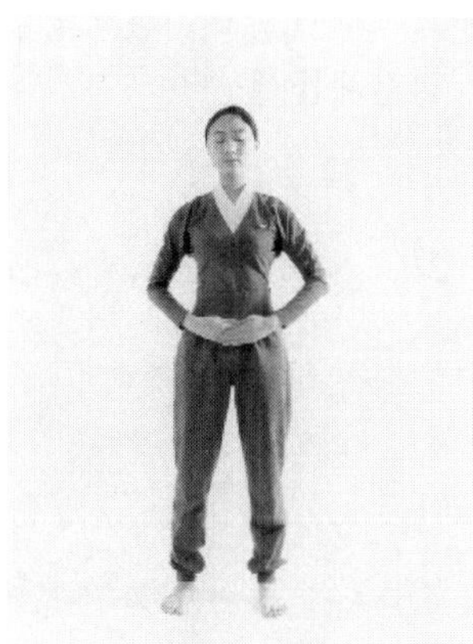

▶ 서서 하는 동작 ④

1 '이'소리와 동시에 두발을 모아 단회항을 수축하며 엉덩이를 뒤로 쭉 빼며 양팔을 앞으로 쭉 펴서 상체는 허리를 곧게 세운다.

2 단회항을 이완하면서 엉덩이를 내리고 뒷꿈치를 세워 두 팔로 다리를 껴안는다.

3~4 뒷꿈치를 내리면서 두 팔을 머리위로 올리며 등을 펴고 서서히 상체를 세운다.

5 양손목을 돌리면서 팔을 서서히 옆으로 내린다.
('뭐'와'꼬'소리를 내면서 반복한다)

▶ 서서 하는 동작 ⑤

1 '이'소리와 동시에 양팔을 벌려 손목을 위로 꺾고 손바닥을 밀면서, 왼쪽무릎을 구부리고 오른다리는 옆으로 곧게 편다.

2 '뭐'소리와 동시에 단회항을 수축하고 왼쪽방향으로 90°방향을 바꾸면서 오른발 뒷꿈치를 들고 무릎을 구부려 골반을 밀어준다. 단회항을 이완하며 앞을 본다.

3 '꼬'소리와 동시에 단회항을 수축하고 오른방향으로 90°방향을 바꾸면서 왼발 뒷꿈치를 들고 무릎을 구부려 골반을 밀어준다.

▶ 서서 하는 동작 ⑥

1 양손을 가슴 앞에서 깎지끼고 왼다리는 앞에서 무릎을 구부리고 오른다리는 뒤에서 무릎을 쭉 편다.

2 '이'소리와 동시에 단회항 수축하며 왼다리를 오른다리 옆으로 가져온다.

3 깎지낀 팔을 머리위로 올리면서 뒷꿈치를 들고 선다.

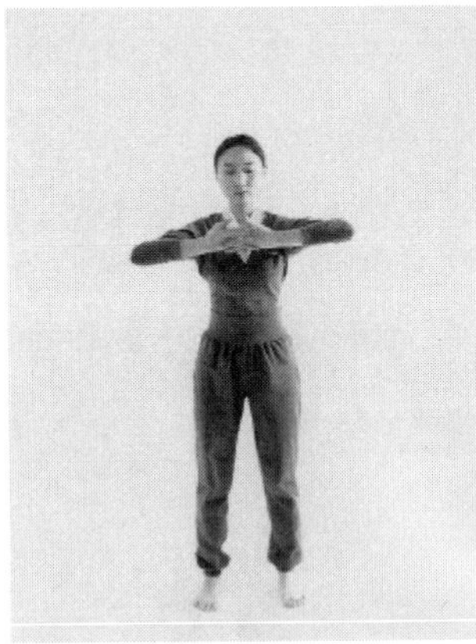

4~5 뒷꿈치를 내리면서 깍지 낀 손을 안쪽에서 바깥쪽으로 한번 돌려준다.
('뭐'와'꼬'소리를 내면서 반대 반복한다)

▶ 서서 하는 동작 ⑦

'이'소리와 동시에 두손을 머리위로 올려 상체가 오른쪽으로 기울어지게하고 왼쪽무릎을 굽히고 오른다리는 옆으로 쭉 펴준다.
('뭐'와'꼬'소리를 내면서 반대쪽을 반복한다)

▶ 서서 하는 동작 ⑧

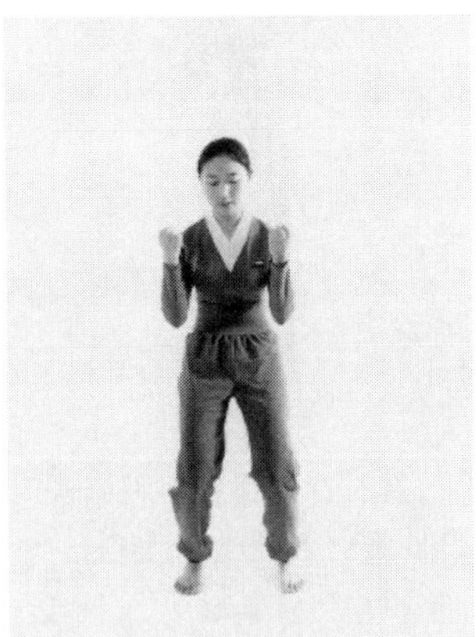

1 '이'소리와 동시에 단회항을 수축하며 무릎을 구부리고 팔꿈치를 구부려 주먹을 꼭쥔다.

2 단회항을 이완하면서 무릎, 팔꿈치, 손도 함께 펴준다.
('뭐'와'꼬'소리를 내면서 반복한다)

▶ 라틴음악에 맞추어 하는 경쾌한 동작 ①

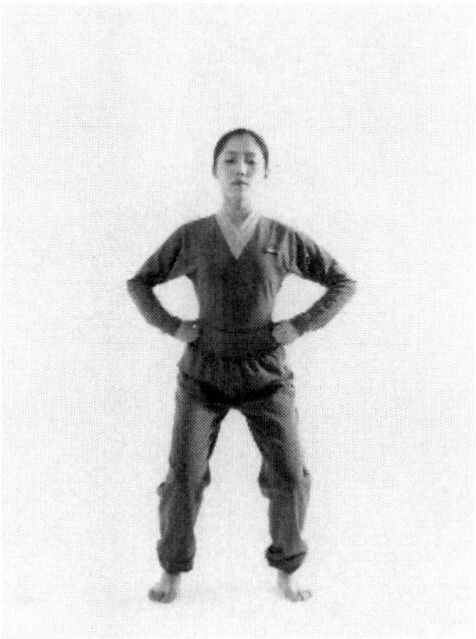

1 두 다리를 어깨 넓이로 벌리고 손은 허리에 두고 무릎을 굽힌 상태에서 단회항을 수축하며 골반을 앞으로 밀어준다.

2 단회항을 이완하며 뒤로 엉덩이를 뺀다.
(8번 반복한다)

▶ 라틴음악에 맞추어 하는 경쾌한 동작 ②

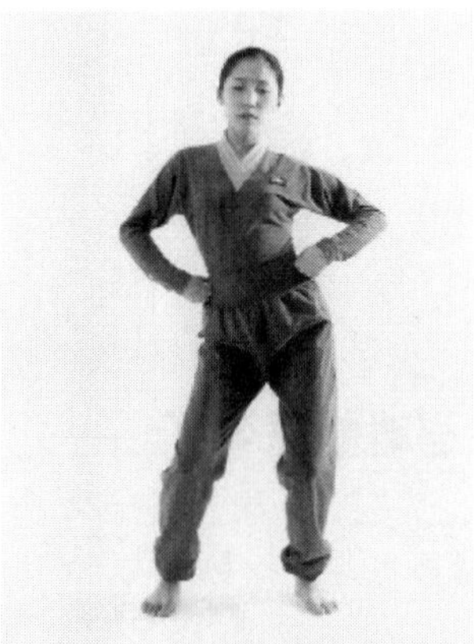

1 두 다리를 어깨 넓이로 벌리고 손은 허리에 두고, 무릎을 굽힌 상태에서 골반을 오른쪽으로 밀어준다.

2 왼쪽으로 밀어준다.
(8번 반복한다)

▶ 라틴음악에 맞추어 하는 경쾌한 동작 ③

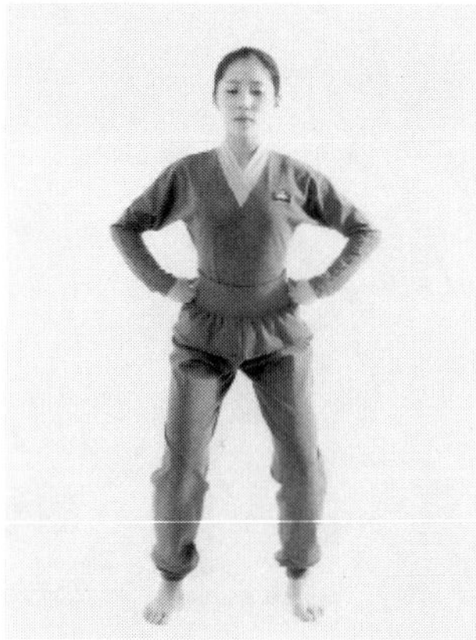

1~4 두 다리를 어깨 넓이로 벌리고 손은 허리에 두고, 무릎을 굽힌 상태에서 골반을 돌려준다.
(오른쪽-뒤-왼쪽-앞)

5 뒷꿈치를 들었다가 서서히 내린다.
(반대쪽 반복하여준다)

▶ 라틴음악에 맞추어 하는 경쾌한 동작 ④

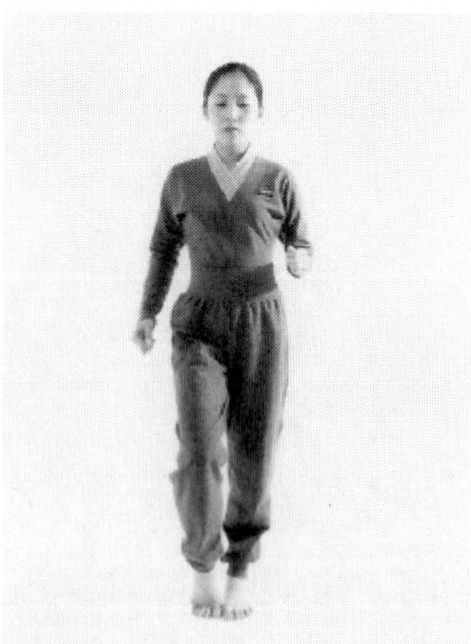

1~2 뒷꿈치를 든 상태에서 오른발 왼발을 디디며 제자리에서 중심을 이동한다.

3~4 손가락을 쫙 편 상태에서 팔을 크게 돌리며 제자리에서 스텝한다.

5~6 이 상태에서 앞으로 4걸음, 뒤로 4걸음 반복한다.

▶ 라틴음악에 맞추어 하는 경쾌한 동작 ⑤

1~2 한 발씩 발뒷꿈치로 바닥을 쳐준다. 이때 팔은 자연스럽게 흔들고 무릎도 조금씩 굽혀진다.

▶ 라틴음악에 맞추어 하는 경쾌한 동작 ⑥

1~2 두발을 어깨넓이로 벌려 무릎을 구부리고 양팔을 벌려 손목을 위로 꺾고 뒷꿈치를 들어서 상체를 좌우로 움직여준다. 이때 상체와 하체가 반대방향으로 약간씩 틀어진다.

▶ 라틴음악에 맞추어 하는 경쾌한 동작 ⑦

1~2 두발을 붙여 무릎을 굽힌 상태로 상체와 하체가 반대로 틀어지며 오른쪽으로 4번 간후 왼쪽으로 4번 간다.

▶ 라틴음악에 맞추어 하는 경쾌한 동작 ⑧

1~2 오른팔은 옆으로 자연스럽게 펴고 왼손은 가슴 앞에 들고 뒷꿈치를 들고 한발씩 나간다.

▶ 즉흥무 174~176쪽 사진 참고

① 오른손만 – "단전에서 손이 가는 방향을 마음으로 쫓아가 주세요. 서서히 오른손을 단전과 연결해서 점점점 100% 집중하여 손이 올라가는 데로 자기 몸이 쫓아가 주세요. 서서히 단전으로 가져오세요."(모든 정신이 한쪽 손에 집중이 됨으로써 한쪽 부위를 크게 스트레칭 시켜준다.)

② 왼손만 – "단전에서 손끝이 가는데로 움직이고 싶은 데로 움직여주세요. 손에 힘을 주지 말고 물위에 뜬것처럼 서서히 움직이세요. 팔이 움직이는 데로 몸은 팔을 쫓아가 주세요. "

③ 양손 – "단전에서 양손으로 가장 부드럽고 유연성 있고 가벼운 동작으로 서서히 움직여주세요. 아주 부드럽고, 유연하게 마치 물위에 뜨는 것처럼, 공중에서 아무런 장애 없이 날아가는 느낌으로 움직여주세요. 단전과 연결해서 자기 손이 움직여지는 데로 마음 데로, 점점점 선의 연결과정을 100%로 단전과 연결해서 몸은 팔이 가는 데로 자연스럽게 움직여주세요."

④ 오른손과 오른발만 – "단전에서 오른손과 오른발이 움직여지는 데로 마음이 쫓아가주세요. 가장 가볍고, 가장 부드럽고, 가장 유연한 동작으로 오른팔과 오른발이 움직여지는 데로 몸이 쫓아가 주세요."

⑤ 왼손과 왼발만 – "단전에서 왼손과 왼발이 가는 데로 움직이고 싶은 데로 움직여주세요. 공중에 떠다니는 것처럼 가장 가볍고, 가장 유연하고, 가장 부드럽게 움직여 주세요."

⑥ 양손과 양발 – "단전에서 양손과 양발이 움직여지는 데로 자기 몸이 가는 데로 중심을 옮겨가면서 서서히 움직여주세요. 중심을 잃지 않고 가볍게 무게를 느끼지 않도록 마치 물 속에서 걸어가듯이, 떠다니듯이 서서히 움직여주세요. 양팔과 양다리가 움직여지는 데로 서서히 움직여주세요."

이상의 과정을 3번씩 반복하여 30분 정도 실시한다. 이런 움직임을 통해 자기 마음으로 아픈 몸, 무거운 몸, 자기안의 스트레스를 몸 밖으로 내보내어 마음을 가볍고 편안하게 해준다.

▶ 걷는 명상 56쪽 사진 참고

걸을 때 주의점은 가슴을 너무 뒤로 재끼지 말고, 배를 내밀지 말고, 엉덩이를 안으로 약간 넣은 상태에서 턱을 내리고 눈은 뜨되 단전 밑에다 두고 손은 엄지손이 서로 마주 닿게 포개서 단전에 두세요.

①

1 '이'소리와 동시에 단회항을 수축하여 오른발을 들었다가 발목을 위로 꺾어 뒷꿈치부터 내딛는다.

2 단회항을 이완하며 몸의 중심을 앞으로 옮기며 무릎을 구부린다.

3 다시 왼발을 앞으로 들어 '뭐'소리를 내면서 이와 같이 반복한다.
(발의 보폭을 넓게 하면 중심이 흔들릴 수 있으므로 보폭을 작게 하도록 한다.)

②
1 천천히 걷는 것을 관하며 걷는다.
(단전에 정신과 기를 모아 자연스럽게 걷는 과정을 관한다.)

평상시 걸음걸이와 같이 걷는다. 손은 단전에 두고, 발뒷꿈치에서 발가락으로 기가 흘러가는 과정을 관한다.

▶ 앉는 동작

1 한 다리를 뒤로 내딛는다.
2 무릎을 구부려 상체를 숙여 두 손으로 바닥을 짚는다.
3 천천히 두 손은 단전에 두고 가부좌자세를 한다.

▶ 수인법(팔인)

1 손등을 서로 맞대고 새끼손가락부터 차례로 꼬아서 가슴 앞에 둔다(팔인 수인법).

2~3 서서히 머리 위까지 올라간다.

4~6 가슴 앞으로 내려가서 손을 오른쪽으로 보낸다.

수인법

22. 횡주지합창(橫柱指合掌)

23. 성천(聖天)

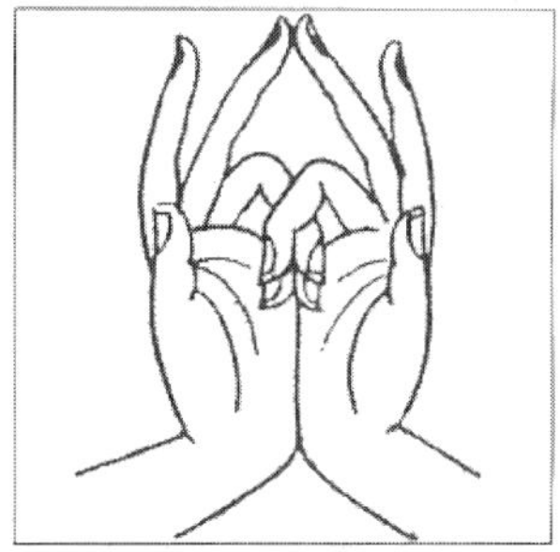
24. 준지관음(准胝觀音)

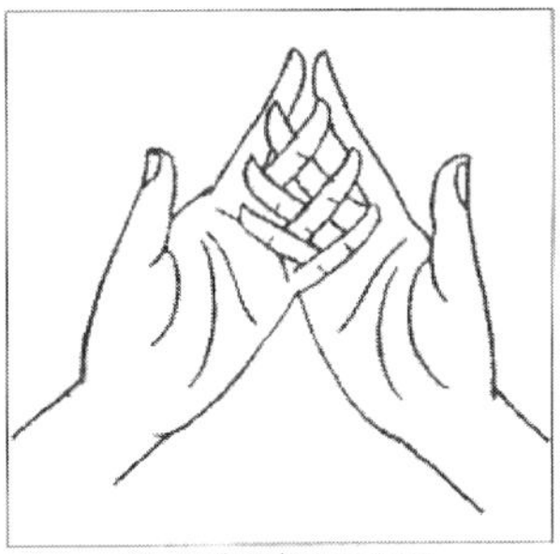
25. 금강구인(金剛龜印)

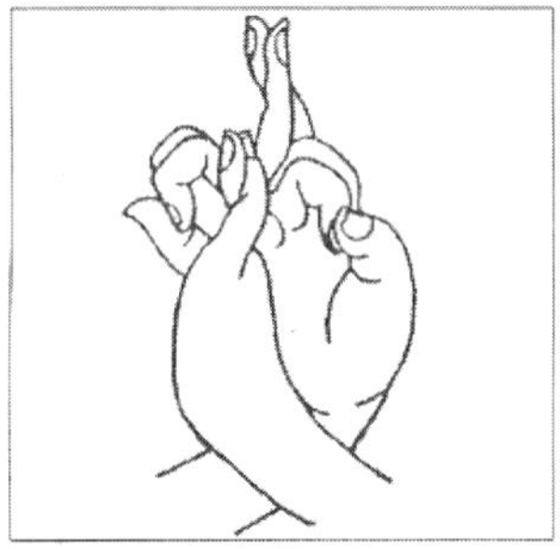
26. 사명(四明)

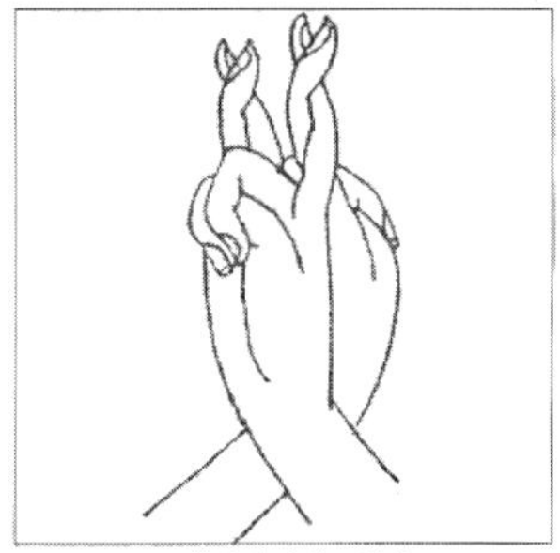
27. 주허공제천교칙인
(住虛空諸天敎勅印)

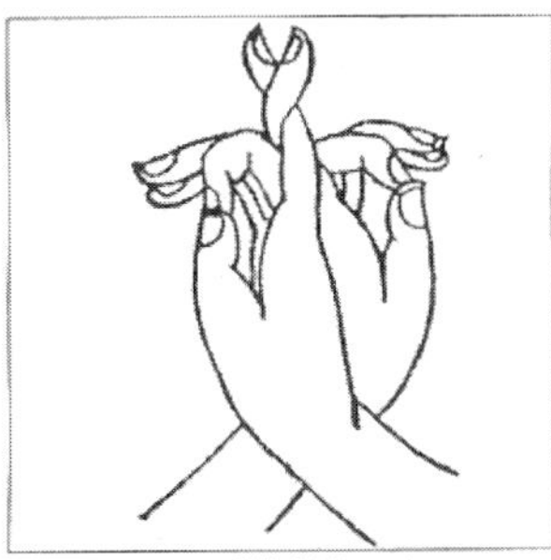
28. 광목천(廣目天)

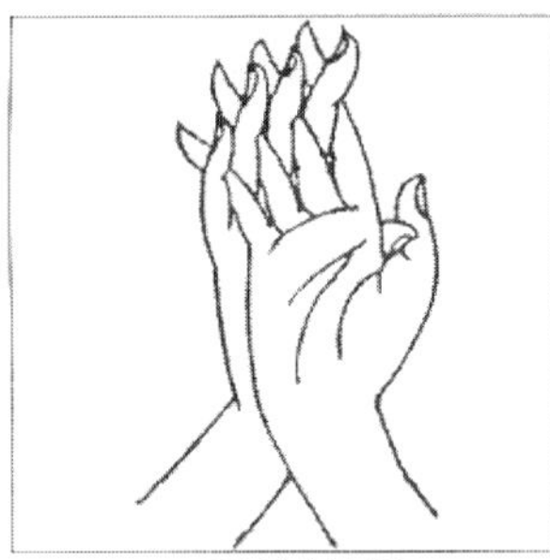
29. 팔인(八印)

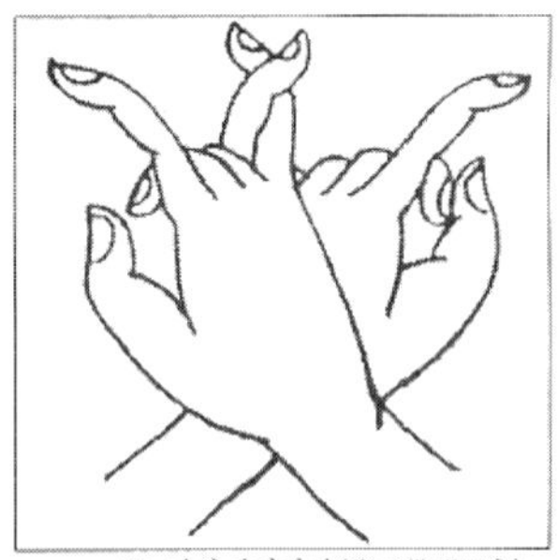
30. 강삼세명왕인(降三世明王印)

31. 증장천(增長天)

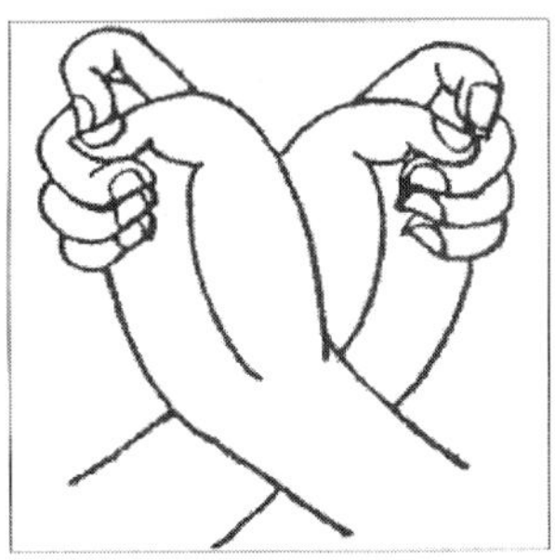
32. 금강왕보살(金剛王菩薩)

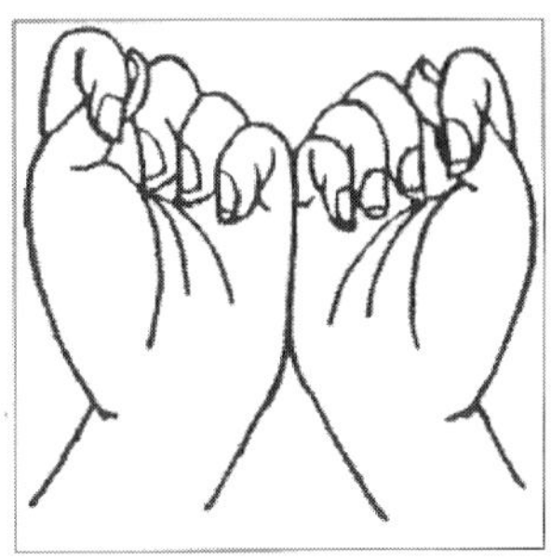
33. 부동명왕인 화염륜지인
(不動明王印 火焰輪止印)

7 가슴 앞을 지나서 왼쪽으로 보낸다.

8~9 다시 가슴 앞으로 와서 가운데 손가락만 남기고 나머지 손가락은 풀어준다(중장천 수인법).

10~11 서서히 머리 위까지 올라간다(광목천 수인법).

12~14 가슴 앞으로 내려가서 손을 오른쪽으로 보낸다.

15 가슴 앞을 지나서 왼쪽으로 보낸다.

16~18 가슴 앞으로 가져와서 손가락을 풀면서 단전으로 가져온다.

:: 선무치유음악

1. 명상음악 :

① "**Water**" - HANSHAN : Tim Wilson

② "**The First Experience**" : by Jiang Jang

③ "**Rain Sound & Holy Song**" : Raphael Mostel

④ **Raga** : Polash Gomes

⑤ "**Nines**" & "**Terra Firma**" : ALCHEMY

2. 라틴음악 : Merengue

치유 선무용 프로그램 5

일반인을 위한 스트레스 관리 선무

모델/ 조수희 권영균 전양숙

1. 서론

오늘날처럼 급속히 발전하고 갈등과 경쟁이 치열한 산업 사회에서는 사회가 구조적으로나 기능적으로 복잡하게 변화함으로 이에 적응해야 하는 현대인들의 대부분은 많은 신체적, 심리적 부담감을 느끼고 있는데, 이러한 것이 스트레스의 요인으로 작용하게 된다.

스트레스는 캐나다의 생물학자인 Hans Seyle가 처음 명칭하였으며, 해로운 인자나 자극을 스트레서(stressor)라 하며, 이 때의 긴장상태를 스트레스라고 한다.

물리학적 의미에서 정의되기 시작한 스트레스가 관심을 받으면서 크게 세 가지로 구분되어지고 있다.

첫째는 더위, 추위, 소음 등과 같은 물리학적 요인에 의해 발생하는 스트레스이고, 둘째는 피로, 질병과 같은 생리적인 요인에 의해 유발되는 스트레스이며 마지막 셋째는 사회나 학교에서의 대인관계로부터 생기는 갈등, 좌절, 불안 등에 의해 발생하는 사회적 · 심리적 스트레스이다.

스트레스가 일어났을 때 우리 몸이 어떻게 반응하는지를 살펴보면, 뇌의 시상하부에서 교감신경을 자극하여 호르몬의 하나인 카테콜라민이 분비된다. 그 결과로 동공이 확대되고, 혈관이 수축하며, 심장박동이 증가하고 호흡이 빨라진다. 또한 혈관이 수축되고, 그로 인해 혈액의 흐름이 빨라지면서 탄소와 포도당을 빨리 공급하게 된다.

그리고 시상하부는 교감신경 뿐 아니라 뇌하수체를 자극하여 ACTH(부신피질 자극 호르몬)를 분비시키고 이는 코티졸을 분비하도록 하는데, 이 호르몬은 혈당을 높여 외부의 자극에 대처할 수 있는 에너지를 높여준다. 이때 불필요한 말초혈관에는 혈액이 가지 않아 긴장시 손발이 차게 된다.

적절한 스트레스는 삶의 원동력이 되며 효율성과 생산성을 높여 주기 때문에 이런 경우의 스트레스는 삶의 진미를 느끼게 해주는 양념과 같은 존재로 삶의 원기를 북돋아 주는 활력소로 작용한다. 그러나 지속적이고 지나친 스트레스는 질병을 일으키거나 사망에 이르게 하므로 스트레스는 중요한 건강 위험 인자로 작용하게 된다.

서울대 암 연구실의 한 실험에서는 스트레스와 질병의 연관성을 밝혀내기 위해서 전기충격을 받는 쥐와 그렇지 않은 쥐의 실험 (16시간동안 지속)을 수행하였는데 전기실에 있던 쥐의 부신피질 호르몬은 초기 7배까지 상승한 후 줄어들었으나, 반면 비전기실에 있던 쥐의 경우, 초기에는 부신피질 호르몬의 급격한 증가는 없었지만 오래토록 지속적인 증가를 한다는 사실을 발견하였다. 이처럼 육체적 스트레스보다 정신적 스트레스가 우리 몸의 생체학적 변화를 초래하는 영향력이 훨씬 크다고 볼 수 있다.

그리고 하늘을 향해 눕혀 놓고 스트레스를 준 쥐의 실험의 경우, 막대를 물어뜯으며 스트레스를 해소한 쥐가 그렇지 않은 쥐(스트레스를 해소하지 못한 쥐)에 비해 카테콜라민 양이 훨씬 적었다고 한다. 이는 스트레스가 왔을 때, 해소를 하는 것이 얼마나 중요한지를 말해준다.

스트레스 해소란 긴장을 이완함으로써 스트레스 반응을 억제하는 것이라 정의할 수 있는데, 스트레스를 잘 인지하고 관리하는 것이 건강 유지 및 증진에 반드시 필요하다.

스트레스 해소를 위한 좋은 방법으로는 운동과 명상을 들 수 있다. 운동, 특히 유산소 운동은 장기적으로 혈압과 맥박을 떨어뜨려 주는 역할을 하며, 명상은 하나의 대상에 집중함으로써 신체 내부의 기운을 다스릴 수 있게 해주며, 생리학적으로는 심장 박동율, 호흡율, 근육의 긴장도 및 산소섭취율을 낮추는 등 낮은 대사 상태 또는 부교감신경계의 활동이 증가하는 상태로 이끈다.

선무치유요법의 경우는 유산소 운동의 효과 뿐만 아니라 명상으로 긴장을 푼 이완상태에서 스트레스를 해소시켜주며 단전호흡으로 대뇌알파파를 유도하여 심신을 안정시켜주며 즉흥무로 내면의 부정적인 감정을 표현해냄으로써 스트레스를 해소시켜준다.

정신과에서 biofeedback, 긴장이완, 이미지 테크닉에서 나타나는 것과 유사한 테라피적 효과를 나타내는 명상이 사용되고 있는데, 최근 여러 가지 다른 형태의 명상들 모두 정신-육체 변화를 만들어 낸다고 밝혔고(Harris A, J Health Psychol 1999;), 의도적인 스트레스 감소는 육체적, 정신적 일반 증상들을 감소시킨다고 보고하였다(Astin J. Psychother Psychosom 1997) (Kabat-Zinn J, J Behav Med 1985;) (Kabat-Zinn J, Clin J Pain 1987) (Kabat-Zinn J, Am J Psyciatry 1992) (Miller J, GenHosp Psychiarty 1995) (Kaplan KH, 1993).

명상요법은 심신요법의 가장 중요하고 기본이 되는 대체 의학적 수행법이며 깊은 정신과 영혼의 단계로 들어가 신념과 확신으로 문제를 극복해 가는 방법이며 자기 스스로 수행을 통해 의식에 변화를 가져오게 하여 평온한 상태를 경험하고 신체의 뇌파, 심장 박동 등 생리적 균형과 화합을 이끌어 내는 방법을 말한다. 명상 시에는 심장박동이 떨어지고 몸의 산소 소비량이 감소되고, 혈압이 떨어지고 피부 저항력이 증가되며 뇌의 알파 파장이 규칙적이 되고 많아지는데, 이러한 것은 자율신경계를 안정시켜 주었을 때 나타나는 결과들이다.

또한 사용되는 음악이 평온과 이완의 효과가 있고 어떤 경우에 아주 깊은 이완의 상태로까지 이끌어주는데, 급성 혹은 만성적인 무기력 상태를 유발하는 스트레스와 긴장에도 음악은 긍정적인 효과를 준다. 마음을 평온하게 하고 긴장을 풀어주는 음악은 가슴으로 흘러들어가 맥박을 안정되고 느리게 만든다. 이런 음악을 들으면 내적고요와 편안함 그리고 만족감과 같은 특별한 느낌이 고양된다(헬렌 보니 & 게르트루트 히르시, 2002).

그리고 치유선무는 전신의 균형을 잡아주고 몸에 무리가 가지 않는 건강한 다이어트 효과를 가져다 주는데 외형의 몸매만을 아름답게 만들어주는 것이 아닌, 몸과 마음의 조화를 함께 이룰 수 있게 하여 심신의 균형을 향상시켜 준다.

2. 선무 스트레스 관리와 다이어트 프로그램

① 단전호흡으로 대뇌알파파를 유도하여 심신을 안정시킴
② 춤명상으로 각종 스트레스와 감정을 즉흥무로 해소
③ 전신의 균형을 잡아주며 혈액 순환을 활성화시킴
④ 몸에 무리가 가지 않는 건강한 다이어트
⑤ 신체 각 부위 주요 관절 및 근육의 기능 회복
⑥ 컴퓨터 증후군을 위한 심신 관리

치유선무-스트레스 관리

내면에 쌓인 부정적인 감정(울화)을 춤명상, 즉흥무로 표현하며 해소한다. 선무동작명상의 단전호흡과 걷기명상에 집중하여 여유를 찾고 몸과 마음의 평정을 찾게 된다.

각종 심인성 질환인 불면증, 위장장애, 당뇨, 고혈압 등과 컴퓨터 증후군으로 인한 부정적인 에너지를 나선형 동작으로 풀어줌으로써 심신의 균형을 향상시켜준다.

치유선무-다이어트 관리

나선형 동작으로 복근과 골반 근육을 풀어주고 관절의 유연성을 회복 시킨다.

스트레칭 동작으로 불필요한 지방과 자세를 바로 잡아주고 매력 있고 탄력 있는 몸매를 아름답게 유지시켜준다.

심신정화 동작명상을 통한 유산소 전신운동으로 기초 대사량을 높여 과대한 지방을 연소시킨다.

선무의 무드라 명상으로 몸과 마음의 조화를 이루고 균형을 잡아준다.

남녀 스트레스해소 · 다이어트를 위한 치유선무

조현미 박사(현재 하트스켄 소화기과 과장, 전 원광대학 동서보완대체의학 대학원 교수)

일반인들이 일에서 오는 신체적 · 정신적 피로로 인해 스트레스를 받고 있다. 선무요법을 통해서 육체적 피로감, 근육의 긴장감을 풀어줄 수 있고 스트레스 등과 같은 심리적 정서적 불안감을 정신집중을 통해 안정시켜 줄 수 있다. 이뿐 아니라 전신운동을 통해서 다이어트의 효과도 볼 수 있다. 그리고 선무기법 중 단전호흡조절은 우리 몸의 필요한 산소를 효율적으로 공급해주는 동작이므로 근육이완, 통증감소, 불안감해소 정신건강의 향상에 도움을 준다.

남녀 스트레스해소 · 다이어트를 위한 선무 치유 프로그램

▶ 앉아서 하는 동작 ①

1 '이'소리와 동시에 양손과 오른발을 털어준다.
2 '뭐'소리와 동시에 양손과 왼발을 털어준다.

▶ 앉아서 하는 동작 ②

('꼬' 소리를 내면서 반복)

1~2 '이'소리와 동시에 양손을 어깨에 두고 앞에서 뒤로 크게 돌려준다.

▶ 앉아서 하는 동작 ③

('뭐'와'꼬'소리를 내면서 반복)

1 '이'소리와 동시에 단회항을 수축하며 발목을 위로 꺾어

서 당겨준다.
('뭐'와'꼬'소리를 내면서 반복)

2 단회항을 이완하면서 발등을 눌러준다.

▶ 앉아서 하는 동작 ④

1 양 팔을 앞으로 가져와 팔꿈치를 펴고 손목에 힘을 풀어서 털

어준다.

2 어깨 양옆으로 벌리면서 손을 털어준다.
(스트레칭은 펴준다는 말, 다림질 한다는 말이다)

▶ 앉아서 하는 동작 ⑤

1~2 이~소리와 동시에 다리를 펴고 앉아서 발목과 무릎과 대퇴부를 바깥쪽에서 안쪽으로 돌려준다. 이때, 무릎을 구부리며 발목을 위로 세우고, 손목도 함께 천천히 돌린다.('뭐'와 '꼬'소리를 내면서 반복)

3 무릎을 펴며 발등도 펴준다. 손목도 천천히 돌리면서 팔을 쭉폈다가 다시 한 바퀴 돌린다.

▶ 앉아서 하는 동작 ⑥

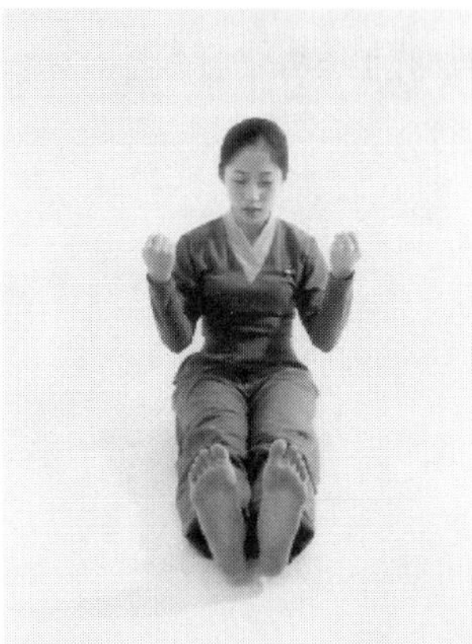

1 두다리를 쭉 펴고 앉아서 '이'소리와 동시에 단회항을 수축하고 발목을 위로 꺾으며, 양손은 주먹쥐고 팔꿈치를 구부려 가슴 앞으로 당겨준다.

2~3 반대로 단회항을 이완하며 발등을 눌러 쭉펴고, 주먹쥔 손을 펴고 두팔을 앞으로 편다.
('뭐'와 '꼬'소리를 내면서 반복)

▶ 앉아서 하는 동작 ⑦

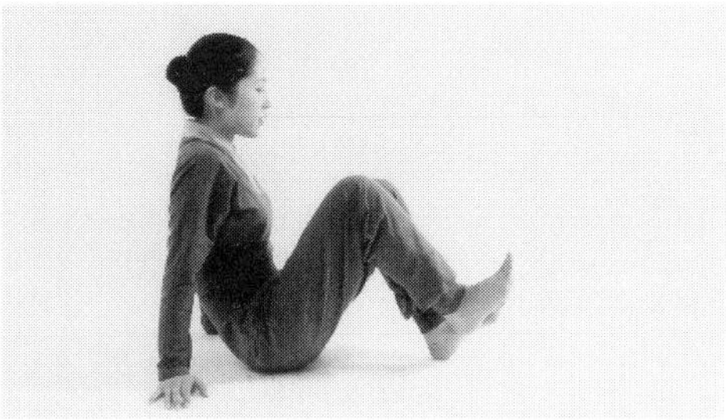

1~2 무릎을 굽혀 발 뒤꿈치를 바닥에 두들겨준다.

▶ 앉아서 하는 동작 ⑧

1~2 '이'소리와 동시에 단회항을 수축하며 양 손목을 돌리며 단

전에서 가슴앞으로 간다.

3 뭐~소리와 동시에 손목을 계속 돌리며 단회항을 이

완하며 가슴에서 머리위로 올린다.
4~6 '끄'소리와 동시에 손목을 돌리며 머리 위에서 옆으로 내려서 단전으로 가져온다.

▶ 앉아서 하는 동작 ⑨

1 발바닥을 서로 붙이고 앉아서 '이'소리와 동시에 팔꿈치를 구부린채 어깨를 위로 올린다.
2 어깨를 밑으로 힘을 풀며 내린다.
(이를 빠르게 '뭐'와 '끄'소리를 내면서 반복)

▶ 앉아서 하는 동작 ⑩

1 양무릎을 두팔로 껴안고 '이'와 동시에 단회항을 수축하면서 발뒷꿈치를 바닥에 붙인 상태에서 발가락을 위로 꺾어 든다. 이때

이마와 무릎이 닿듯이 단회항을 수축하면 등을 동그랗게 된다.

2 단회항을 이완하면서 발목을 풀어 발바닥을 바닥에 내려 놓는다.

('뭐'와 '꼬'소리를 내면서 반복)

▶ 앉아서 하는 동작 ⑪

1 양무릎을 구부려 양손으로 양 발가락을 잡고, '이'소리와 동시에 양 발목을 위로 꺾으며 단회항을 수축한다. 단회항을 이완하면서 바닥에 발을 내려 놓는다.

('뭐'와 '꼬'소리를 내면서 반복)

수축한 상태로 오래 있으면 더욱 효과적이다. 발가락을 잡고 단회항 수축을 하면 더욱 힘이 주어지고 특히 요실금 예방에 도움이 된다.

▶ 앉아서 하는 동작 ⑫

1~2 두다리를 펴고 앉아서 발목을 위로 꺾어 양손으로 양발을 잡고 '이'소리와 동시에 한발씩 밀어 준다.

('뭐'와 '꼬'소리를 내면서 반복한다)

▶ 앉아서 하는 동작 ⑬

1~2 두 다리를 교차하여 양 발목을 위로 꺾고, 양팔을 어깨 양 옆으로 벌려서 손목을 위로 꺾어

서 '이'소리와 동시에 양팔과 양 다리를 위로 올린다.
3 힘을 빼면서 아래로 내린다.
('뭐'와 '꼬'소리를 내면서 반복한다)

▶ 앉아서 하는 동작 ⑭

이때 두 다리를 바닥에서 약간만 올린다.

1 양무릎을 구부려서 벌린 상태로 앉아서

'이'소리와 동시에 양팔을 어깨 양옆으로 벌려 준다.

2 무릎을 구부린 상태 그대로 양발을 모아주면서 팔도 가슴 앞으로 모아준다.

▶ 앉아서 하는 동작 ⑮

3 '뭐'와 '꼬'소리를 내면서 반복

1~3 이~소리와 동시에 손목을 아래로 꺾어 손등이 위로 가게 하여 서서히 가슴앞에서 귀 뒤를 스치면서 머리위로 올려준다.

▶ 앉아서 하는 동작 ⑯

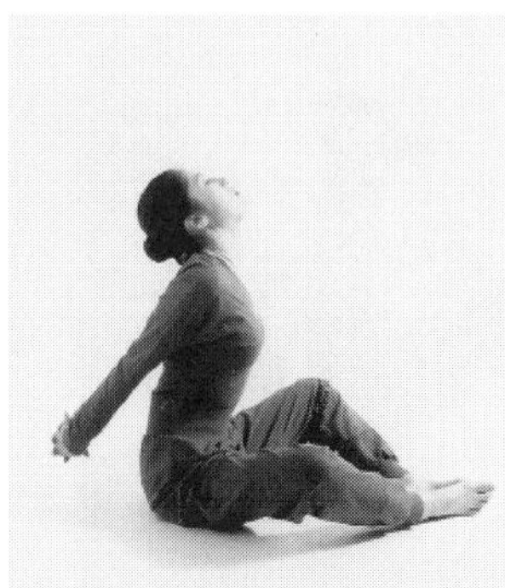

4~5 양팔을 옆으로 내려 단전으로 가져온다.
('뭐'와'꼬'소리를 내면서 반복)

1~3 '이'소리와 동시에 양손을 등뒤에서 깍지를 끼고 턱을 앞으로 쭉 빼고 위에서 아래로 원을 그

▶ 앉아서 하는 동작 ⑰

리듯 움직인다. 고개를 뒤로 젖히고 힘없이 앞으로 고개를 떨어뜨린다.
('뭐'와 '꼬'소리를 내면서 반복)

▶ 앉아서 하는 선무기본 ①

1~2 '이'소리와 동시에 양손을 등뒤에서 깍지끼고 고개를 좌우로 흔들어준다.
('뭐'와 '꼬'소리를 내면서 반복)

단전호흡(수축과 이완)을 통한 골반의 복근 근육과 항문, 회음부근육을 수축, 이완시키는 동작

▶ 앉아서 하는 선무기본 ② 단전에서 손끝으로 기를 보냄

1~2 단전호흡-두 손을 단전에 두고 단전에 집중하면서 단전, 회음부, 항문을 수축했다가 이완하면서 척추에서 정수까지 곧게 세운다.
('이', '뭐', '꼬'소리를 내면서 반복한다)

1 두 손을 단전에 두고 단전에 집중한다.

2~3 무릎을 구부리며 단회항(단전, 회음부, 항문)을 수축하면서 '이'소리를 내며 오른손을 앞으로 폈다가 옆으로 가져간다. 손이 나가는 과정을 집중한다.

4 단회항을 이완하면서 손가락이 밑으로 가도록 손목을 아래로 꺾어준다.

5 손목을 돌려서 손끝이 위를 가도록 하고 동시에 무릎을 피면서 뒷꿈치를 붙인다.

6 손끝이 밑을 향하도록 손목을 꺾으면서 팔꿈치를 편상태에서 앞으로 가져온다.

▶ 앉아서 하는 선무기본 ③

7~8 손목을 돌려 손끝까지 펴서 기를 보낸다.
9 팔꿈치를 서서히 구부리며

▶ 앉아서 하는 선무기본 ④

가슴앞으로 당긴다.
10 팔꿈치를 바깥으로 돌려 손을 단전으로 가져온다.

(뭐~소리를 내면서 왼손 반복한다)

1~10 꼬~소리를 내면서 양손 반복한다.

1 '이'소리를 내면서 단회항을 수축하여 오른무릎을 구부려 들고 오른손은 가슴 앞으로 편다.
2 오른팔을 어깨옆으로 벌리면서 오른다리를 들어올려서 앞으로 쭉 편다.
3 뒷꿈치를 바닥에 내리고 오

른 손목을 아래로 꺾어준다.
4 단회항을 이완하면서 상체를 곧게 펴고 손목을 돌려 위로 꺾는다.
5 오른무릎을 제자리로 가져

▶ 앉아서 하는 선무기본 ⑤

오고 오른손목을 아래로 꺾어준다.
6~7 손목을 돌려 손끝까지 쭉 펴준다.

▶ 앉아서 하는 선무기본 ⑥

8 팔꿈치를 구부려 가슴앞으로 당긴다.

9 팔꿈치를 바깥으로 돌려 서서히 단전으로 가져온다.

▶ 일어나는 과정

1~9 뭐~소리를 내면서 왼발과 왼손으로 기를 보내는 것을 반복

1~9 꼬~소리를 내면서 양손과 양발로 기를 보내는 것을 반

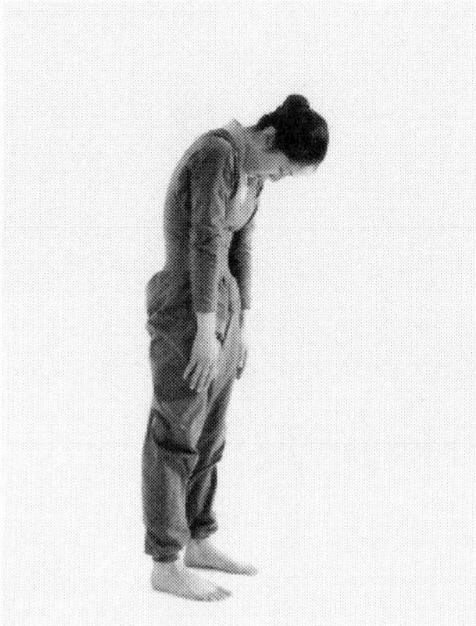

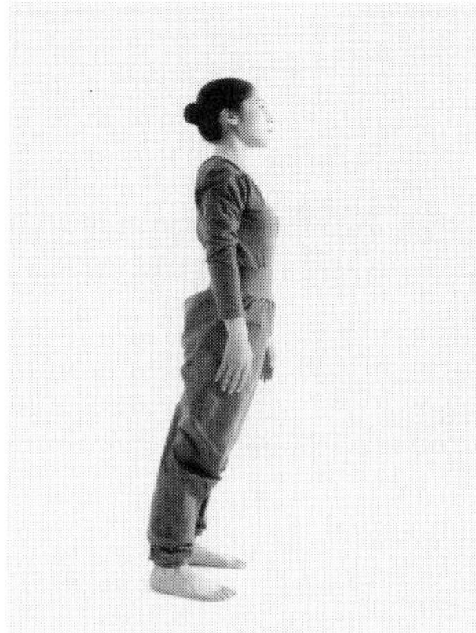

복한다.

1 바닥에 손을 짚고 무릎을 구부린다.

▶ 서서 하는 선무 기본동작 : 손과 발 같이 하기 ①

2 엉덩이를 위로 들고 고개를 숙이고 무릎을 편다.

3~4 발목-종아리-허벅지-엉

덩이 순서로 문질러주면서 일어난다.

5~6 엉덩이를 넣으면서 서서히 상체를 들어준다. 고개는 가장 마지막에 들고 일어선다.

1~2 '이'소리와 동시에 단회항을 수축하며 오른팔과 오른다리를 들어서 서서히 편다.

3 무릎을 편상태로 뒷꿈치를 바닥에 내려 놓는다.

4 이완하면서 팔꿈치를 펴고 손목을 아래로 꺽으면서 오른 무릎을 구부리고 중심을 앞으로 한다.

5 손목을 위로 올리면서 돌리고 동시에 오른발을 피고 발가락을 위로 세우면서 왼무릎은 구부리면서 중심이 다시 왼발로 온다.

6 천천히 다시 두발을 어깨넓이로 서서 뒷꿈치를 올리면서 서고 팔은 옆으로 펴서 손가락을 위로 꺾는다.

7~8 손목을 아래로 풀고 가슴 앞으로 가져온다.
9~10 손목을 위로 돌려 손 끝으로 기를 보낸다.

▶ 서서 하는 선무 기본동작 : 손과 발 같이 하기 ②

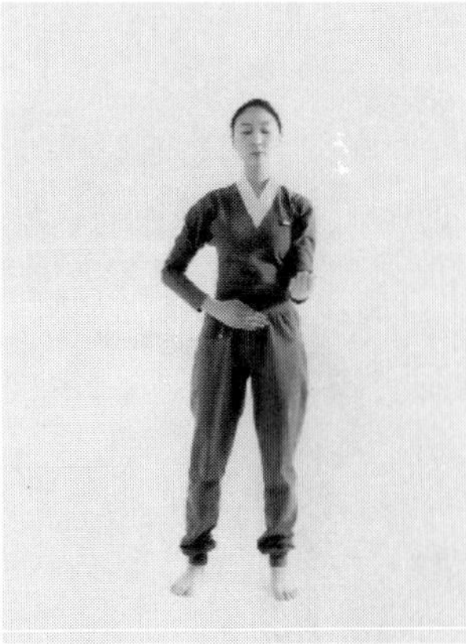

11~12 팔꿈치를 구부려 가슴 앞으로 당기고 팔꿈치를 바깥으로 돌려 두손을 단전으로 가져온다.

▶ 서서 하는 동작 ①

선무 단전호흡을 할 때는 상체가 뒤로 가거나 앞으로 가지않도록 허리를 편 자세로 수축하며 내려가는 것이다. 단전을 이완하면 기가 항문에서 척추를 타고 정수로 올라가서 다시 단전으로 온다.

1~11 뭐~소리를 내면서 왼발과 왼손으로 기를 보내는것을 반복한다.

1 '이'소리와 동시에 단회항을 수축하고 양손을 단전에 두고 오른다리를 구부려 왼다리에 올린다.
2 단회항을 이완하며 다리를 내리고 '뭐'소리를 내면서 뒷꿈치를 들고 팔을 머리 위로 든다.
3~4 뒷꿈치를 내리고 두손을 단전으로 가져가고 단회항을 수축하면서 왼다리를 오른다리 위에 올린다.
5 단회항을 이완하며 다리를 내리고 '꼬'소리를 내면서 뒷꿈치를 들고 팔을 머리 위로 든다.

▶ 서서 하는 동작 ②

1 '이'소리와 동시에 단회항을 수축하며 오른다리를 왼다리에

▶ 서서 하는 동작 ③

구부려 올리고 양손은 깍지껴서 왼쪽으로 밀어준다.

2 '뭐'소리와 동시에 팔을 오른쪽으로 밀어준다.

3 '꼬'소리와 동시에 다리를 내리고 뒷꿈치를 들고 팔을 머리위로 든다.

4 뒷꿈치를 내리면서 손은 단전으로 가져온다.

1~3 '이'소리와 동시에 오른발 뒷꿈치를 앞으로 내딛고 왼발 무릎을 구부리며 단회항을 수

축하여 천천히 엉덩이를 뒤로 빼면서 양팔을 옆으로 벌려 손목을 돌려준다. 천천히 손목을 돌리면서 머리위로 올린다.

4~5 단회항을 이완하며 몸의 중심을 앞으로 옮기며 '뭐'소리와 동시에 오른쪽 무릎을 구부리고 왼 무릎을 쫙 펴주면서 양팔을 옆으로 벌려 손목을 위로 꺾어준다.
6 '꼬'소리와 동시에 단회항을 수축하여 오른발을 왼발 옆으로 가져와서 뒷꿈치를 들었다가 놓아

▶ 서서 하는 동작 ④

준다.
7~9 손목을 손끝이 아래로 향하게 꺾어 앞으로 가져와서 손목을 돌려 손끝까지 펴준다.

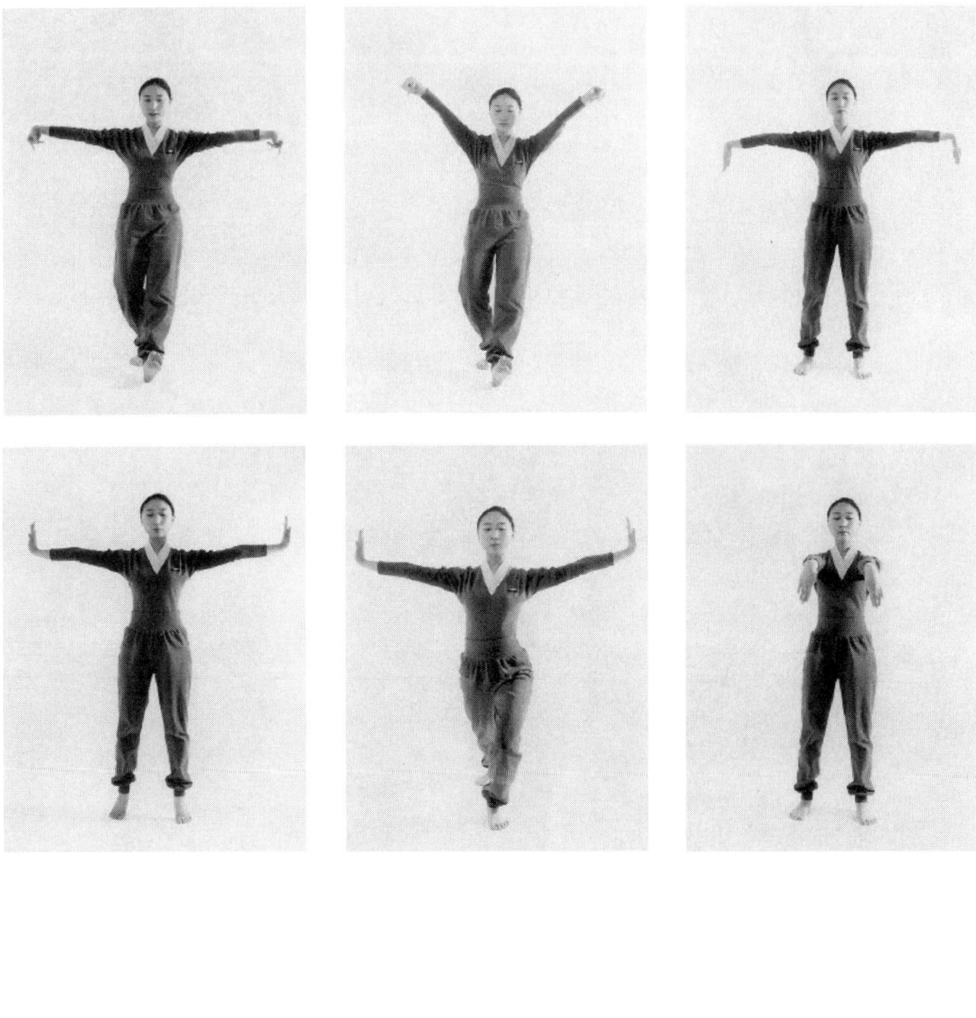

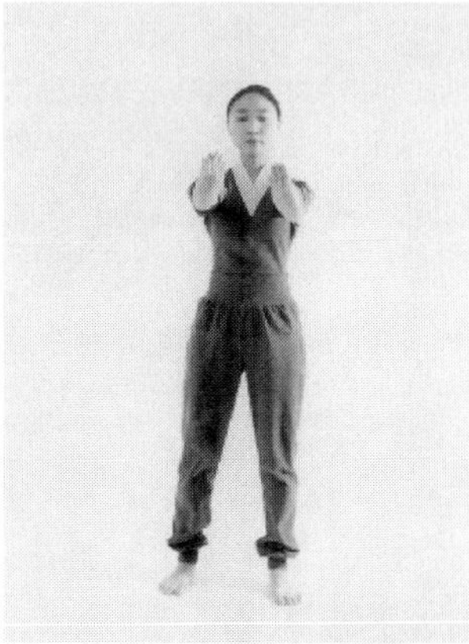
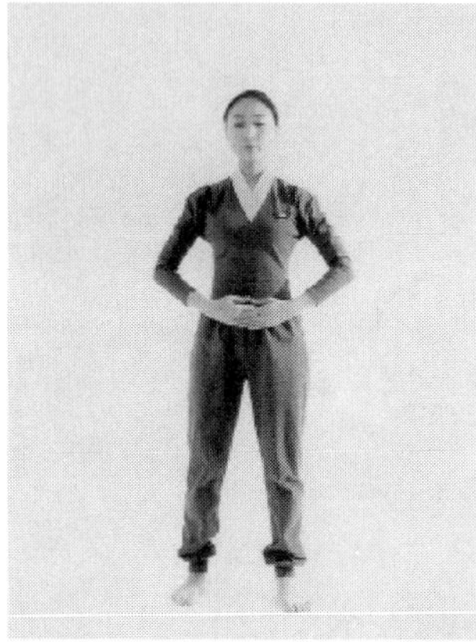
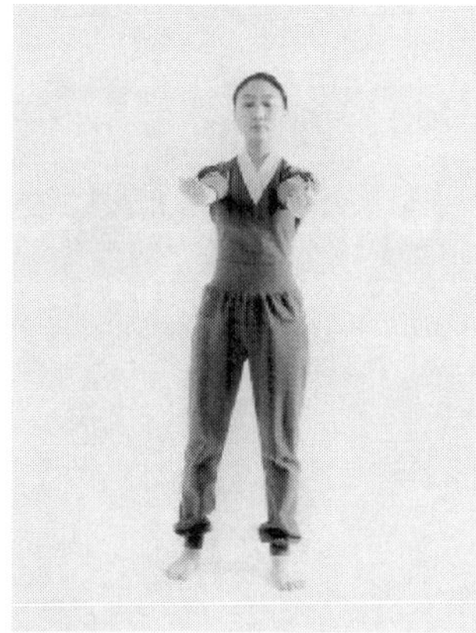

▶ 서서 하는 동작 ⑤

팔꿈치를 구부리면서 서서히 당겨와서 팔꿈치를 바깥으로 돌려 단전으로 두손을 가져온다.

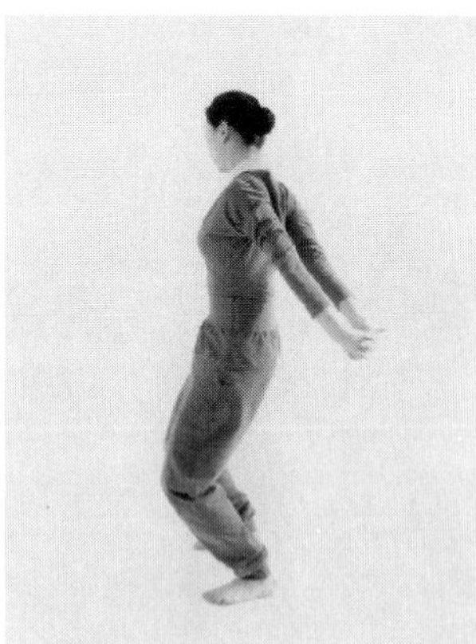

1~9 '이', '뭐', '꼬' 소리를 내면서 반대쪽 반복

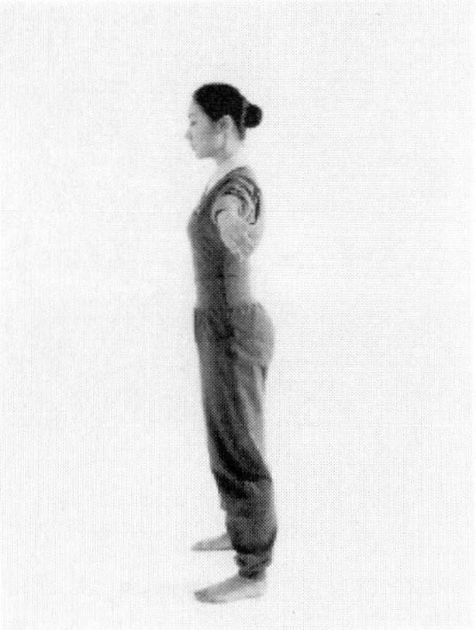
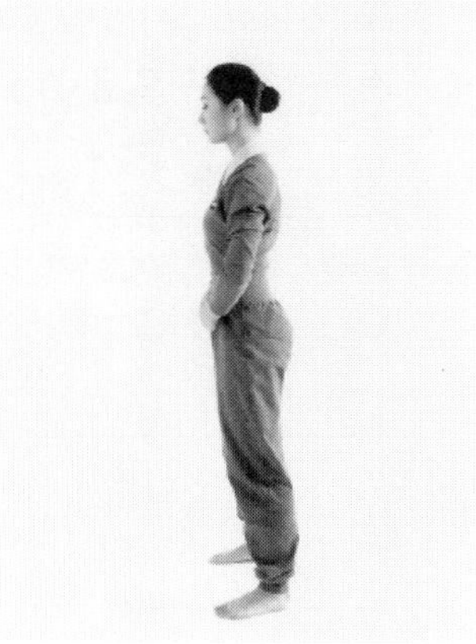

1~3 '이'소리와 동시에 단회항을 수축하여 손목을 돌리며 등 뒤로 가져간다.

▶ 서서 하는 동작 ⑥

4~5 뭐~소리와 동시에 양손을 등 뒤에서 깍지를 끼고 좌우로 흔든다.
6~7 깍지를 풀고 손목을 돌리

면서 단전으로 가져온다.
(꼬~소리를 내면서 반복)

1~2 '이'소리와 동시에 단전에서 양손목을 아래로 꺾어서 귀 뒤쪽을 스치며 머리위로 올린다.

3~4 얼굴앞으로 내리면서 두팔이 X자로 되게 양 어깨를 껴안는다.
5 뭐~소리를 내면서 좌우로 흔들어준다.

▶ Latin Music에 맞추어 하는 동작 ①

(꼬~소리를 내면서 반복)
6~8 양팔을 서서히 풀어 팔꿈치를 피며 가슴 앞으로 내린다.

1~2 두 다리를 어깨 넓이로 벌리고 손은 허리에 두고 무릎을 굽힌 상태에서 골반을 앞으

▶ Latin Music에 맞추어 하는 동작 ②

로 밀며 단회항 수축하고, 뒤로 빼며 단회항 이완하며 움직임- 처음에는 천천히 하고 점점 빠르게 한다.

▶ Latin Music에 맞추어 하는 동작 ③

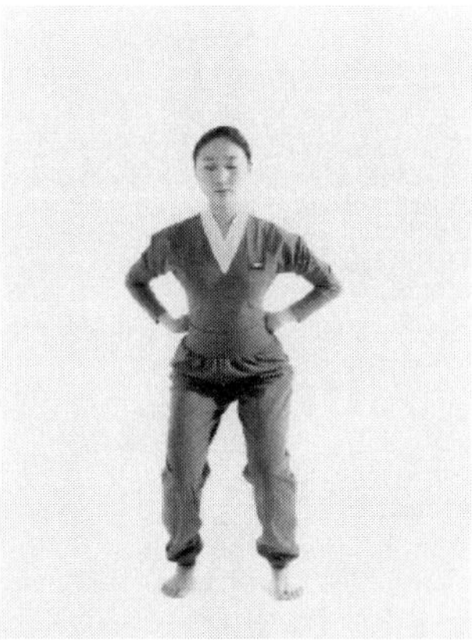

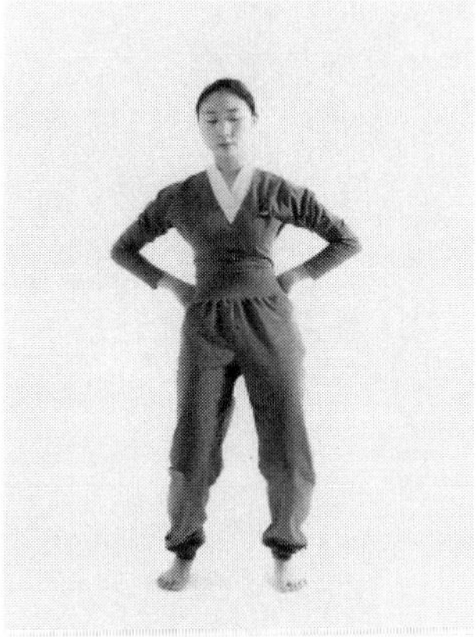

1~2 두 다리를 어깨 넓이로 벌리고 손은 허리에 두고, 무릎을 굽힌 상태에서 골반을 양 옆으로 움직인다.

1~4 두 다리를 어깨 넓이로 벌리고 손은 허리에 두고, 무릎을 굽

▶ Latin Music에 맞추어 하는 동작 ④

힌 상태에서 골반을 써클, 오른쪽부터 앞 →오른쪽 옆→뒤→왼쪽 옆→앞으로 돌려준다. 반대로 반복하여 준다.

1~2 오른발을 뒤꿈치를 들어 무릎을 구부려 내딛고, 왼무릎도 구부린 상태에서 단회항을

수축하면서 골반을 밀어준다.

3~4 단회항을 이완하며 엉덩이를 뒤로 빼준다. 이때 양손은 머

▶ Latin Music에 맞추어 하는 동작 ⑤

리 위로 올려서 손목을 계속 돌려준다.
5~8 반대발 반복

1~2 팔을 크게 돌리며 뒷꿈치를 들고 두다리를 붙여 구부린

▶ Latin Music에 맞추어 하는 동작 ⑥

상태에서 오른쪽, 왼쪽으로 움직인다. 트위스트를 추는 느낌으로 한다.

1 양손을 양 어깨위에 올리고 팔꿈치를 가슴 앞으로 모아주며 단회항을 수축하여 무릎을 구부리고 뒷꿈치를 든다.

▶ Latin Music에 맞추어 하는 동작 ⑦

2 뒷꿈치를 내리고 단회항을 이완하면서 두팔을 어깨 뒤로 밀어준다.

1 두팔을 옆으로 벌려 손

목을 위로 꺾고 팔을 가슴 앞으로 모아주며 단회항을 수축하여 무릎을 구부리고 뒷꿈치를 든다.
2 뒷꿈치를 내리고 단회항

▶ Latin Music에 맞추어 하는 동작 ⑧

을 이완하면서 두팔을 어깨 뒤로 밀어준다.

1~4 팔꿈치를 구부려 자연스럽게 움직이면서 한발씩 번갈아가며 발가락을 위로 세워 뒷꿈치를 바닥에 닿도록 한다. 이를 빠르

▶ Latin Music에 맞추어 하는 동작 ⑨

게 반복한다.

1~2 손목을 위로 꺾어 두팔을 어깨 양옆으로 벌려 단회항을 수축하여 무릎을 구부린 상태에서 하체를 좌우로 틀면서

▶ 걷는 명상

뛴다.

1~2 '이'소리와 동시에 단회항을 수축하여 오른발을 들면서 발목을 위로 꺾어 뒷꿈치부터 내딛는다.

3 단회항을 이완하며 몸의 중심을 앞으로 옮기며 오른무릎을 구부리고 왼다리는 뒤로 피면서 팔도 내린다.
4 왼다리를 오른다리 옆으로 가져온다. (이를 '이','뭐','꼬'~소리를 내면서 반복)

발의 보폭을 넓게하면 중심이 흔들릴 수 있으므로 보폭을 작게 하도록

▶ 서서 하는 수인법

한다.

5~6 뭐~소리를 내면서 왼발

반복한다.

1 양손을 사명의 수인법으로

가슴앞에 두고 선다.

2 '이'소리와 동시에 단회항을 수축하며 양무릎을 구부린다.

3 '뭐'소리와 동시에 왼무릎을 구부려 왼쪽으로 옮기고, 양손을 왼쪽으로 밀며 오른다리를 쭉 펴준다.

4 '꼬'소리를 동시에 내면서 오른무릎을 구부려 바깥으로 돌려 왼무릎에 붙이고 양손을 가슴앞으로 가져온다.

5 오른다리를 왼다리 옆으로 내려 양무릎을 구부리고 서서 양손을 가슴 앞으로 가져온다.

6 '이'소리와 동시에 오른무릎을 구부려 오른쪽으로 중심을 옮기고, 양손을 오른쪽으로 밀며 왼다리를 쭉 펴준다.

7 '뭐'소리와 동시에 왼무릎을 구부려 바깥으로 돌려 오른무릎에 붙인다.

8 '꼬'소리와 동시에 왼다리를 오른다리 옆으로 내려 뒷꿈치를 들면서 양손을 머리 위로 가져간다.

▶ 앉는 과정

9 뒷꿈치를 내리면서 양손을 가슴 앞으로 가져온다.

1 양손을 단전에 둔다.

2 왼다리를 뒤로 내딛는다.
3 무릎을 구부려 무릎을 바닥

▶ 앉아서 하는 수인법(사명 수인법)

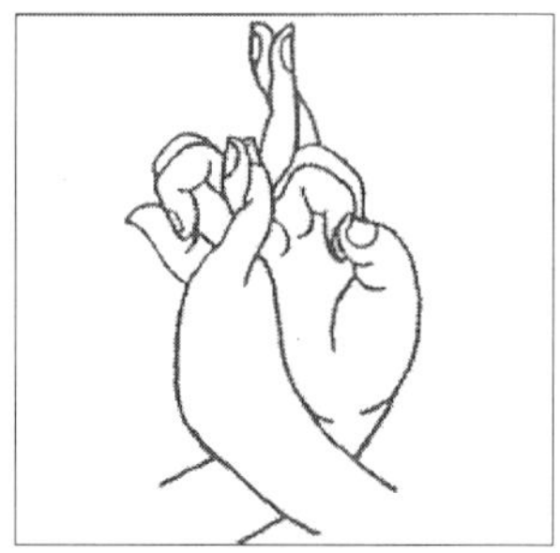

사명(四明)수인법

에 내려놓는다.
4 양손을 바닥을 짚는다.

5 가부좌의 자세로 앉는다.

1 가부좌를 하고 앉아서 사명의 수인법으로 가슴 앞에 둔다.
2 '이'소리를 내면서 서서히

머리위로 올린다.
3~4 가슴으로 가져온 후 '뭐'소리를 내면서 왼쪽으로 보낸다.

5~6 가슴으로 다시 왔다가 '꼬'소리를 내면서 오른쪽으로 보낸다.

▶ 앉는 명상(좌선)

7~9 가슴으로 가져온 후 손가락을 풀면서 단전으로 가져온다.

▶ 감정처리 ①

자기 몸이 움직이는 대로 하되 무리하지 말 것

서서히 앉아서 두 손은 단전에 두고 단전에 집중하며 반가부좌상태에서 명상을 한다.

▶ 감정처리 ②

▶ 감정처리 ③

1~3 누워서 온몸으로 기분 나쁜것, 속상한것들을 표현한다.
1~6 일어나면서 서서 표현한다(자기 마음이 가는대로 몸동작을 표현한다).

▶ 걷는 명상

1~3 표현한 것을 '이','뭐','꼬'로 대체시켜 동작으로 표현한다(천천히 단전에서 기를 전달하는 과정에 100% 집중하여 무리없이 추어본다).

- '이'소리를 내면서 단회항을 수축하여 오른발을 들면서 왼팔을 앞으로 올렸다가 발목을 위로 꺾어 뒷꿈치부터 내딛는다.
- 단회항을 이완하며 몸의 중심을 앞으로 옮기며 오른무릎을 구부리고 왼다리는 뒤로 펴면서 팔도 내린다.

- 왼다리를 오른다리 옆으로 가져온다.

• 이를 '이', '뭐', '꼬'소리를 내면서 반복
발의 보폭을 넓게 하면 중심이 흔들릴 수 있으므로 보폭을 작게하도록 한다.

:: 선무치유음악

1. 명상음악 :

① "**Water**" - HANSHAN : Tim Wilson

② "**The First Experience**" : by Jiang Jang

③ "**Rain Sound & Holy Song**" : Raphael Mostel

④ **Raga** : Polash Gomes

⑤ "**Nines**" & "**Terra Firma**" : ALCHEMY

2. 라틴음악 : Merengue

청소년 스트레스 관리를 위한 선무

모델/ 조수희 권영균 전양숙

1. 서론

청소년기는 신체적, 생리적, 정서적, 사회심리적으로 혼란스럽고 불안정한 특성이 많이 나타나는 시기로 정서적으로 기분의 변화 폭이 잦고 심리적으로 불안하며, 행동은 과격하여 극단으로 흐르기가 쉽다. 많은 청소년에게서 의존과 독립, 무관심과 열성, 쾌락의 추구와 이상주의, 과대 망상적 자신감과 소외감, 희망과 절망, 극단의 이기주의와 이타주의가 동시에 나타나거나 혹은 단시간 내에 변화하므로 '질풍노도' 혹은 '격동의 시기'라고도 한다. 이 과정에서 청소년들은 스트레스를 경험하는데. 청소년들은 학생신분으로서 실질적으로 부딪히는 입시에 대한 부담감과 성적, 이성관계, 가족관계, 교우관계 등에서 많은 스트레스를 경험하며 시간부족으로 인해서 인격적인 정서의 균형 잡힌 성장이 이루어지지 않고 있는 실정이다.

청소년기에 겪는 스트레스의 종류와 강도를 성인기에 겪는 스트레스의 절대수치와 비교한 연구가 구체적으로 제시되어 있지는 않으나 청소년 시기에 겪게 되는 스트레스 역시 그들에게는 여러 가지 영향을 주는 요소임에 틀림이 없다. 청소년기에 얼마나 이를 잘 조정하고 슬기롭게 대처해 나가느냐 하는 것은 청소년 자신은 물론 가정에 있어서도 중요한 문제라고 할 수 있다.

청소년이 겪는 스트레스가 중요한 이유는 이들이 아직 자신의 행동을 충분히 통제하고 생각을 정리한 연후에 행동하는 힘이 성인에 비해 미흡한 경우가 많으므로 스트레스를 잘 이겨내도록 지도해주는 것이 중요하다.

청소년기에 요구되는 정서교육이나 인간교육을 외면한 채 일류만을 추구하는 교육으로 청소년들의 욕구를 충족시켜 주지 못함으로서 스스로 심각한 이질감과 소외감을 느끼게 하여 각종의 청소년 범죄와 비행을 유발하게 한다(Mok-Po from Nov. 20 to Dec. 24, 1996).

스트레스가 개인에게 심한 악영향을 초래하게 될 경우 작게는 불안이나 짜증에서부터 시작하여 크게는 무력감과 정신질환으로 발전하고 극단적으로는 자살이나 사망에 이르는 결과를 초래하기도 한다. 이러한 스트레스 현상은 일반 대중들 사이에서도 스트레스에 대한 관심도가 시간이 흐를수록 높다는 것을 입증하는 것으로, 많은 의료전문가들이 모든 신체발병의 50~70% 정도가 그 원인이 스트레스에 있다고 밝히고 있다(McLean, A. A.(1979) Work stress. California; Addison-Wesley).

청소년의 이러한 스트레스를 해소하기 위한 방안으로 특별한 대안없이 청소년들의 '노는 모습'과 문화에 대해 못마땅하게 여기는 사회의 통념으로 인해 청소년층을 중심으로 한 "반문화(Counter culture)형성의 가능성이 매우 크다고 할 수 있으며, 이미 현실화되어 음성적 행태가 대항문화의 양식을 갖추면서 당당하게 표면적으로 나타내고 있는 것이다. 예를 들어 게임중독, 흡연, 마약류 및 약물남용 등을 들 수 있으며, 청소년들은 입시, 성적, 이성문제 등의 스트레스를 해소하기 위하여 적극적인 대처방법을 사용하기 보다는 흡연행위와 같은 일시적이고 소극적인 방법을 사용하게 된다고 한다. 고등학생들의 경우, 스트레스를 받으면 담배를 피우게 되고 또한 인지하는 스트레스 수준이 심각할수록 흡연의 정도는 높다고 한다.청소년들의 약물남용은 건강하게 자라야 할 청소년들의 정신과 육체기능을 황폐화 시킬 뿐만 아니라 가정, 학교 그리고 사회에서 미래의 주역으로서 희망찬 미래가 보장되지 못하는 커다란 사회문제로 대두되고 있는 현실이다(Mok-Po from Nov. 20 to Dec. 24, 1996).

또한 통계청이 발표한 '2005 청소년 통계'에 따르면 청소년 사망 원인 중 자살이 2위를 차지하고 있다. 1위가 교통사고인 것을 감안했을 때 청소년 자살의 심각성을 보여준다.

실제로 통계청이 조사한 2003년 사망원인통계연보에 따르면 15~19세에 해당하는 청소년의 자살로 인한 사망자는 인구 10만 명당 265명으로 8.2%로 청소년 100명중 8명은 자살로 죽는 것을 의미한다.

이렇듯 청소년의 스트레스를 해소할 수 있는 프로그램의 모색이 절실한 실정이며, 청소년을 위한 선무요법은 긍정적인 명상으로 집중력향상과 마음의 안정을 가져다 줄 수 있으며, 동작을 통해 내면의 부정적인 감정을 즉흥무로 풀어낼 수도 있다.

또한 활발한 동작으로 진행되는 '테크노-라틴 선무 동작명상' 테라피는 청소년들에게 즐거움과 활력을 줄 뿐만 아니라 신체적 운동량을 증가시켜 스트레스 해소는 물론 정신집중을 유도해 심신의 안정을 가져다 주고 신체적, 정신적 변화를 겪는 사춘기 청소년들에게 긍정적인 효과를 줄 수 있는 프로그램이며 활동량이 많은 성장기 청소년들에게 더욱 적극적인 치유방법이 된다.

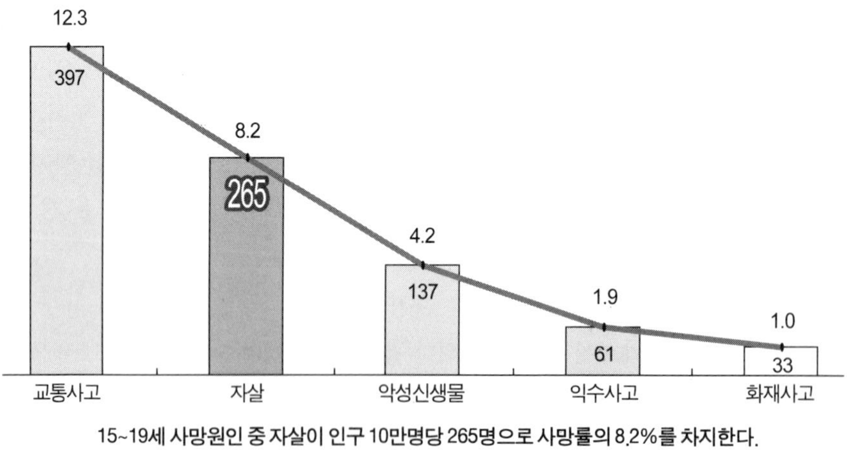

15~19세 사망원인 중 자살이 인구 10만명당 265명으로 사망률의 8.2%를 차지한다.

자료 : 2003년 통계청 사망원인 통계연보, ⓒ 프로메테우스

2. 청소년을 위한 치유선무—인터뷰

조현미 박사(현재 하트스켄 소화기과 과장, 전 원광대학 동서보완대체의학 대학원 교수)

팔을 앞, 뒤로 하나, 둘 흔드는 것과는 달리 손으로 어떠한 형태를 만들어 동작을 해야 하기 때문에 그 움직이는 동작 과정에 자동적으로 정신을 집중하게 된다. 특수하고 정교한 동작을 가르쳐주면 재미있는 동작이기 때문에 그것을 배우기 위해 계속 잘하려고 연습하면서 자연히 정신집중을 하게 되고, 배우고 나면 또 계속 하려고 하니 저절로 집중을 하게 된다. 사실 아이들은 한 곳에 집중을 하기 어려운데 선무 수인법을 통해서 정신집중을 하는 것을 훈련하게 되면 정신집중 훈련이 되어 습관화되고 일상화되어서 나중에는 공부할 때도 쉽게 정신집중력을 자동적으로 이용할 수 있다. 또한 청소년은 자라나는 시기이므로 생활에서 습관화되는 것이 좋은 연령이기 때문에 그때 정신집중 훈련을 시키면 평생 동안 정신집중이 본인에게 좋은 영향을 끼칠 수 있다. 예를 들어, 공을 돌릴 때 평상시에 어렵고 굉장히 노력해야 하고 집중해야 한다. 그러나 집중하는 것이 훈련이 되면 나중에는 자연히 습관화될 수 있고 잘하게 되는 것이다.

청소년들은 또 스트레스를 많이 받을 시기인데 자신이 사방에서 학교, 부모님 등 시키는 데로만 해야 하는 데서 오는 의식, 무의식적으로 스트레스를 많이 받는데 그런 청소년들이 어느 한 곳에 집중하게 되면 그 순간 자체가 스트레스를 벗어난 순간이라고 생각하게 되고 마음을 안정시킬 수 있다.

또한 하루 종일 앉아서 공부하는 청소년들이 학업에 집중하고 오랫동안 앉아있음으로 근육이 경직됨을 시간마다 풀어줌으로서 정신집중에 따르는 경직된 육체로부터 혈액순환이 잘 되게 함으로써 공부하는데 필요한 집중력과 기억력을 올림으로써 학업능률을 향상시키는 데 도움이 된다. 의식을 높이면서 자신감을 갖게 할 뿐만 아니라, 선무를 통해 자신의 의식이 깨끗해지면 자신이 나아갈 방향을 스스로 깨닫게 되기 때문에 탈선이 될 수가 없고 부정적인 방향으로는 행동하지 않을 것이다.

3. 선무—동작명상

선무-동작명상은 쉽고 재미있는 청소년을 위한 심신건강 프로그램으로 '마음의 평정', '스트레스 해소', '정신집중', '척추교정' 등 몸과 마음의 균형을 이룸으로써 청소년의 활발한 학교생활을 위해 저자가 창안한 독특한 동작명상 프로그램이다.

1. 테크노 동작

자유스러운 스스로의 동작으로 스트레스를 해소시켜 몸과 마음이 가벼워지도록 한다.

자신이 가장 싫은 감정, 생각, 스트레스를 온몸을 이용하여 몸이 움직이는 대로 여러 가지 형태의 동작으로 표현함으로써 울체된 기를 해소시켜 몸과 정신을 가볍게 해준다.

2. 스트레스 해소

-라틴음악에 맞춰 골반과 상체를 자유자제로 움직임으로서 컴퓨터 중독으로 인해 척추와 골반의 불균형을 잡아주고 동시에 울체딘 기를 원활하게 풀어주어 기분을 밝게 해준다.

3. 무드라 동작명상

① 호흡조절 : 이뭐꼬 소리를 단전에서 냄으로써 울체된 기를 밖으로 내보내고 동시에 오장육부와 호흡 순환계의 기능 강화를 시켜주도록 한다. '이' 소리는 뼈와 심장에, '뭐' 소리는 간과 힘줄에, '꼬' 소리는 심장과 핏줄에 각각 영향을 준다(백성현 박사, 미국 시애틀).

② 단회항 수축과 이완 : 척추, 복근, 골반 근육을 강화시켜 체력을 강화시키도록 한다.

③ 무드라(수인법) : 내면의 의식 흐름을 다양한 형태의 손동작에 정신을 집중함으로써 전신의 긴장을 이완시키고 오장육부를 자극해 주는 무드라 명상을 통해 순수하고 즐거운 마음이 표현되어지도록 한다.

4. 좌선(명상)

마음의 평정을 되찾게 해주며 심리적으로 편안한 상태를 만들어 준다.

정신을 단전 하복부에 집중함으로써 울체된 기(기ㅡ피가 머리에서 상승한 상태)는 불안, 초조, 근심, 걱정 등을 이뭐꼬 호흡-기의 회전(단전-척추-정수리-단전)으로 해소시켜준다.

:: 선무치유음악

1. 명상음악 :

① **"Water"** - HANSHAN : Tim Wilson

② **"The First Experience"** : by Jiang Jang

③ **"Rain Sound & Holy Song"** : Raphael Mostel

④ **Raga** : Polash Gomes

⑤ **"Nines"** & **"Terra Firma"** : ALCHEMY

2. 라틴음악 : Merengue

치유음악은 선무와 함께 어우러져 몸과 마음이 하나로 일치되어 의식이 맑아지고 온몸에 활력을 제공해 주는 필연적 요소이다.

귀를 통해 듣는 치유음악은 우리의 마음을 움직이게 한다.

그 마음은 감정과 더불어 우리몸속의 울체된 기를 선무기법으로 서서히 풀어준다. 명상음악으로 몸과 마음이 평화롭고 조화스러운 안정상태로 해준다. 라틴음악의 빠르고 경쾌한 리듬은 신체의 척추와 골반의 분리동작을 반복함으로서 울체된 기를 뚫어주고 전신운동과 더불어 혈액순환을 촉진시킨다.

청소년을 위한 치유 선무(동작 명상) 프로그램

▶ 서서 하는 동작 ①

1~2 양손과 양발을 털어준다.

▶ 서서 하는 동작 ②

1 '이'소리와 함께 단회항을 수축하여 양무릎을 구부리고, 양팔과 손바닥을 벌려 어깨 뒤로 재껴준다.

2 단회항을 이완하며 양무릎을구부린상태로손바닥을뒤집으며어깨앞쪽으로가져온다. ('뭐'와'꼬'소리를 내면서 반복한다)

▶ 서서 하는 동작 ③

1 양팔을어깨양옆으로 벌리고 선다. '이'소리를 내면서 단회항을 수축하여 무릎을 구부리고 상체를 오른쪽으로 틀어주고 이완한다.

2 '뭐'소리를 내면서 상체를 왼쪽으로 틀어주고 이완한다.

3 '꼬'소리를 내면서 상체를 오른쪽으로 틀어주고 이완한다.

4 상체를 이완한 상태에서 양손을 머리위로 올리며 뒷꿈치를 들었다가 내려준다.

▶ 서서 하는 동작 ④

1 '이'소리와 동시에 단회항을 수축하여 오른발을 구부려 왼다리에 붙이고 오른손을 오른쪽으로 벌려 손목을 위로 꺾는다.

2 오른발을 옆으로 이동하여 뒷꿈치를 들고 손목을 아래로 꺾는다.

3 오른팔을 가슴앞으로 가져와 손목을 돌려 손끝까지 펴준다.

4~5 팔꿈치를 가슴앞으로 당겨 바깥으로 돌리며 단전으로 가져온다.

▶ 서서 하는 동작 ⑤

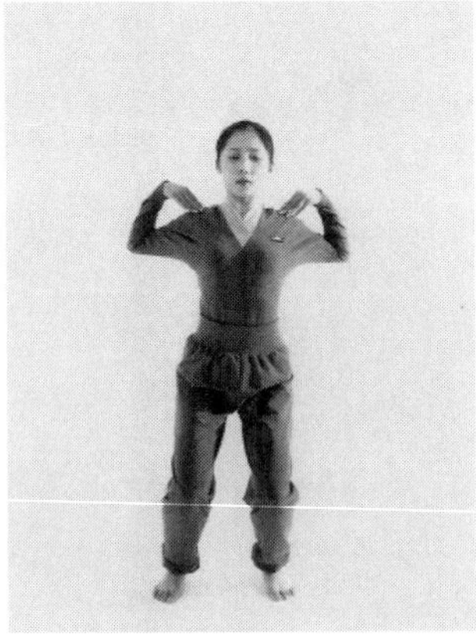

1 '이'소리와 동시에 단회항을 수축하며 양무릎을 구부려 골반을 앞으로 밀면서 양손을 어깨에 두고 팔꿈치를 가슴앞으로 모아준다.

2 '단회항을 이완하며 엉덩이를 뒤로 빼면서 양팔꿈치를 어깨뒤로 밀어준다.
('뭐'와 '꼬'소리를 내면서 반복한다)

▶ 서서 하는 동작 ⑥

1 양팔을 오른쪽으로 보내고, 오른손바닥이 위로, 왼손바닥이 아래로 향하게 하면서, 하체는 왼쪽으로 틀어서 빠르게 발바닥 전체로 빠르게 딛여준다.

2 양팔을 왼쪽으로 보내면서 하체는 오른쪽으로 비틀면서 반대쪽을 반복한다.

▶ 서서 하는 동작 ⑦

1~2 양손을 양어깨에 놓고, 팔꿈치를 모았다 벌렸다를 반복하며 제자리에서 살짝살짝 뛴다.

▶ 서서 하는 동작 ⑧

1~2 양팔을 어깨 양옆으로 벌려 손목을 위로 꺾고, 하체를 좌우로 비틀면서 뛴다.

▶ 서서 하는 동작 ⑨

1~2 '이'소리와 동시에 양옆에서 손목을 돌리면서 양무릎을 구부려 엉덩이를 뒤로 쭉 뺀다.

3 '뭐'소리와 동시에 손목을 위로 꺾어준다.

4~5 단회항을 수축하며 엉덩이를 집어넣어 서서히 상체를 든다. 단회항을 이완하며 뒷꿈치를 들어 양손목을 돌리면서 머리위로 가져가 깍지낀다. 서서히 뒷꿈치를 내리고 손목을 돌리며 단전으로 가져온다.

▶ 서서 하는 동작 ⑩

1~2 머리위에서 양손을 깍지낀 상태에서 발의 뒷꿈치가 엉덩이를 찰 정도로 높게 뛴다.

▶ 서서 하는 동작 ⑪

1~2 양팔로 어깨를 껴안고 '이'소리와 동시에 단회항을 수축하여 무릎을 구부리고 좌우로 흔들어준다.

3 '뭐'소리와 동시에 단회항을 이완하여 엉덩이를 뒤로 빼며 양팔을 옆으로 벌려 손목을 위로 꺾어준다.

4 단회항을 수축하여 엉덩이를 집어넣고 양손을 앞에서 깍지낀다.

5~6 깍지낀 손을 머리위로 올린다. '꼬'소리와 동시에 단회항을 수축하여 무릎을 구부리고 좌우로 흔들어준다.

▶ 서서 하는 동작 ⑫

1~2 양팔을 옆으로 벌려 손목을 위로 꺾고, 뒷꿈치를 들고 무릎을 구부린 상태에서 하체를 돌리며 앞으로 4걸음, 뒤로 4걸음 걷는다.

▶ 서서 하는 동작 ⑬

양손가락을 쫙편 상태로 양팔을 크게 돌리며 뒷꿈치를 들고 무릎을 굽힌 상태에서 하체를 좌우로 움직이며 앞으로 4걸음, 뒤로 4걸음 걷는다.

▶ 서서 하는 동작 ⑭

1~2 양팔은 옆으로 자연스럽게 벌린상태에서 발바닥전체로 바닥을 빠르게 딛으면서 어깨를 앞 뒤로 움직인다.

▶ 서서 하는 동작 ⑮

1~2 양 손가락을 쫙 편상태에서 팔을 크게 돌리며 발바닥 전체로 바닥을 빠르게 딛인다.

▶ 걷는 명상

1~3 '이'소리와 동시에 단회항을 수축하여 오른발을 들면서 왼팔은 앞으로 오른팔은 옆으로 올렸다가 손목을 돌리면서 발뒷꿈치부터 발가락까지 서서히 바닥에 내린다.

4 단회항을 이완하며 몸의 중심을 앞으로 옮기며 오른무릎을 구부리고 왼다리는 뒤로 피면서 팔도 서서히 내린다.

5~6 왼다리를 오른다리 옆으로 가져온다.

7~8 '뭐'소리를 내면서 왼발 반복한다(이~뭐~꼬~소리를 내면서 반복).
(발의 보폭을 넓게하면 중심이 흔들릴 수 있으므로 보폭을 작게하도록 한다)

▶ 무드라를 이용한 동작 ①

1 오른다리를 구부려 앞으로 한발 내딛고, 왼무릎을 바닥에 대고 앉아서 양손을 단전에 두고 상품상생의 수인법을 한다.

2 '이'소리와 동시에 양팔을 어깨 양옆으로 벌린다.

3 '뭐'소리와 동시에 양손을 가슴앞으로 상품중생의 수인법으로 한다.

4 중심을 오른다리로 옮기면서 서서히 일어난다.
('꼬'소리와 동시에 중심을 오른다리로 옮기면서 서서히 일어나 상품하생의 수인법을 한다)

수인법

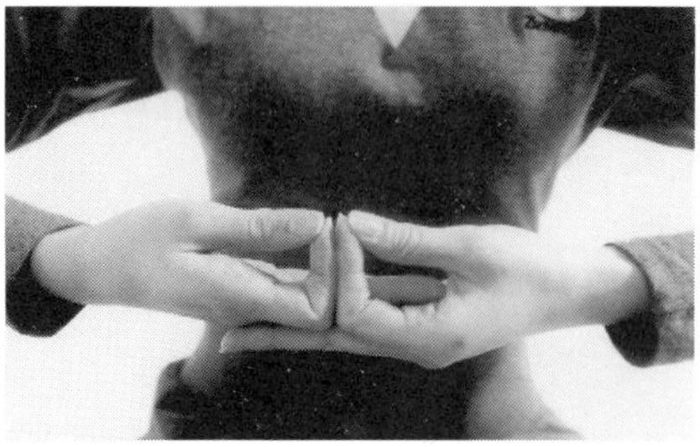

상품 상생

상품 중생

하품 중생

▶ 무드라를 이용한 동작 ②

1 오른다리를 구부려 무릎을 바깥으로 벌려 왼 무릎에 붙이고 서서, 가슴앞에서 상품하생의 수인법을 한다.

2 '이'소리와 동시에 양손을 오른쪽으로 밀고 엉덩이를 왼쪽으로 밀어준다.

3 '뭐'소리와 동시에 양손을 왼쪽으로 밀고 엉덩이를 오른쪽으로 밀어준다.
('꼬'소리와 동시에 내면서 오른쪽으로 반복한다)

▶ 무드라를 이용한 동작 ③

1 '이'소리와 동시에 단회항을 수축하여 양무릎을 구부리고, 양손을 상품중생의 수인법으로 가슴앞에 둔다.

2~3 단회항을 이완하며 양팔을 양옆으로 벌려준다.

4~5 '뭐'소리와 동시에 오른무릎을 구부려 바깥으로 벌리고 왼무릎에 붙여, 양손은 상품하생의 수인법으로 가슴앞에 둔다.

6~7 오른다리를 내려 앞으로 내딛고, '꼬'소리와 동시에 왼무릎을 구부려 바깥으로 벌리고 오른무릎에 붙인다.

8~9 왼다리를 내려 뒤로 내딛고, '이'소리와 동시에 오른무릎을 구부려 바깥으로 벌리고 왼무릎에 붙여, 양손은 상품하생의 수인법으로 가슴앞에 둔다.

▶ 무드라를 이용한 동작 ④

1 '이'소리와 동시에 단회항을 수축하여 양무릎을 구부리고, 양손을 하품중생의 수인법으로 가슴앞에 둔다.

2 단회항을 이완하며 오른발을 내딛고 중심을 앞으로 옮겨 양팔은 양옆으로 벌려준다.

3 '뭐'소리와 동시에 왼무릎을 구부려 바깥으로 벌리고 오른무릎에 붙여 하품하생의 수인법으로 양손을 오른쪽으로 밀어준다.

4~6 왼다리를 내려 앞으로 내딛고, '꼬'소리와 동시에 오른무릎을 구부려 바깥으로 벌리고 왼무릎에 붙여, 양손은 상품하생의 수인법으로 왼쪽으로 밀어준다.

▶ 무드라를 이용한 동작 ⑤

1 '이'소리와 동시에 양무릎이 바깥으로 가도록 하여 뒷꿈치를 들고 앉아 군다리명왕인의 수인법으로 가슴앞에 둔다.

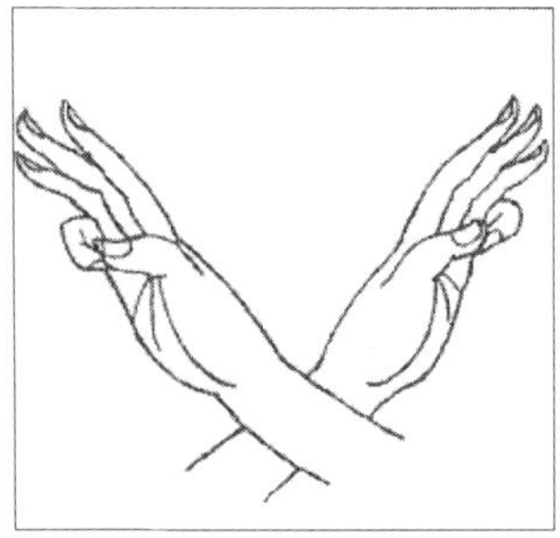

군다리명왕인(軍荼利明王印) 수인법

2~3 '뭐'소리와 동시에 양팔을 어깨양옆으로 벌려준다.

4~5 '꼬'소리와 동시에 머리위로 가져가 군다리명왕인의 수인법을 한다.

▶ 무드라를 이용한 동작 ⑥

1 '이'소리와 동시에 양무릎이 바깥으로 가도록 하여 뒷꿈치를 들고 앉아 군다리명왕인의 수인법으로 가슴앞에 둔다.

2 '뭐'소리와 동시에 양팔을 어깨양옆으로 벌려준다.

3 '꼬'소리와 동시에 다시 군다리명왕인의 수인법으로 가슴앞으로 온다.

▶ 무드라를 이용한 동작 ⑦

1 '이'소리와 동시에 단회항을 수축하여 양무릎을 구부리고 군다리명왕인의 수인법으로 가슴앞에 둔다.

2 '뭐'소리와 동시에 오른발을 앞으로 내딛고 중심을 옮겨 단회항을 이완하여 양팔을 양옆으로 벌려준다.

3 '꼬'소리와 동시에 단회항을 수축하여 오른무릎을 구부려 바깥으로 벌려 왼무릎에 붙이고 양손은 머리 위에서 군다리명왕인의 수인법을 한다. ('이뭐꼬'소리를 내면서 반대쪽 반복한다)

▶ 무드라를 이용한 동작 ⑧

1 '이'소리와 동시에 오른무릎을구부려바깥으로벌려 왼무릎에붙이고양손은 머리 위에서 경단단인명의 수인법을 한다.

2 '뭐'소리와 동시에 오른발을 앞으로 내딛고 양팔을 어깨 옆으로 벌려준다.

3 '꼬'소리와 동시에 오른발로 중심을 옮기며 왼무릎을 구부려 바깥으로 벌려 오른무릎에 붙이고 가슴앞에서 경단단인명의 수인법을 한다.

4~5 '뭐', '꼬'소리를 내면서 뒤로 반복한다.

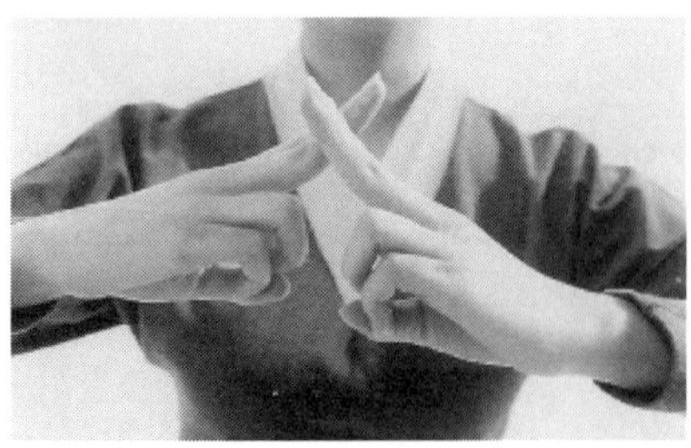

경단단인명

▶ 무드라를 이용한 동작 ⑨

1 가부좌를 하고 앉아서 '이' 소리와 동시에 양손을 사명의 수인법으로 가슴 앞에 둔다.

2 '뭐'소리와 동시에 양손을 머리위로 올려준다.

3 '꼬'소리와 동시에 가슴앞으로 내려 손끝이 아래로 향하게 돌려준다.

4 '이'소리와 동시에 다시 가슴앞으로 돌린다.

5 '뭐'소리와 동시에상체는 그대로 두고 양손을 오른쪽옆으로 밀어준다.

6 '꼬'소리와 동시에 왼쪽옆으로 밀어준다.

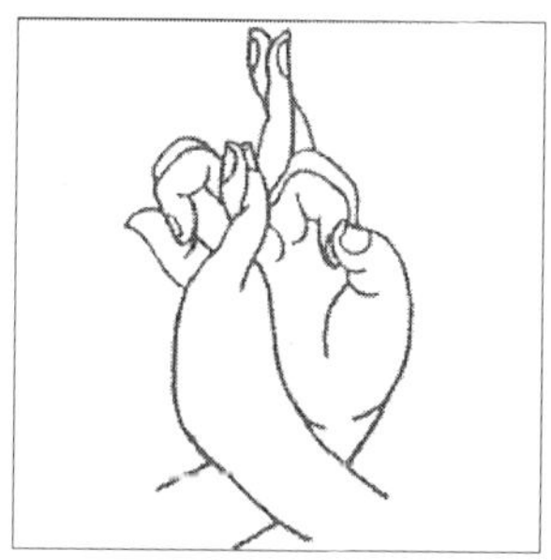

사명(四明)수인법

▶ 무드라를 이용한 동작 ⑩ : 사명수인법

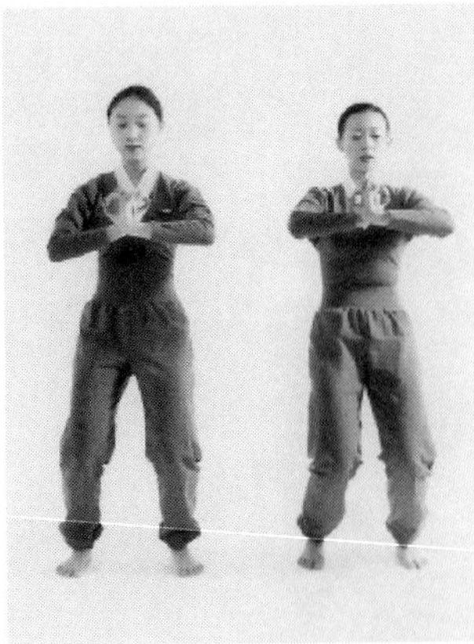

1~2 '이'소리와 동시에 뒷꿈치를 들며 사명의 수인법으로 가슴앞에서 머리위로 올려준다.

3 '뭐'소리와 동시에 뒷꿈치를 내리며 양팔을 가슴앞으로 내린다.

4 '꼬'소리와 동시에 오른발을 앞으로 내딛는다.

5 '이'소리와 동시에 중심을 앞으로 옮기며 양팔을 머리위로 올려준다.

6 '뭐'소리와 동시에 왼무릎을 구부려 바깥으로 벌려 오른무릎에 붙이고 양팔을 오른쪽으로 밀어준다.

7 '꼬'소리와 동시에 양팔을 왼쪽으로 밀어준다.

무드라를 이용한 동작 ⑪

1 '이'소리와 동시에 양무릎이 바깥으로 가도록 뒷꿈치를 들고 앉아, 양손을 지권인의 수인법으로 가슴앞에 둔다.

2 '뭐'소리와 동시에 양손을 오른쪽으로 밀어준다.

3 '꼬'소리와 동시에 양손을 그대로 머리위로 올려준다.
('이뭐꼬'소리와 동시에 왼쪽 반복한다)

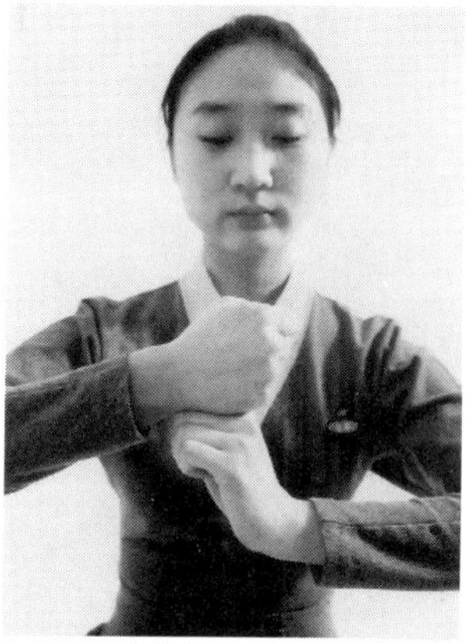

지권인(智拳印)수인법

무드라를 이용한 동작 ⑫

1 양손을 지권인의 수인법으로 가슴앞에 두고 선다.

2 '이'소리와 동시에 양쪽 무릎을 구부리고 양팔을 가슴 중심으로 가지고 온다.

3 '뭐'소리와 동시에 양무릎을 구부린 상태에서 오른쪽으로 밀어준다.
(꼬'소리와 동시에 양팔을 왼쪽으로 밀며, 반복한다)

▶ 감정처리법 ①

1~8 (각자 몸이 움직이는 대로 자유롭게 표현해 보도록 한다. 앉아서 서서 자유롭게 움직여 본다) 자신이 가장 싫은 감정과 스트레스를 온몸을 이용하여 동작으로 표현한다.

▶ 감정처리법 ②

1~7 (이, 뭐, 꼬 소리를 내면서 천천히 자신이 움직였던 동작들을 하나하나 마음을 집중하면서 움직여 본다)
자신이 표현한 동작들을 이뭐꼬로 대체시켜 움직여 본다(사진과 같이 할 필요는 없음).

▶ 걷는 명상

1~6

- '이'소리와 동시에 단회항을 수축하여 오른발을 들면서 왼팔을 앞으로 올렸다가 발목을 위로 꺾어 뒷꿈치부터 내딛는다.
- 단회항을 이완하며 몸의 중심을 앞으로 옮기며 오른무릎을 구부리고 왼다리는 뒤로 피면서 팔도 내린다.
- 왼다리를 오른다리 옆으로 가져온다. (이를 '이', '뭐', '꼬'소리를 내면서 반복)

(발의 보폭을 넓게하면 중심이 흔들릴 수 있으므로 보폭을 작게 하도록 한다)

좌선

두 손을 단전에 두고 가부좌의 자세로 명상을 한다.

수인법(앉아서 하는 동작) ① 상품상생 · 상품중생 · 상품하생

1 두손을 상품상생의 수인법으로 단전에 둔다.

2 어깨 양 옆으로 벌려 손가락이 위를 가도록 손목을 꺾어준다.

3 서서히 팔꿈치를 살린 상태에서 구부리며 두 손바닥이 서로 마주보게 상품중생의 수인법으로 하여 가슴 앞에 둔다.

4 오른손목을 아래로 돌려 왼손손목과 붙여 상품하생의 수인법을 한다.

5 가슴앞에서 오른쪽으로 서서히 움직인다.

6 다시 손을 가슴앞을 가져온다.

7 가슴앞에서 왼쪽으로 서서히 움직인다.
8 다시 가슴앞으로 온다.

9 오른손목을 손끝이 위로 가게 돌려 두 손바닥이 서로 마주보게 하여 상품중생의 수인법으로 한다.

10 손목을 돌리며 서서히 상품상생의 수인법으로 단전으로 가져온다.

▶ 수인법(앉아서 하는 동작) ② 중품상생 · 중품중생 · 중품하생

1~10 "중품상생 · 중품중생 · 중품하생"의 수인법을 사용하여 '이뭐꼬'소리를 내면서 반복한다.

▶ 수인법(앉아서 하는 동작) ③ 하품상생 · 하품중생 · 하품하생

1~10 "하품상생 · 하품중생 · 하품하생"의 수인법을 사용하여 '이뭐꼬'소리를 내면서 반복한다.

AMITABHA´S PURE LAND Mudra

Increasingly higher states of the Pure Land

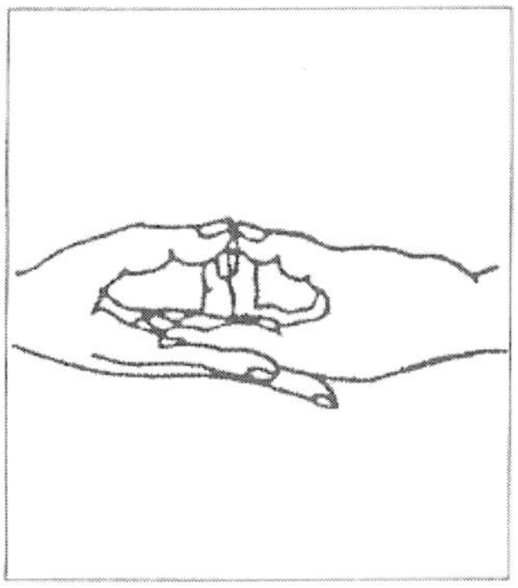

3. 하품상생(下品上生) Highest-Low

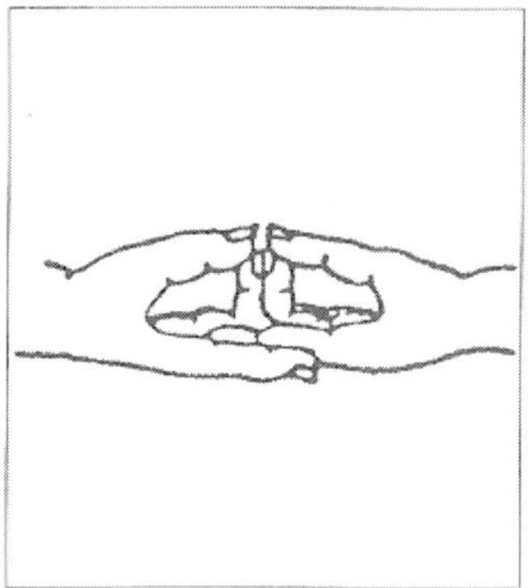

6. 중품상생(中品上生) Highest-Middle

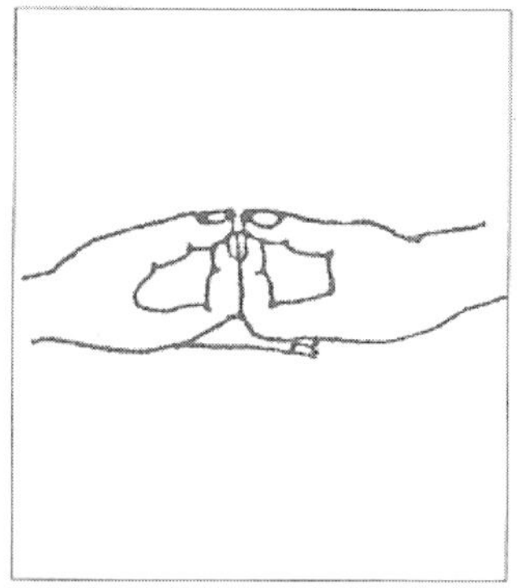

9. 상품상생(上品上生) Highest

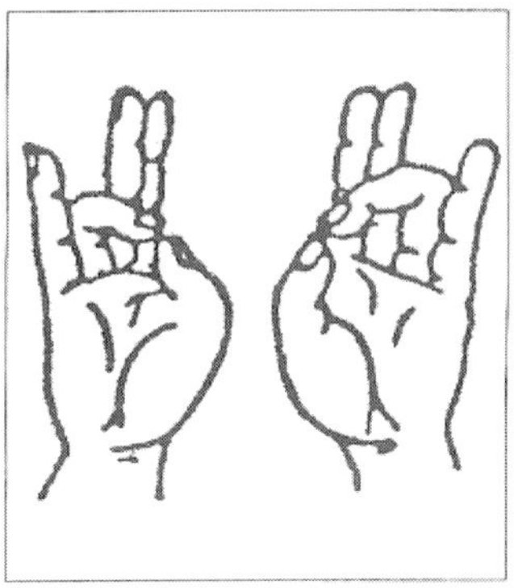

2. 하품중생(下品中生) Middle-Low

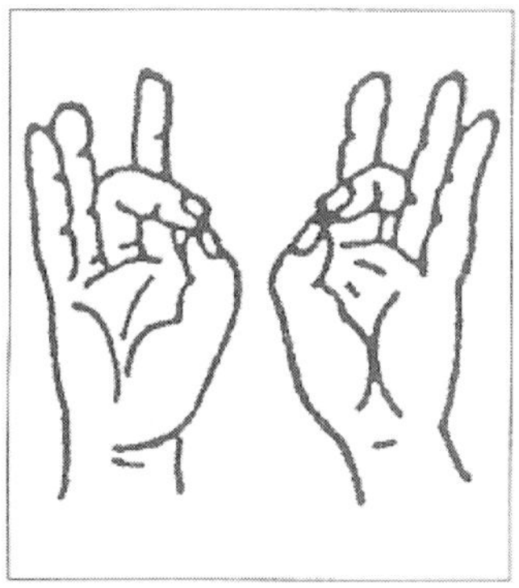

5. 중품중생(中品中生) Middle-Middle

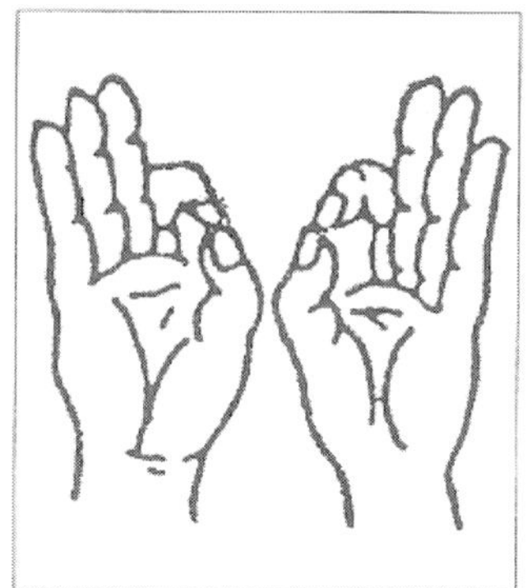

8. 상품중생(上品中生) Middle-Highest

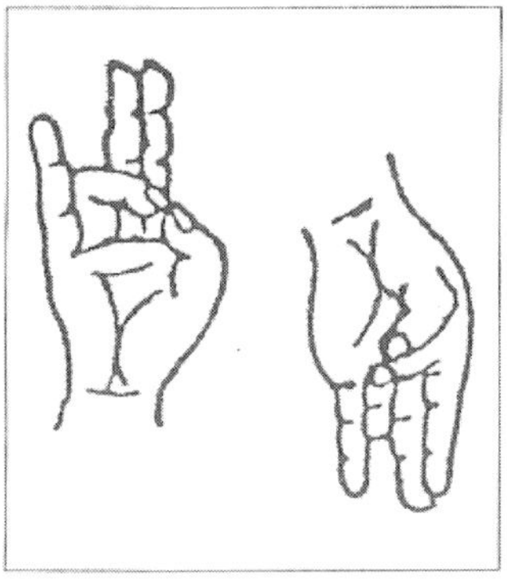

1. 하품하생(下品下生) Low-Low

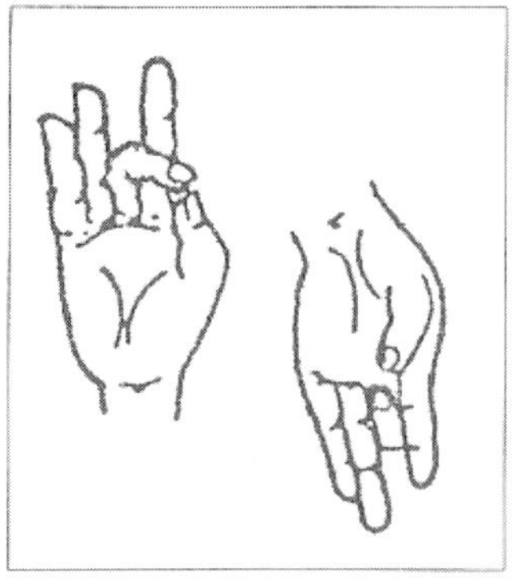

4. 중품하생(中品하生) Low-Middlo

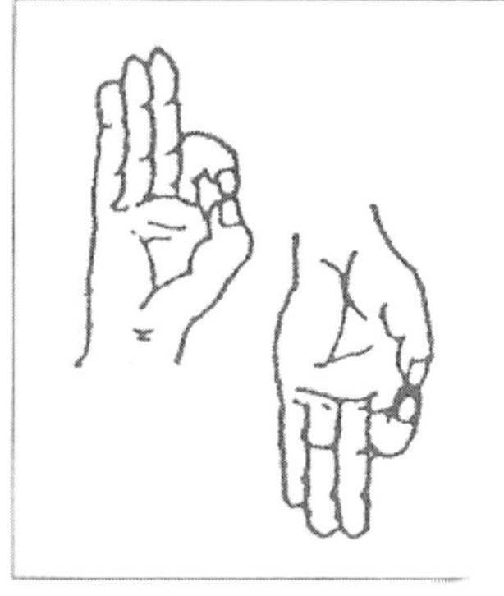

8. 상품하생(上品下生) Low-Highest

BUDDHIST TANTRIC MUDRA

Boddhisattvas' Symbolic Hand Gestures

1. 보루각법인(寶樓閣法印)

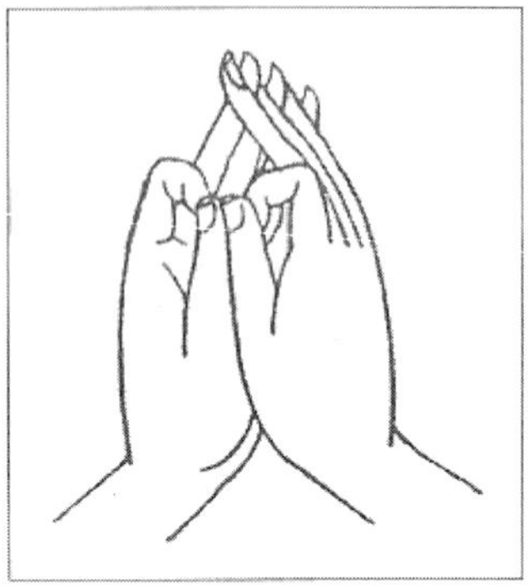

2. 대혜력(大慧力)

3. 방편파라밀보살(方便波羅密菩薩)

4. 여의보(如意寶)

5. 금강불괴(金剛不壞)

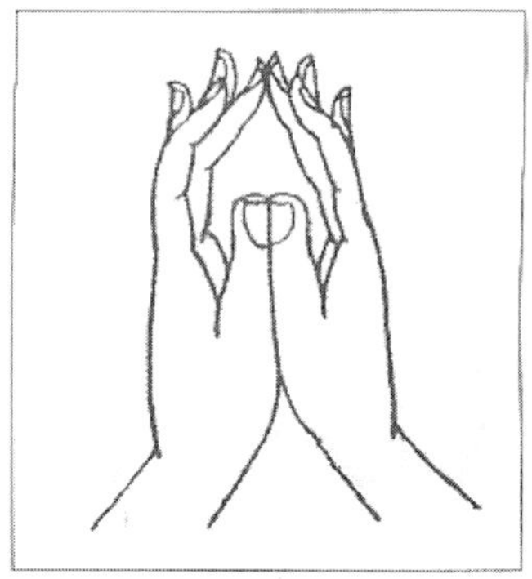

6. 지저제천교칙인(地底諸天敎勅印)

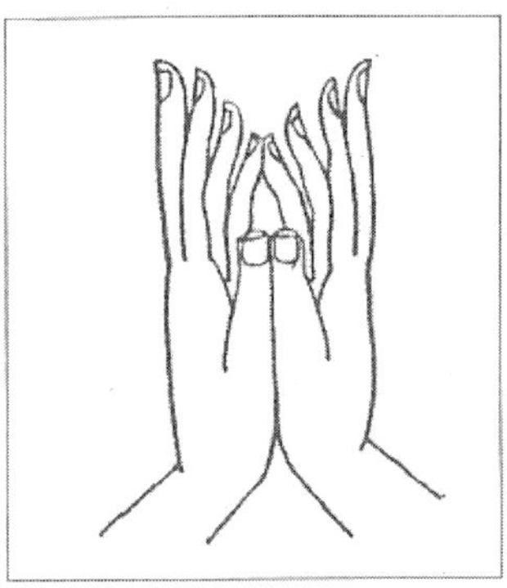

7. 팔엽인(八葉印)

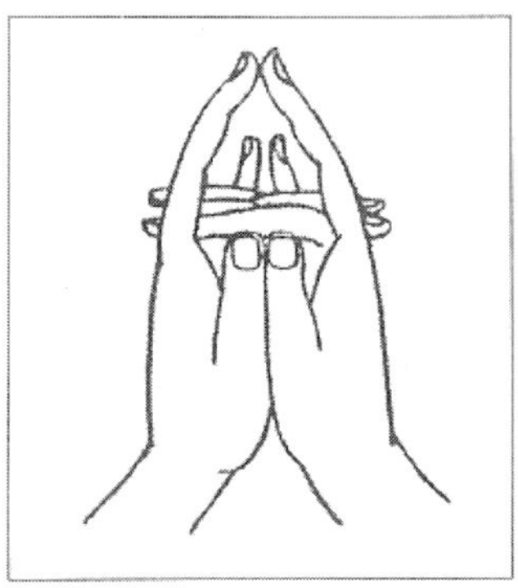

8. 기예천인(伎藝天印)

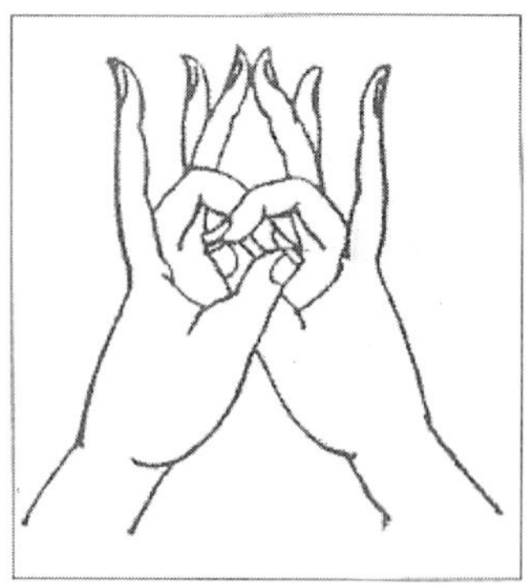

9. 북두총인北斗總印)

10. 애염(명)왕(愛染(明)王)

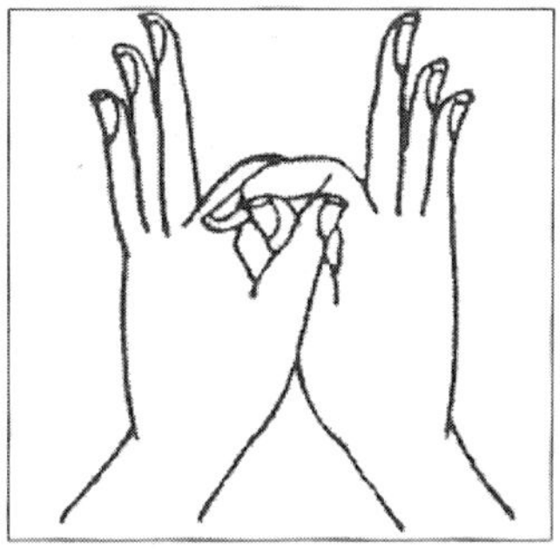

11. 사방사대호(四方四大護) 서문(西門)

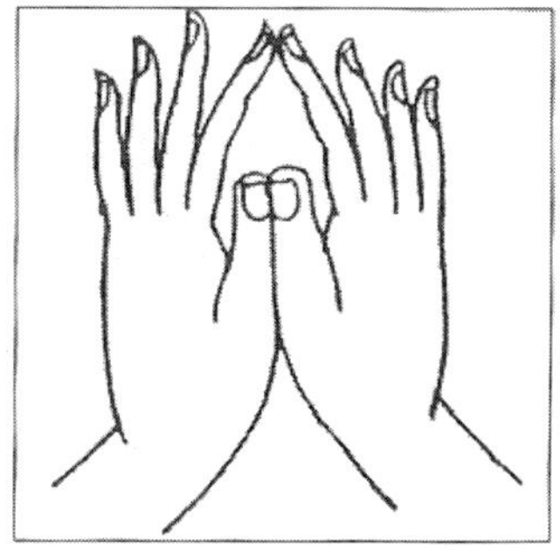

12. 금강염보살(金剛炎菩薩)

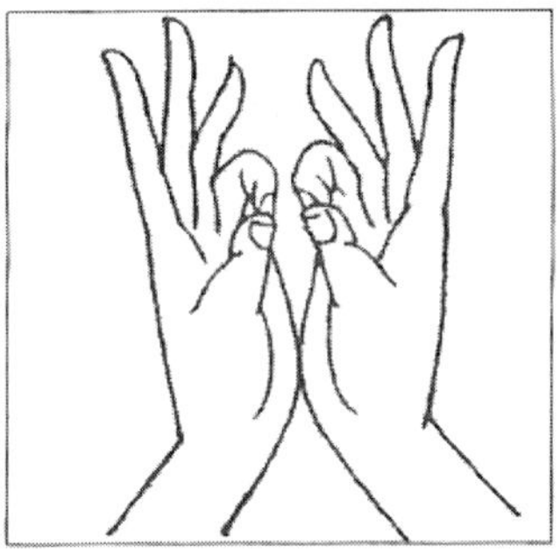

13. 금강장보살(金剛藏菩薩)

14. 천수관음(千手觀音)

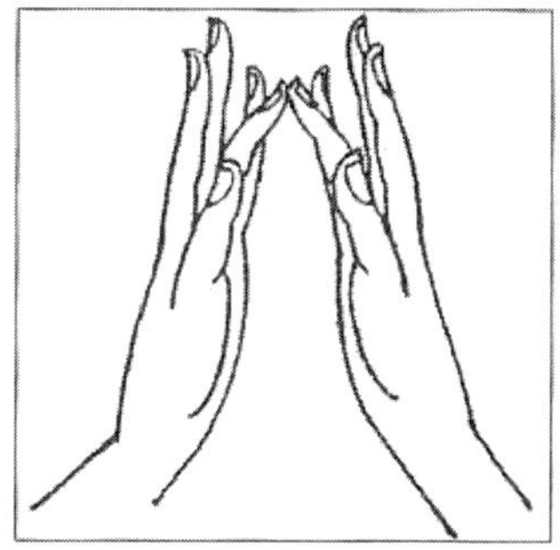

15. 부동명왕인 사자분신인
(不動明王印 師子奮迅印)

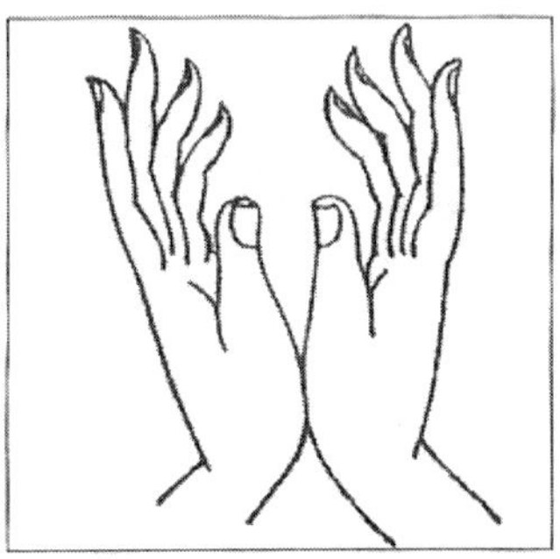

16. 본삼매야인(本三昧耶印)

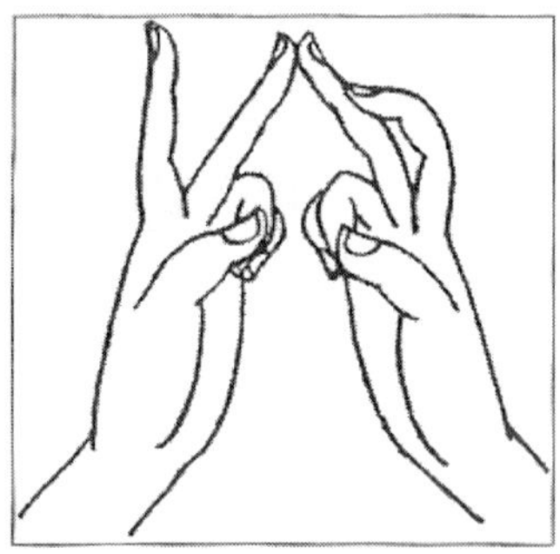

17. 부동명왕인 법라인(不動明王印 法螺印)

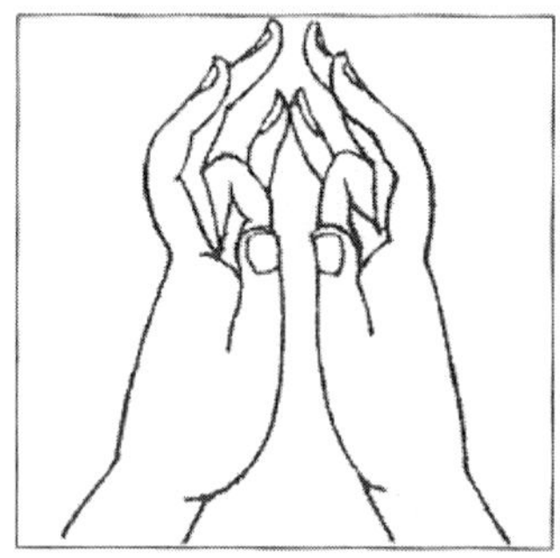

18. 소칠두인(召七斗印)

19. 승신삼매야인(勝身三摩耶印),
대혜도(大慧刀)

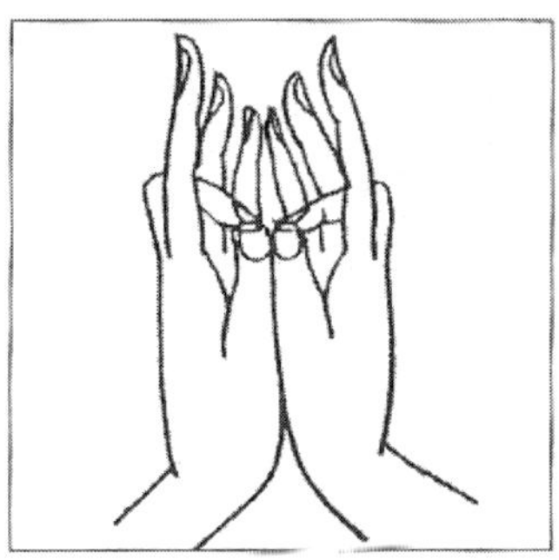

20. 무감인 삼매야(無甚忍 三昧耶)

21. 음식인(飮食印)

22. 횡주지합창(橫柱指合掌)

23. 성천(聖天)

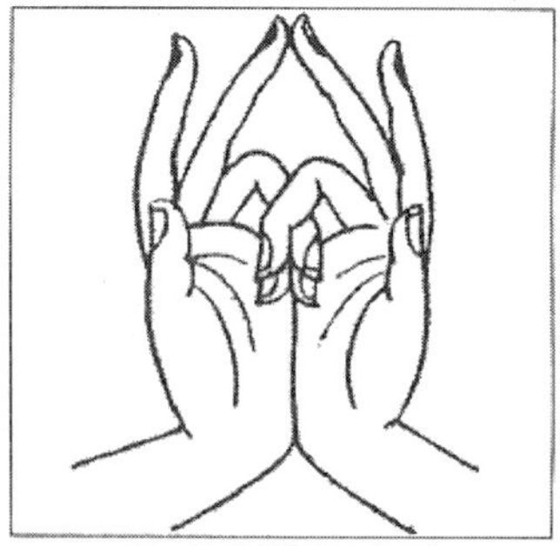
24. 준지관음(准胝觀音)

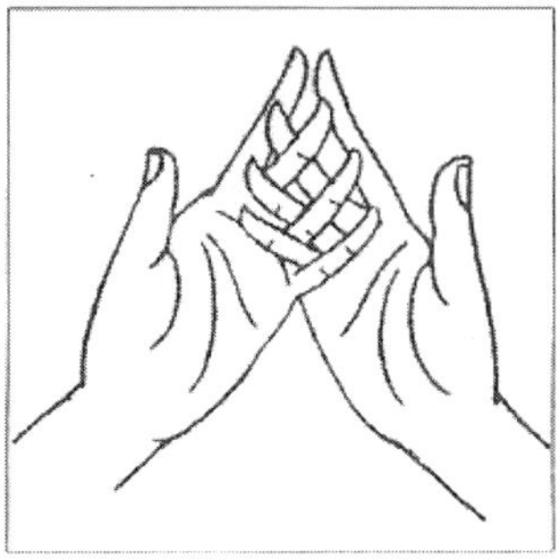
25. 금강구인(金剛龜印)

26. 사명(四明)

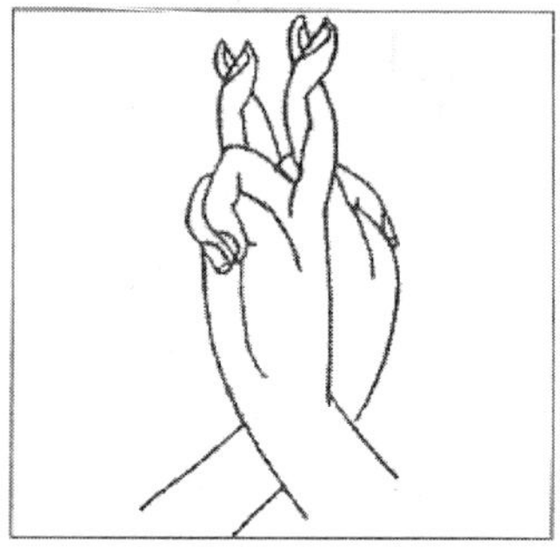
24. 주허공제천교칙인
(住虛空諸天敎勅印)

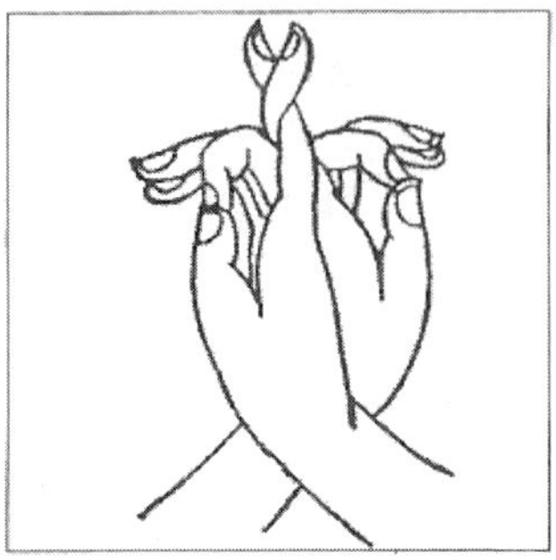
28. 광목천(廣目天)

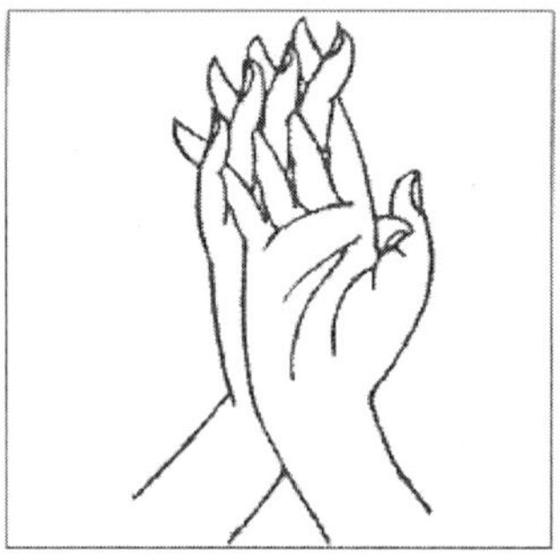
29. 팔인(八印)

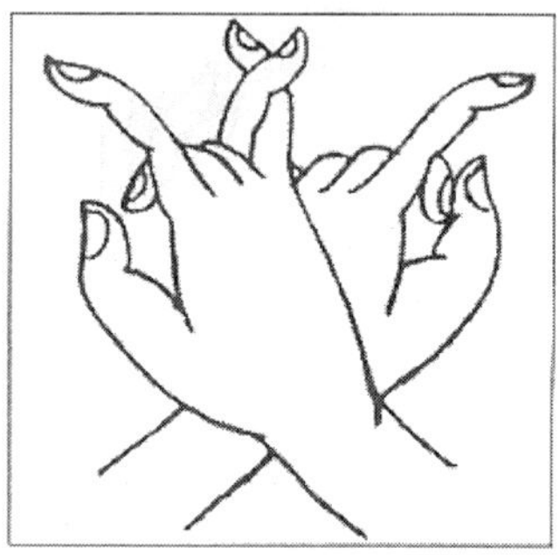
30. 강삼세명왕인(降三世明王印)

31. 증장천(增長天)

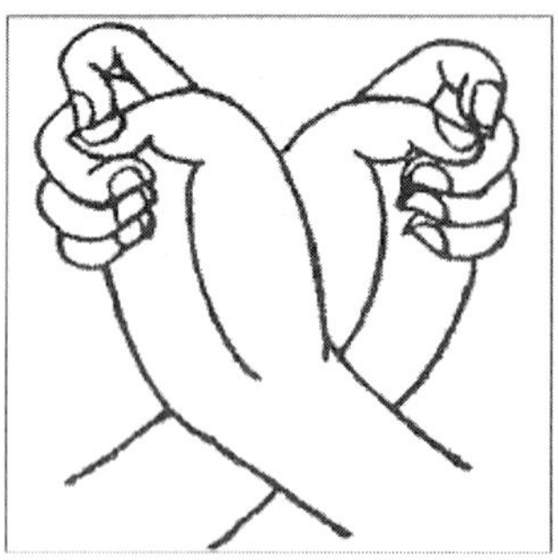
32. 금강왕보살(金剛王菩薩)

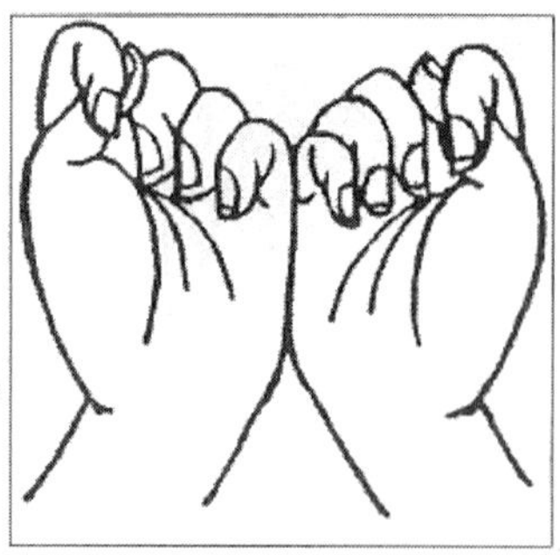
33. 부동명왕인 화염륜지인
(不動明王印 火焰輪止印)

34. 금강기(金剛起)

35. 경단단 인명(經段段 印明)

36. 인왕경인(仁王經印)

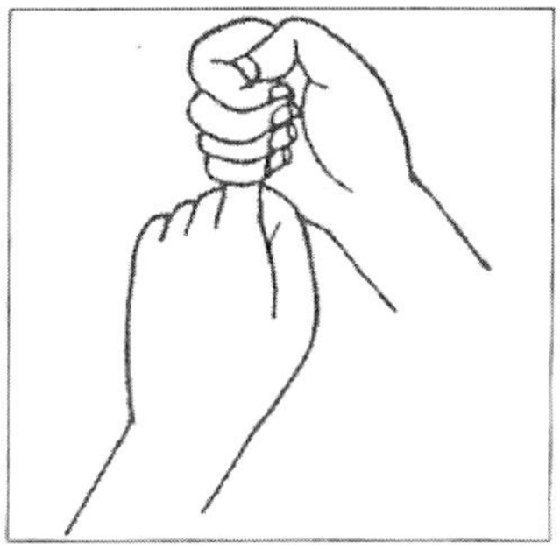
37. 지권인(智拳印)

38. 아리제모(訶利帝母)

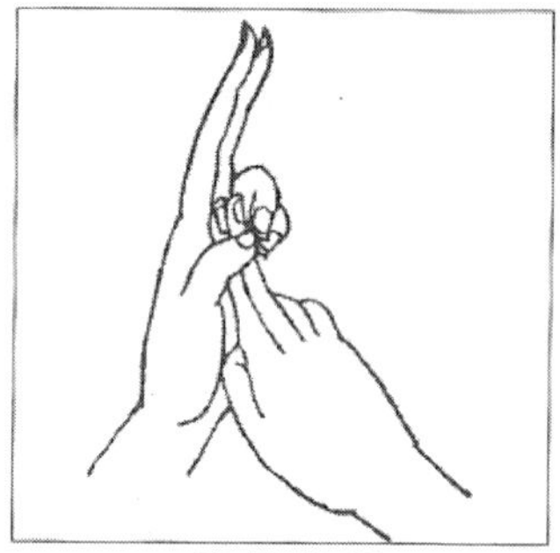
39. 도인(刀印)

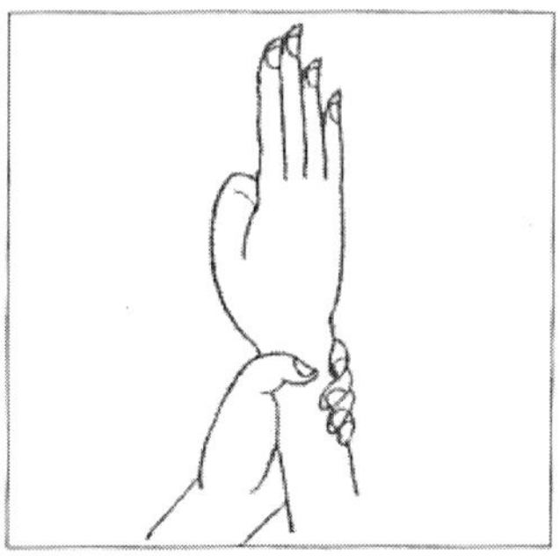
40. 도향인(塗香印) ①

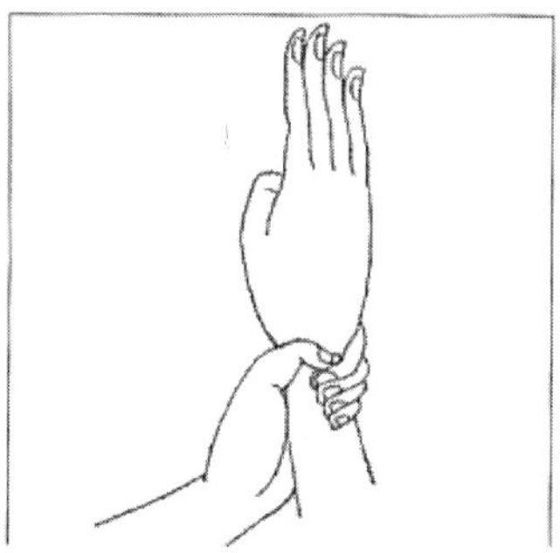
41. 도향인(塗香印) ②

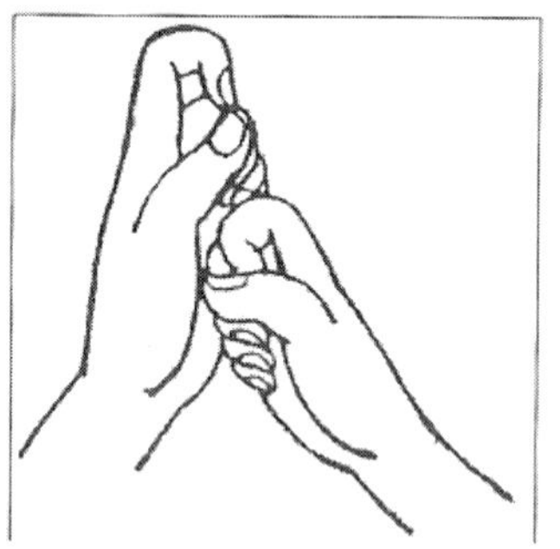
42. 부동명왕인 견색인(不動明王印 羂索印)

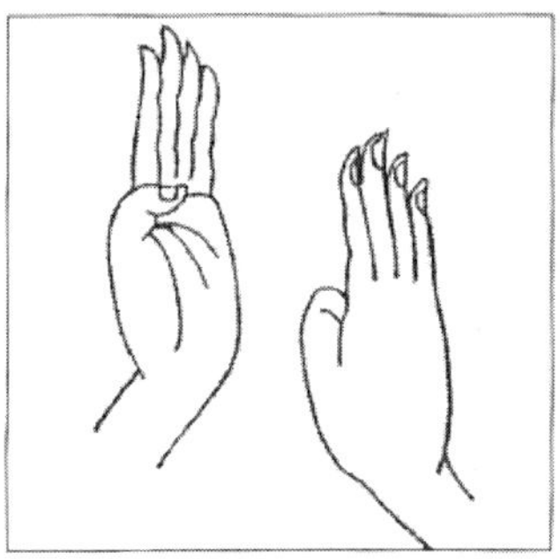
43. 금강무보살(金剛舞菩薩)

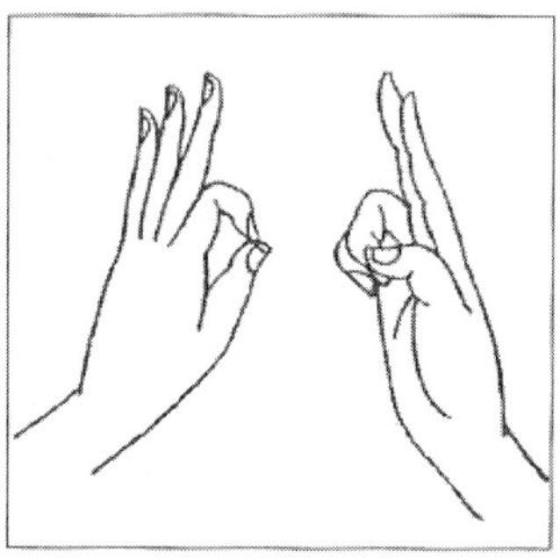
44. 금강리보살(金剛利菩薩)

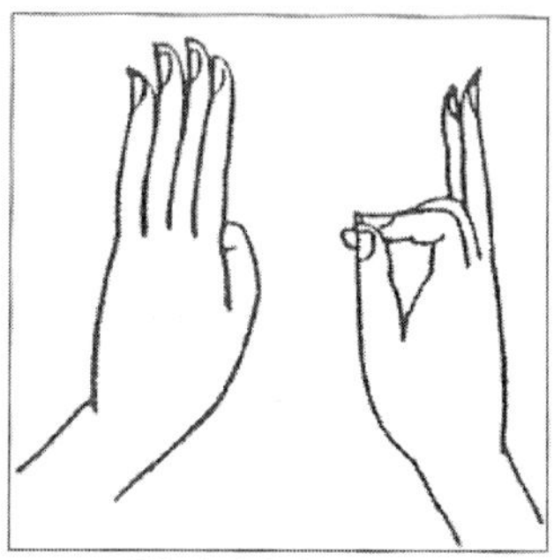
45. 무능승명왕인(無能勝明王印)

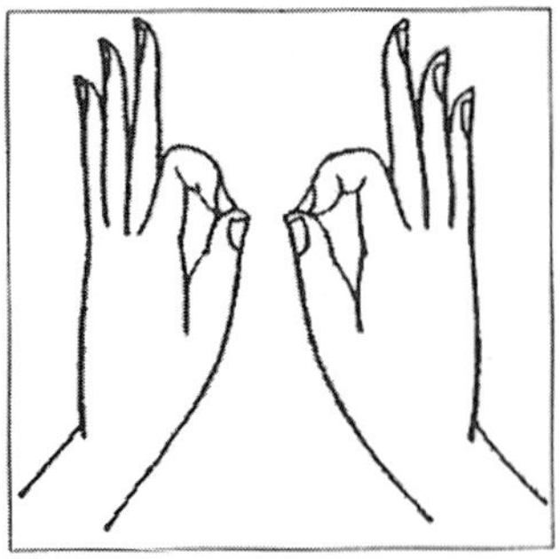

46. 금강법보살(金剛法菩薩)

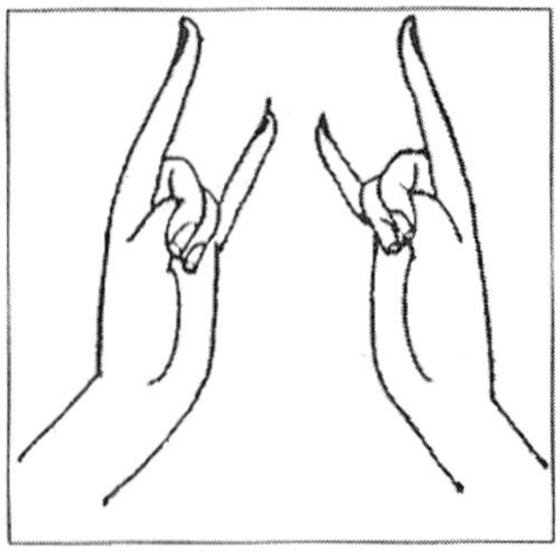

47. 내오고(內五股)

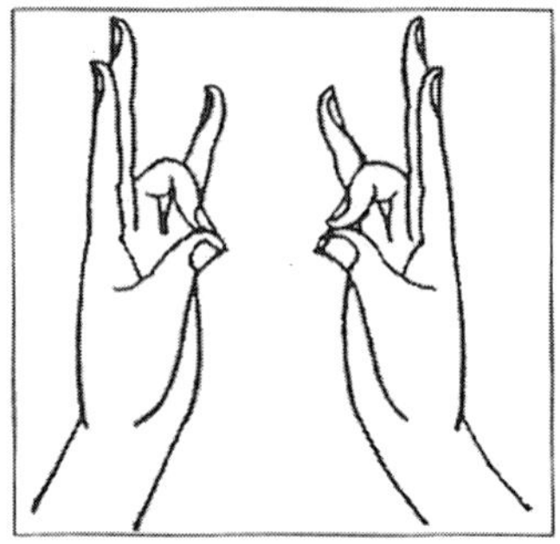

48. 편음천자(遍音天子)

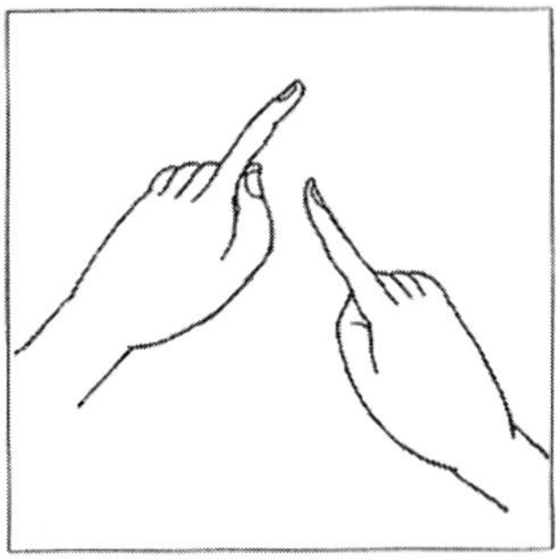

49. 결주(結冑)

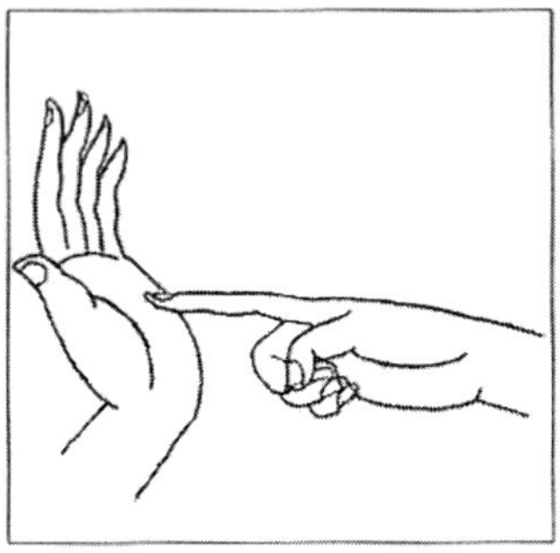

50. 부동명왕의 인화염인
(不動明王의 印火焰印)

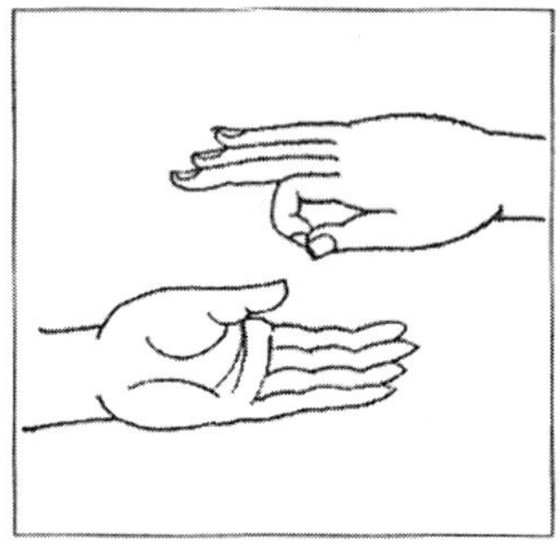

51. 변재천인(弁財天印)

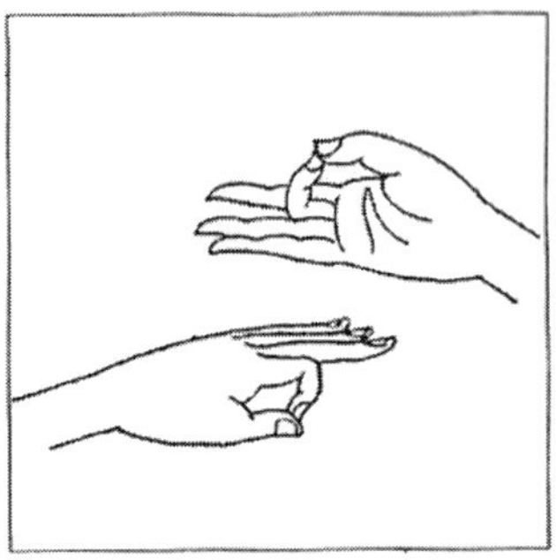

52. 보루각법인2(寶樓閣法印2)

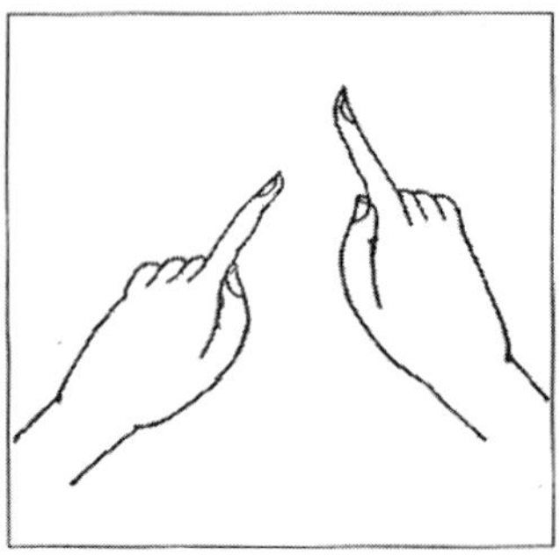

53. 갑주인(甲冑印)

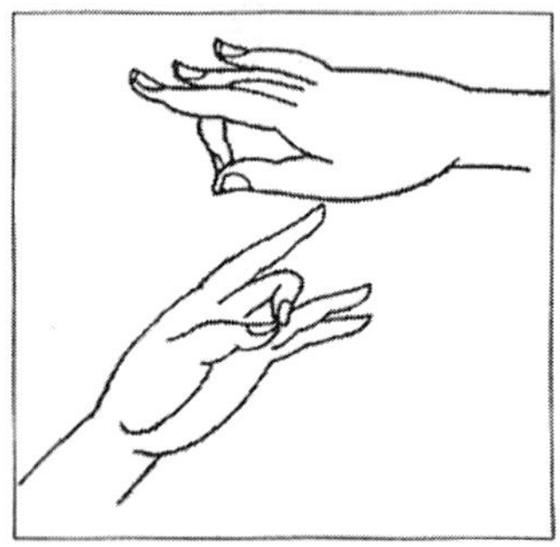

54. 석가모니인(釋迦牟尼印)

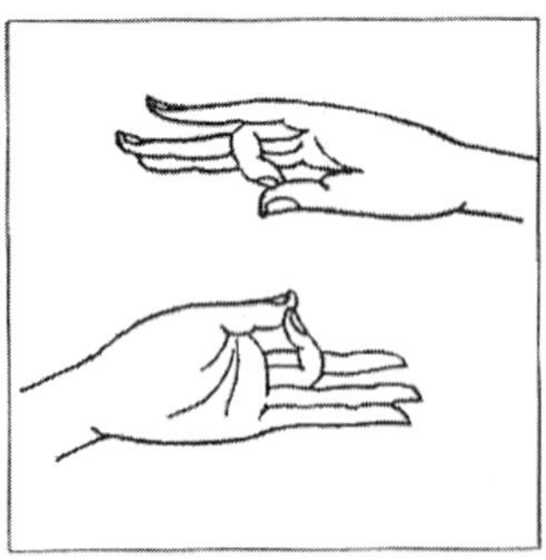

55. 지길상인(智吉祥印)

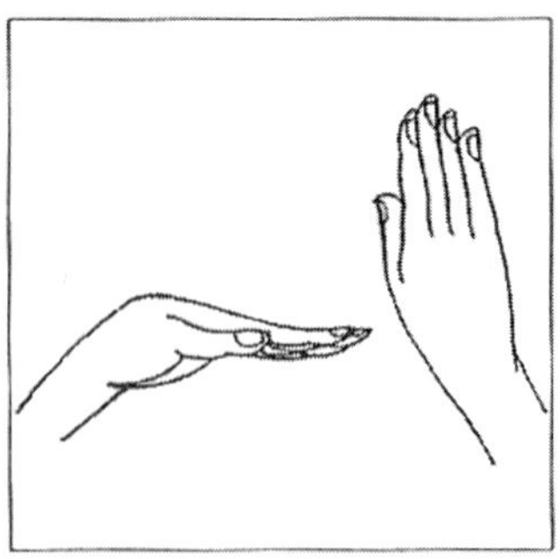

56. 촉지인(觸地印) ①

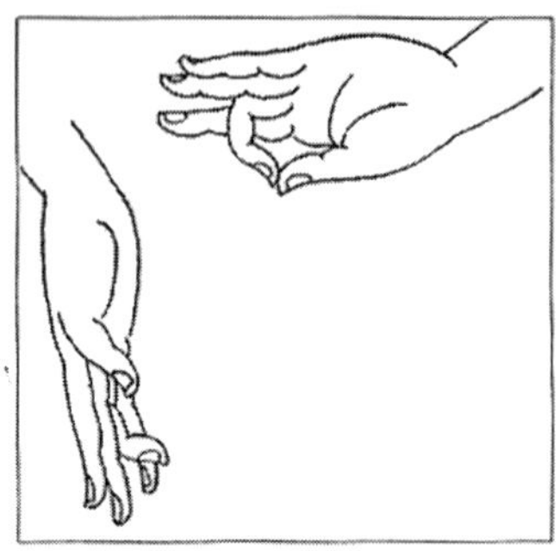

57. 촉지인(觸地印) ②

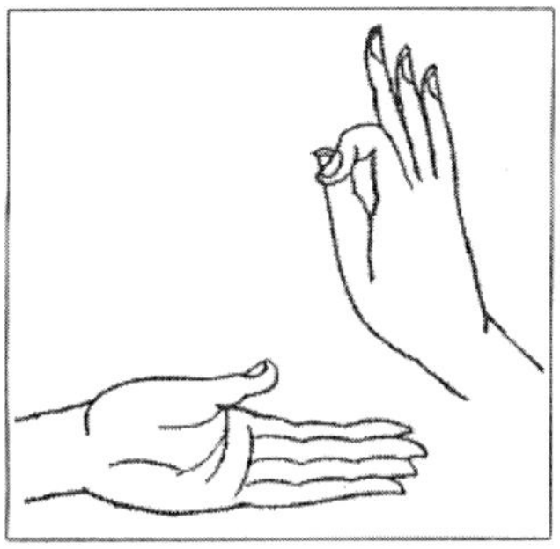
58. 아수라인(阿修羅印)

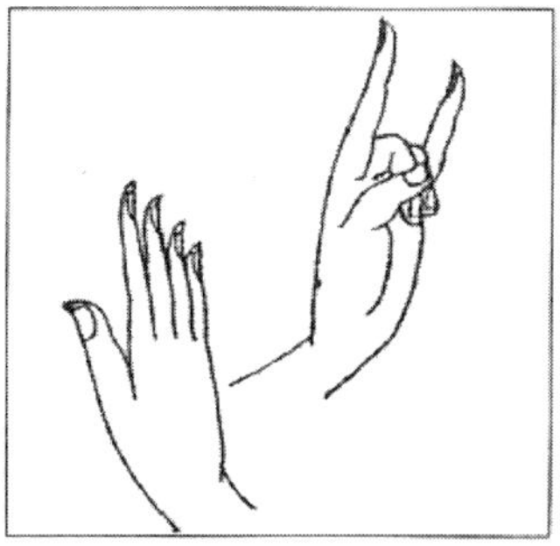
59. 멸악취인(滅惡趣印)

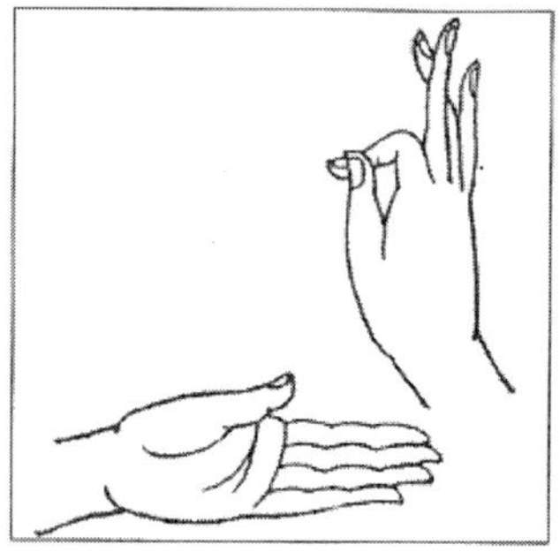
60. 묘음천(妙音天)

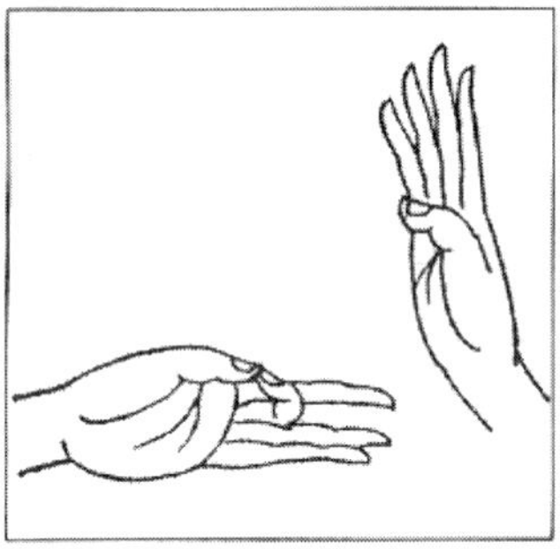
61. 화천후인(火天后印)

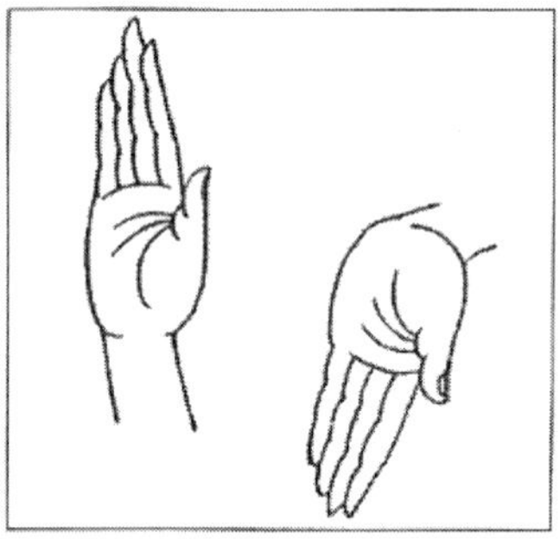
62. 시원인(施願印)

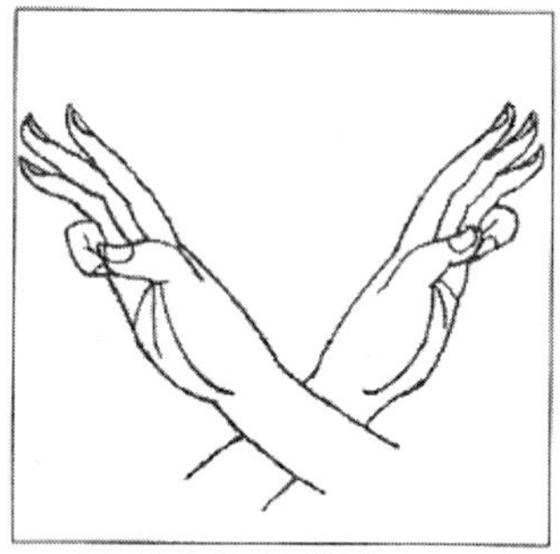
63. 군다리명왕인(軍荼利明王印)

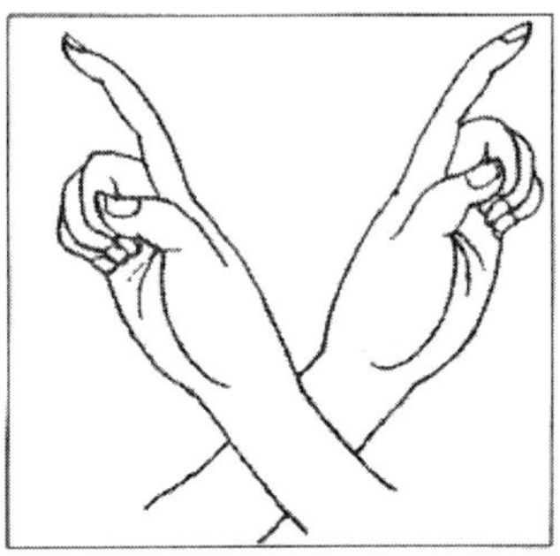
64. 지국천(持國天)

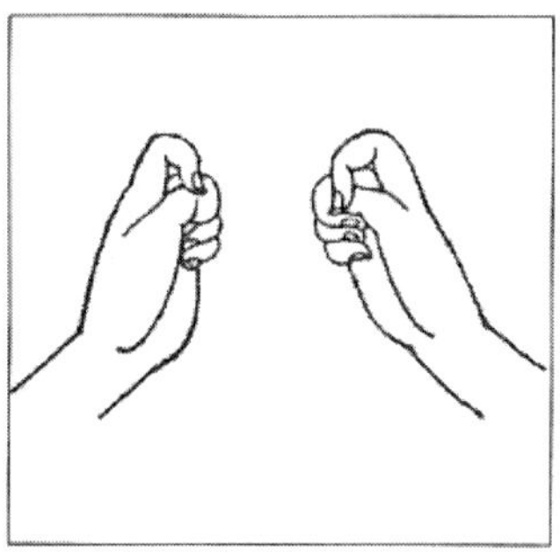
65. 금강어보살인(金剛語菩薩印) ①

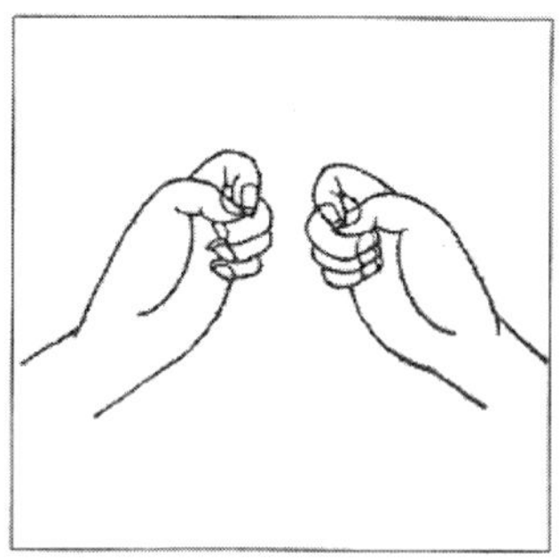
66. 욕금강어보살인(欲金剛菩薩印) ②

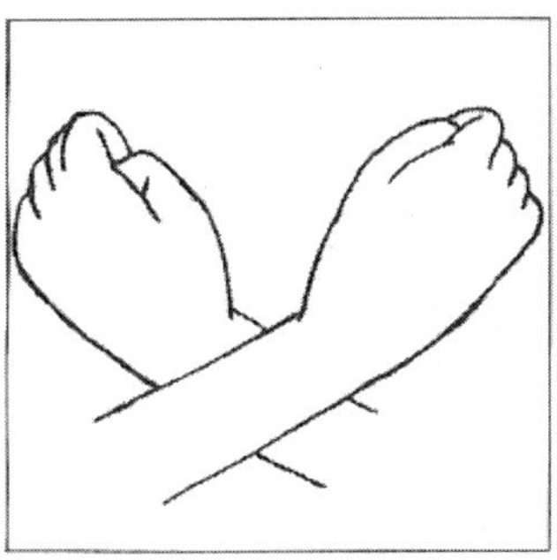
67. 박일라훔금강인(縛日羅吽金剛印) ①

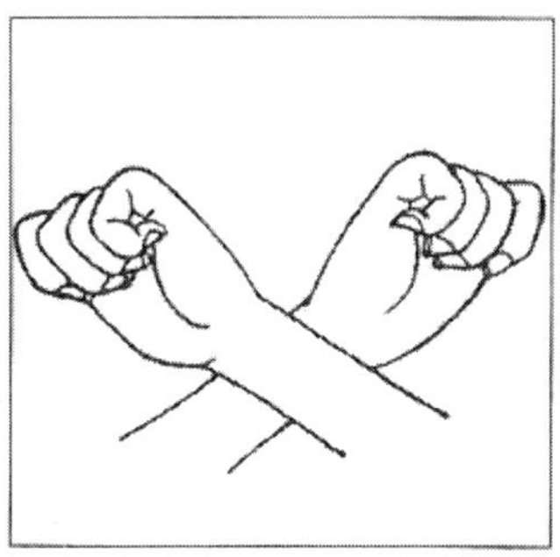
68 박일라훔금강인(縛日羅吽金剛印) ②

69. 금강당보살인(金剛幢菩薩印)

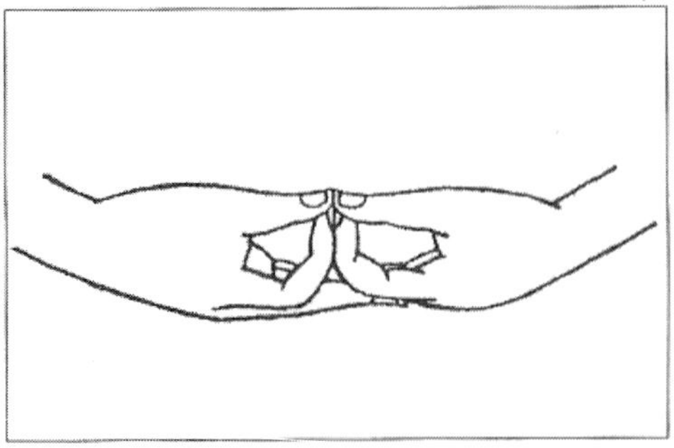
70. 정인(定印)

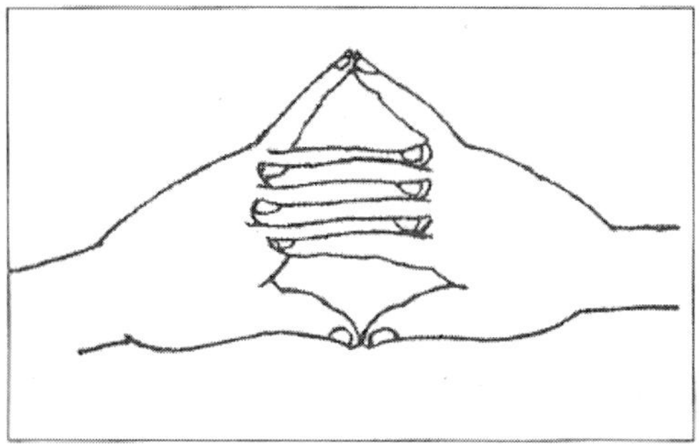
71. 갈마인(羯磨印)

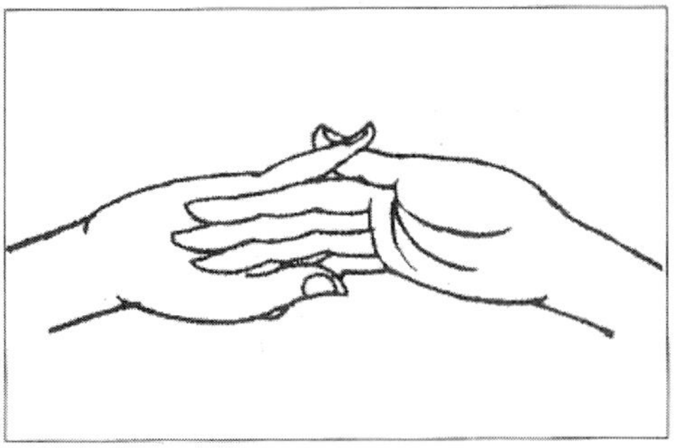
72. 팔대명왕(八大明王)

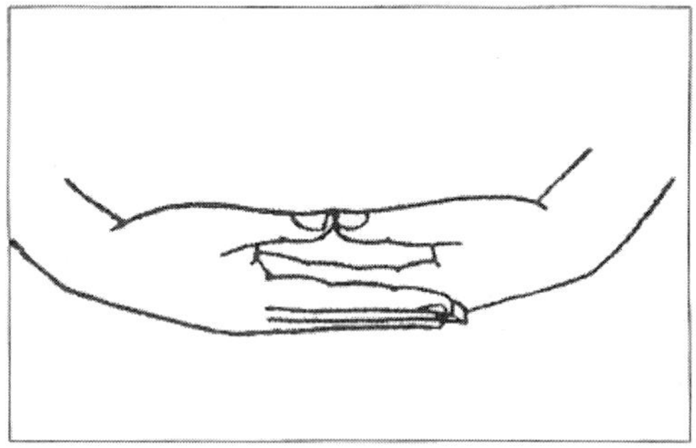
73. 정인(定印) ①

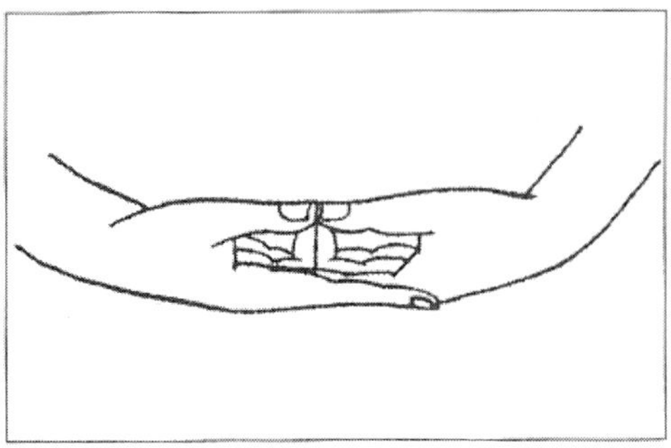
74. 정인(定印) ②

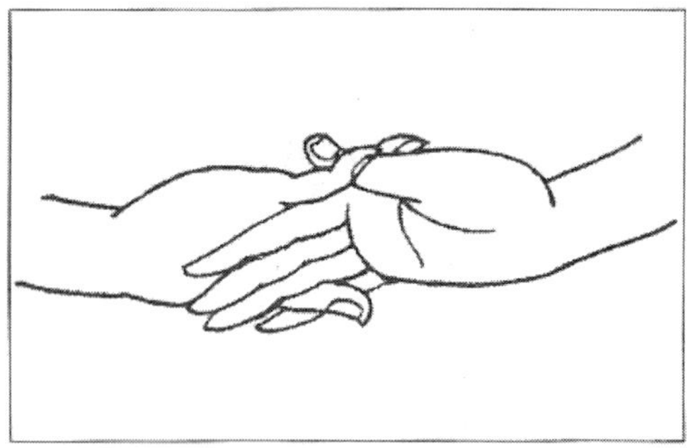
75. 금강부 삼매야인(金剛部三昧耶印)

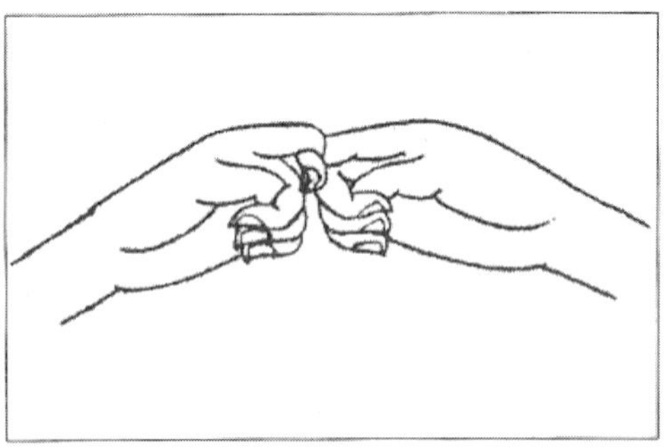
76. 상방제천교칙인(上方諸天敎勅印)

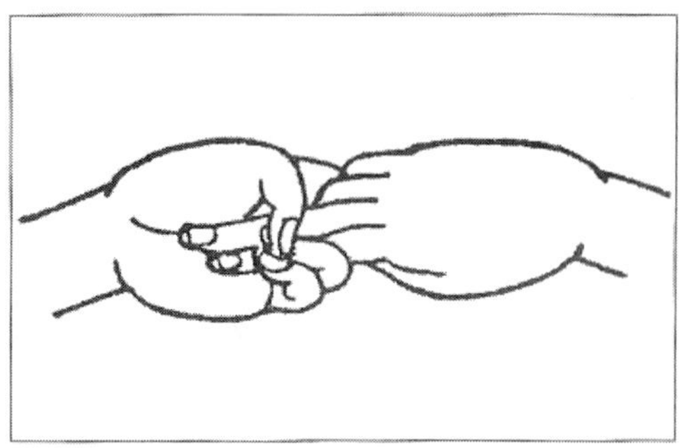
77. 성취일체명인(成就一切明印)

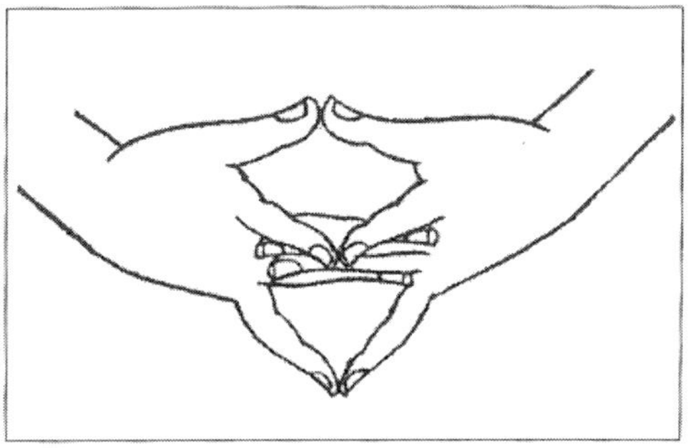

78. 금강장(金剛墻)

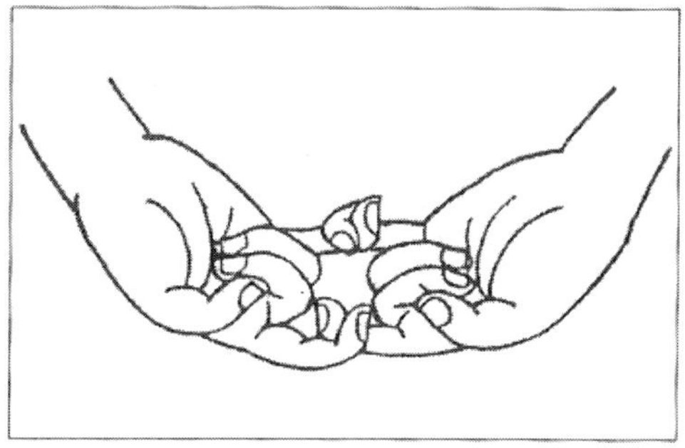

79. 소금강륜(小金剛輪)

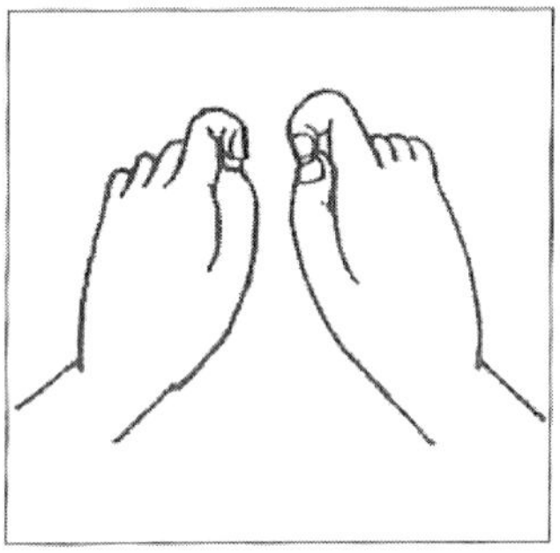

80. 금강희희보살(金剛嬉戲菩薩)

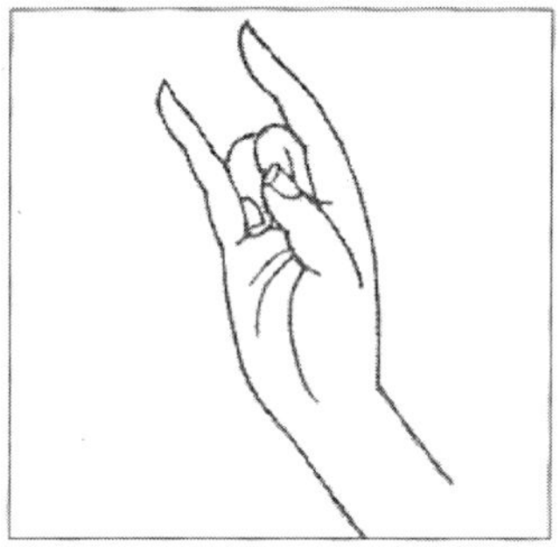

81. 분노권(忿怒拳)

82. 팔대동자(八大童子)

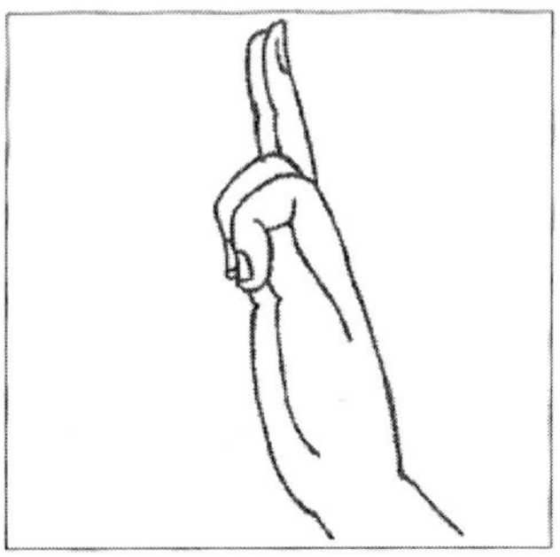

83. 풍천인(風天印)

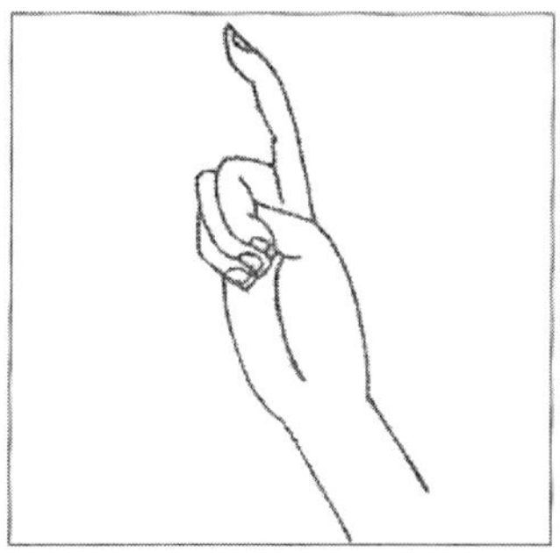

84. 십이신장(十二神將)

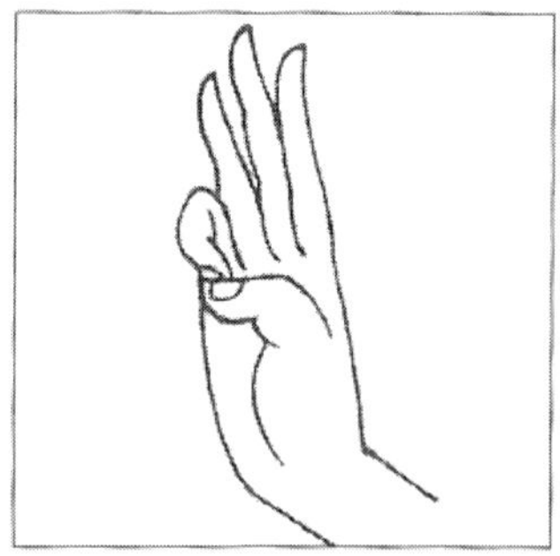

85. 가지공물인(加持供物印)

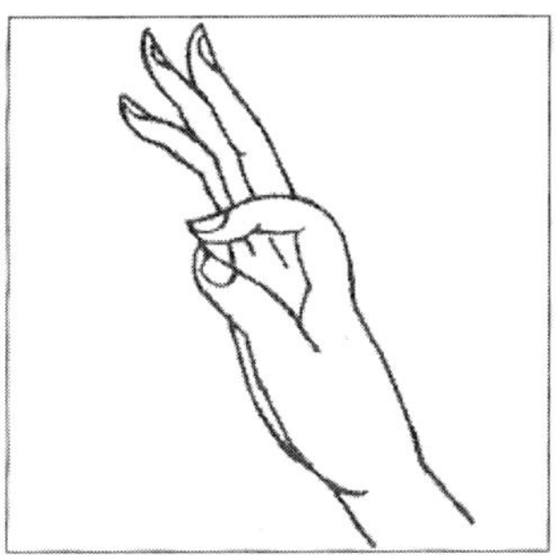

86. 부동명왕인 삼고금강인
(不動明王印 三鈷金剛印)

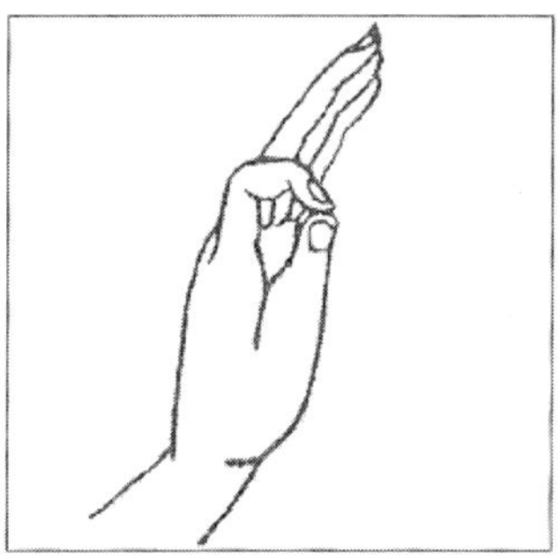

87. 범천(梵天)

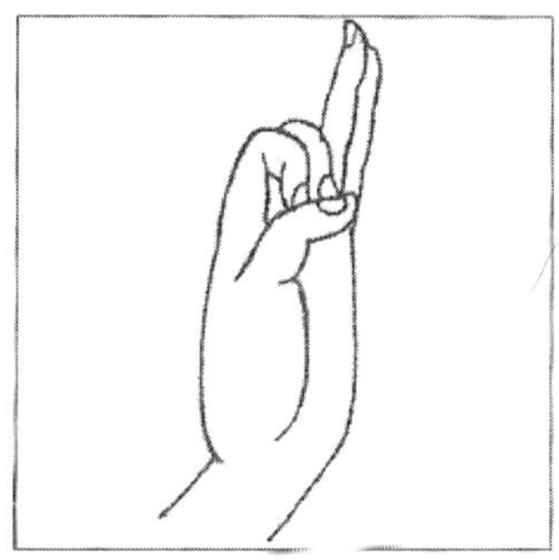

88. 지혜당(地惠幢)

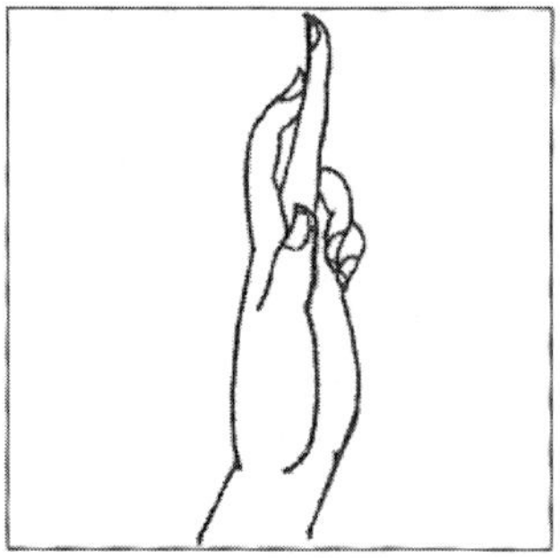
89. 제석천(帝釋天)

90. 수천(水天)

:: 참고문헌

강운규.『근골격계 만성 통증의 평가와 치료』, 대한가정의학회, 2003.

게르트루트 히르시.『무드라-손으로 여는 새로운 세상』, 2002.

경전연구모임,『부모은중경, 삼세인과경』, 불교시대사, 1991.

권영균.「유방암 환자를 대상으로 선무-동작명상 치유프로그램 적용사례분석」, 포천중문의과대학 보건복지대학원 석사학위논문, 2003.

김시근.「胎中教育의 教育的 理解」, 동국전문대학 金龜論叢 제3집, 1995.

김예희.「유방암 수술 후 보조적 치료」, 仁濟論叢 제19권 제1호, 1988.

성미혜.「임산부의 불안 정도에 관한 연구」, 仁濟論叢 제4권 2호, 1998.

양진향.「만성통증환자의 통증종류에 따른 질병증상, 일상생활 수행, 지각된 건강상태 및 삶의 질 정도」, 仁濟論叢 제19권 제1호, 2004.

유방절제술 환자의 정서적 고통, 혜천대학교논문집 제28집(자연과학편), 2002.

이봉건.「명상과 바이오피드백에 대한 동서 심리학적 고찰」, 심리과학, 제10권 1호, 2001.

이선옥.『동작치료의 심리적 접근과 실제: 선무-동작명상 치유요법의 심리학적 · 철학적 배경』, 한국통합예술치료학회, 2005.

이선옥.『선무기법과 선무치료예술』, 집문당, 2001.

이선옥.「아로마테라피를 이용한 동작명상」, 제9회 한국 아로마테라피 협회 학술 심포지엄, 2004.

이선옥. "왜 지금 Zendance인가?", 고승유묵전 특강집 '선과 예술', 2004.

이선옥.『SonMu(ZenDance): Meditation in Movement II - 움직이는 명상』, 일선출판사, 1990.

이선옥.『SunMu: ZenDance Technique and Therapy - 선무기법과 선무치료예술』(영문판), 집문당, 2001.

이선옥.『SunMu: ZenDance Technique and Therapy - 선무기법과 선무치료예술』, 집문당, 2001.

이선옥. *The Evolvement "YiMoKo III": ZenDance Choreography*, N.Y.U., 1984.

이선옥.『Zendance를 통한 건강요법』, 대한 임상건강의학회, 2005.

이선옥.『ZenDance: Meditation in Movement - 움직이는 명상』, 서울출판사, 1984.

이영주.「만성요통환자를 대상으로 선무-동작명상 치유프로그램 적용사례 분석」, 포천중문의과대학교 보건복지대학원 석사학위논문, 2005.

이은현, 송영숙, 전미선 외.「암환자 삶의 질에 대한 근거이론적 접근」, 2004.

이지혜.「선무-동작명상 요실금 정서지지 프로그램을 적용한 사례연구」, 포천중문의과대학교 보건복지대학원 석사학위논문, 2005.

장현갑. "명상과 행동의학, 스트레스 대처를 위한 자기조절 기법으로서의 명상", 學生硏究 21권 1호, 영남대학교학생생활연구소, 1990.

전미선.「Zendance Therapy(선무)」, 제6회 APPAN 국제훼스티발-심포지엄: 아태 공연예술의 치유역할, 2003.

전양숙.「선무-동작명상 산후 프로그램 실시 전 산욕기 회복의 변화 비교」, 2003.

전영신. "선무동작명상 요실금 근육강하 보안(지지)프로그램 적용사례 연구: 요실금 환자를 중심으로」, 2005.

정 희. "통증에 관하여", 스포츠과학 제79호, 2002, 2003.
The Korea Herald : 2003.11.24
The New York Times : 1997.6.10
The New York Times : 1997.6.6
The New York Times : 1999.6.27

:: 이선옥李先玉

1943년 1월 14일생

학력

1963~4	숙명여대, 보건체육과 장학생(전학)
1967	건국대학교 영어영문학과 B.A.(학사학위)
1979	New York University 무용교육학과 M.A.(석사학위)
1984	New York University 무용학과 D.A. (예술박사)
	박사논문: 'The Evolvement of Yimoko III : Zendance Choreography', New York University

약력

1950~1963	고 김백초 선생께 현대무용 및 한국무용 사사
1960~1968	이매방 선생께 사사, 김천홍 선생께 궁중무용 사사, 고 김소희 선생께 가야금 사사
1969~1971	마타 그래햄(Martha Graham) 테크닉 사사
1972~1975	All Nations Dance Company 멤버, NYC.
1978~1983	Erick Hawkins 테크닉 사사
1973~1994	뉴욕 아시아 소사이어티 뉴욕주재 예술가 역임
1972~1977	숭산 선사께 사사
1976~현재	선무용단 창단 유럽, 아시아, 미국내 300여회 공연
1978~1996	송담 선사께 활구선 사사
1978~1996	뉴욕대학 NYU 무용과 겸임 부교수 역임
1980	미국예술진흥원 안무가상 수상(Zendance Choreography)
1990~1993	아시아 소사이어티(뉴욕) 공연예술과 부원장 역임
1989~1997	양익 큰스님께 수인법 사사
1984	뉴욕대학 무용과에서 예술학박사 학위 수여
1993	라 마마(La mama)극장 아시아 현대무용제 감독
1994	파리 르 몽 포엥 극장에서 "선무가: 바라밀다 I"공연
1995	뉴욕 시립극장(Public Theater)에서 바라밀다 공연
1996	링컨센타 댄스 코렉션 도서관(Lincoln center Dance Collection Library) "선무"에 대한 모든 안무 연구소장
1997	선무용단 공연. 링컨센타 댄스 코렉션 도서관 주최 선무창작 과정 강의 및 공연 뉴욕 다니케이 극장 주최 "아세아 현대 무용제"참가
1997~1999	한국 유네스코 태평양(APCDF) 현대무용제 창립, 예술감독
1997~2001	상명대학교 무용학과 겸임교수 역임
1998~2000	동국대학 예술대학원 강의 프랑스 Biennale de danse Du val de Marne 참가
2000, 1~3	한국 서울 APPAN 창립총회, 국제훼스티발-심포지엄 주최 주관

	인도 Delhi 2회 APPAN 국제훼스티발-심포지엄 선무용단 참가
2002~2003	한국 3회, 4회 APPAN 국제훼스티발-심포지엄 주최 주관
2003	인도 5회 APPAN 국제훼스티발-심포지엄 선무용단 공연
2004	이태리 Rome과 Florence국제 무용제 선무용단 참가
2005	중국하북성, 세계차(世界次)대회 선무용단 공연
2005, 2002~2003	원광대 동서보완의학대학원 예술치료학과 초빙교수
2006. 3월	불란서 Bordeaux 한불 120주년 기념, 선무용단 공연
5월	방콕 UN Day of Vesak, 선무용단 공연
1973~	현재 이선옥 선무가(Zendance Company)운영
1993~2006	뉴욕아세아 태평양(APCDF) 현대무용제 창립, 예술감독
2002~2007	전 중문의대 보건대학원 선무치유무용 전공 주임교수

주요공연 및 강의

1972	뉴욕 Canegie Hall 공연으로 뉴욕무용계 데뷔
1974	뉴욕 Alice Tlly Hall, Japan Society 선무 초연
1978	프랑스 Rennes 제5회 전통-예술 페스티발 참가
1988	서울올림픽/Jazz International에서 선무공연
1990	홍콩 Festival 2000 참가
1991	뉴욕 The Asia Society에서 '연꽃 I-IV'공연 *NYT 격찬
1992	위싱턴 D.C Smithsonian Institue '연꽃 V'공연
1993	뉴욕 La Mama 극장 아시아 현대무용제 감독 *NYT 격찬
1994	파리 Le Rond Point 극장에서 바라밀다 공연 *르몽드 격찬
1995	뉴욕 Joseph papp Public Theatre에서 선무-바라밀다 공연 *NYT격찬
1997. 6	뉴욕 Lincoln Center 아시아무용필름 페스티발 공연
	이선옥 무용(연꽃시리즈, 바라밀다 시리즈)연구소장 기념공연 및 강의
1997. 7	New York Danny Kay 극장 아시아 현대무용제(APCDF '97) 주관, 선무공연
1997, 1993	프랑스 국제무용제(Biennale de la Danse, Val de Marne) 참가
1999. 7	New York, Danny Kay 극장 아시아 현대무용제(APCDF '99)
2000. 5	선무가, 색즉시공2000, 서울동숭아트센터 공연
2002. 10	APPAN 국제회의 참가공연(New Delhi, India)
2002	선무 Zendance 순회공연
	(Sanfrancisco, Berkeley, Santa Cruz, Stanford, Sacramento)
2003	APPAN 국제페스티발과 회의 참가 순회공연
	(New Delhi, Rishikesh, Calcutta, Guwahatti)
2004. 9	Rinascimento 99 페스티발 주최 세계평화 축제공연. Italy 아씨지
	제6회 서울 APPAN 국제공연 예술제와 심포지엄 : 아태 공연예술 테라피 역할-II 개막공연
2004. 8	Italy, Florence 국제 무용제 공연. Rome 이태리 한국 120주년 외교기념 행사 공연
2005. 1. 9	대한임상암예방학회 창립총회 초청 강연
2005. 1. 27	선과 예술-예술의 전당 특강

2005. 3. 27	대한임상건강의학회 1차 국제학술대회 및 2차 심포지엄
2006. 3. 27	한불 120주년, 보르도 '한국의 봄'축제, 선무용단 공연
	태국 UN Vesak day, 선무용단 공연
	일본 NIhon 대학주최 국제 학술대회. 논문발표 : 아세아전통무용의 정신적, 고유기법 보존과 네트워킹
2006. 5. 2~4	제7회 서울 APPAN 국제 공연 예술축제와 심포지엄, 선무용단 공연, 국제회의 주최
2007. 2~3	Puerto Vallarta, Mexico 선무테라피 워크숍과 공연
2007. 3~4	Calcutta, New Delhi 선무 워크숍과 공연
2006. 6. 14	Japansociety, NYC "선과 대중예술" 강의와 공연

연구논문

1981	'How to Preserve Authentic Korean Dance in Modern Theater', Historical Research in Korean Performing 'Arts Conference, Manoa university in Hawaii
1989	'Making a Total Art in Performance through Zendance Technique: Lotus I & II', Dance pages, NYC
1991	'Zendance', Techinque Women's Power', Boston
1992	'Korea Dance', Presenteded by The Asia Society, the Year of Dance, Korea
1994	'Zendance', Dance Pages, NYC
1995	'Zendance Techinque: Women's Power', Boston
1998	연세대 의과대학, 대체의학 회의 : 선무 치료요법 논문
1999	99학술회의, 선무기법에 대한 논문, 한국전통예술학회
2004	'SunMU/Zendance : Movement Meditation Therapy, Asian congress of Health Psychology
	동작치료의 이해', 학국통합예술치료학회
	'아로마테라피를 이용한 동작명상', 한국아로마테라피협회
	'Zendance Therapy Demonstration', International Conference on Mind Body Science
2005. 1. 9	선과 예술-'왜 지금 Zendance인가?': 예술의 전당 특강
	'유방암환자를 위한 선무동작명상 테라피(Zendance Therapy', 대한임상암예방학회 창립총회 초청 강연
1. 27	'동작치료의 심리적 접근과 실제 ': 선무동작명상 치유요법(Zendance Therapy)의
2. 24	심리적 철학적 배경 : 한국통합예술치료학회-전문가연수
3. 27	젠댄스를 통한 건강요법 : 선무동작명상 치유요법(Zendance Therapy), 대한임상건강의학회 1차 국제학술대회 및 2차 심포지엄
2006. 5. 3	Zendance의 한의학적 고찰; 7th APPAN International Festival-Symposium
	숲에서 하는 선무동작명상 : 우리숲 잡지, 3월
	숲에서 하는 선무명상법 : 경향신문, 1월

이선옥 박사에 대하여

한국이 낳은 전통무용가이며 안무가인 이선옥박사(뉴욕대학 NYU-예술학박사, 1984)의 예술세계는 동서문화와 무용을 회전시킨다. 그녀가 창안한 선무(Zendance, 선무용단은 1974년 창단하여 현재까지 유럽, 아시아, 미국 내 300여 회 순회공연 및 강의)는 선철학, 선무기법과 종합공연 예술의 정신적인 힘과 감정의 깊은 요소를 동서문화의 현대예술과 접목하여 국제적으로 그 미학과 아름다움을 인정받고 있다.

이선옥박사의 창의성과 영감적 비전은 많은 예술인과 관객들에게 영향을 끼친 바 크며, NYU 무용과 겸임교수(1978~1996), 아세아 소싸이어티(NYU, 1990~1993) 공연과 부원장, 아태 현대무용제 예술감독(NYC, 1990~현재) 역임, 상명대학교 무용과 겸임교수 역임(1998~2002), 원광대학원 예술치료과 초빙교수, 전 중문의과대학 보건복지대학원 선무치유무용 전공 지도교수(2001~2007.2), 현재 APPAN 국제사무총장 그리고 아세아, 유럽, 미국 내에서 공연, 강의, 워크숍 등 활발한 활동을 하고 있다.

저서로는 'Zendance : Meditation in Movement I & II(1985, 1990)', Yimoko III 전개 : Zendance Choreography(1984)', SunMu-Zendance Technique and Zendance Therapy(2001), 선무기법과 선무치료예술(2001), 치유선무용(Healing Zendance, 2007)이 있다.